滑雪旅游概论

主　编 ◎ 李云鹏　方　琰
副主编 ◎ 张贵海　李霄鹍

首都经济贸易大学出版社
Capital University of Economics and Business Press
·北京·

图书在版编目(CIP)数据

滑雪旅游概论／李云鹏，方琰主编． -- 北京：首都经济贸易大学出版社，2021.12

ISBN 978-7-5638-3273-6

Ⅰ．①滑… Ⅱ．①李…②方… Ⅲ．①雪上运动—旅游业发展—研究—中国 Ⅳ．①F592.68

中国版本图书馆 CIP 数据核字(2021)第 178643 号

滑雪旅游概论
Huaxue Lüyou Gailun
主　编　李云鹏　方　琰
副主编　张贵海　李霄鹍

责任编辑	胡　兰
封面设计	砚祥志远·激光照排　TEL：010-65976003
出版发行	首都经济贸易大学出版社
地　　址	北京市朝阳区红庙(邮编100026)
电　　话	(010)65976483　65065761　65071505(传真)
网　　址	http：//www.sjmcb.com
E-mail	publish@cueb.edu.cn
经　　销	全国新华书店
照　　排	北京砚祥志远激光照排技术有限公司
印　　刷	北京九州迅驰传媒文化有限公司
成品尺寸	170 毫米×240 毫米　1/16
字　　数	278 千字
印　　张	17
版　　次	2021 年 12 月第 1 版　2021 年 12 月第 1 次印刷
书　　号	ISBN 978-7-5638-3273-6
定　　价	48.00 元

图书印装若有质量问题，本社负责调换

版权所有　侵权必究

序

  1980年，我国第一次派代表团参加第13届普莱西德湖冬季奥运会。在随后的40多年里，我国冰雪健儿不断取得进步、不断取得好成绩，并在2010年温哥华冬奥会上取得了历史重大突破。2015年，北京携手张家口成功获得2022年冬奥会和冬残奥会的举办权，这是我国冰雪运动历史上的一个里程碑，标志着我国冰雪运动迈向新的历史发展阶段。随着冬奥会紧锣密鼓地筹备，冰雪运动进校园、进社区、进商场等活动不断向纵深延展，市场化、大众化和产业化特征日益显现。冰雪运动正在成为更多人的选择，正在成为普及性越来越高的体育运动。伴随着冰雪运动普及程度越来越高，冬季奥林匹克教育成为青少年教育的一项重要内容，这是"带动三亿人上冰雪"的具体体现。冰雪运动与冰雪文化融合潜力大，在经济社会发展和"健康中国"的建设中，将发挥越来越重要的作用。

  我国不是传统的冰雪运动国家，但有些冰雪运动项目已经形成传统。近年来，我国在冰雪运动发展上取得了明显进步和良好成绩，但在一些项目上与世界先进水平尚有差距。如何缩小这些差距？从冰雪项目看，我国具有较大的潜力和良好的基础，要通过筹备和举办冬奥会，进一步提高我国冰雪运动的竞技水平，普及群众冰雪运动，发展冰雪产业。

作为冰雪项目中的"明珠"，滑雪项目具有产业链长、消费高端等特点，能有效带动旅游、交通、餐饮、娱乐、文化、教育、康养等相关产业发展。根据《中国冰雪产业研究报告》，全国滑雪场地数量快速增加，冰雪活动明显扩大，参与冰雪运动人数显著增多。根据国家相关规划文件，到2022年，全国雪道面积将达到1亿平方米、雪道长度达到3 500千米，未来滑雪场地设施有效供给将大幅提升，群众参与滑雪运动的基础条件会越来越好。可以预见，2022年冬奥会成功举办之后，滑雪运动文化将更加深入人心，滑雪运动可持续发展后劲儿更足、稳定性更强。

坚持可持续发展战略，滑雪旅游发展将很好地实现《北京2022年冬奥会和冬残奥会可持续性计划》中的"创造奥运会和地区可持续发展的新典范"的总目标。坚持可持续发展、面向未来的战略，滑雪旅游能够使区域发展的环境更优美、生活更美好。一方面，滑雪旅游促进"区域新发展"，有利于带动基础设施建设，提升服务保障能力，推动相关产业发展，带动区域环境改善；另一方面，滑雪旅游使"生活更美好"，有利于促进人的发展，推广奥林匹克精神，引导健康文明生活方式。北京冬奥会也必将成为奥林匹克历史上可持续发展的典范。

在滑雪旅游方兴未艾的新时代背景下，李云鹏教授与方琰博士共同主编的这本《滑雪旅游概论》，在面向滑雪旅游管理、经营和服务人才教育培养方面，具有很好的可研性和学习价值。该教材系统梳理了全球滑雪运动发展概况，将滑雪旅游者、滑雪旅游资源和目的地进行细分，初步形成了系统化的滑雪旅游知识体系。鉴于滑雪旅游作为新经济增长点以及冬奥遗产可持续利用的有效方式之一，该教材的作用和价值值得期待！

是为序。

赵英刚

北京冬奥组委可持续发展委员会副主任

2020年6月19日

前言

　　滑雪旅游是体育旅游的重要组成部分，是世界范围内广受欢迎的休闲娱乐方式，也是推动区域经济发展的重要手段。随着2015年北京携手张家口成功获得2022年冬季奥运会的举办权，中国滑雪旅游产业迎来黄金发展期，国家层面利好政策持续推出，滑雪旅游需求不断增长。近年来，中国滑雪旅游产业呈快速发展趋势，中国成为最新崛起的滑雪旅游目的地，无论是滑雪场数量还是年滑雪人次均跻身世界前列，在体育强国建设和国民经济发展方面的多元功能和综合价值日益凸显。

　　为适应这一时代发展的需要，必须加强滑雪旅游产业人才的教育和培养，为滑雪旅游产业的可持续和高质量发展提供坚实的人才储备基础。鉴于此，我们组织编写了本教材，旨在广泛借鉴和吸收国内外有关滑雪旅游研究的最新成果，较为全面、系统地展现国内外滑雪旅游的发展现状和趋势。本教材的特色主要体现在以下三个方面。

　　（1）注重系统化。梳理滑雪旅游产业的来龙去脉，从滑雪旅游者、滑雪旅游资源、滑雪旅游市场营销、滑雪旅游目的地、滑雪旅游电子商务、滑雪旅游案例等不同视角全面地对滑雪旅游的理论与实践发展进行系统呈现。

（2）强调应用性。以应用为主旨和特征，使教材内容更加贴近滑雪产业发展需求。以滑雪旅游的基础理论知识为铺垫，有机融合滑雪产业现实发展情况，重在启发思维，培养学生将理论应用于实践、独立思考解决实际问题的能力。

（3）彰显前沿性。在经典性原则基础上，本教材以时代性为引领，注意对前沿问题的剖析和最新数据资料的引用。

本教材是集体智慧的结晶，由李云鹏教授（首都经济贸易大学工商管理学院）、方琰博士（北京体育大学体育休闲与旅游学院讲师）担任主编，张贵海教授（哈尔滨体育学院、黑龙江省冰雪产业研究院）、李霄鹍（齐鲁理工学院商学院）担任副主编。全书共八章：第一章由方琰撰写；第二章由李霄鹍撰写；第三章由张春华（黑龙江旅游职业技术学院）撰写；第四章由殷子阳、宋树龙（黑龙江大学历史文化旅游学院）撰写；第五章由付卉（北华大学）撰写；第六章由赖利萍（首都经济贸易大学工商管理学院）撰写；第七章由黄美华（深圳市鼎游信息技术有限公司）撰写；第八章由朱丽娅（黑龙江省冰雪产业研究院）撰写。李霄鹍参与了稿件的汇总和统稿等工作，张丽梅参与了章节设计和内容统筹工作。

在本教材编写过程中，参考和借鉴了国内外相关著作和文献，对此作者已尽可能注明来源或出处。因篇幅有限，可能会有遗漏，在此向有关作者和出版单位表示由衷感谢。同时，感谢首都经济贸易大学出版社为本书出版所付出的辛勤劳动。

由于时间和水平所限，书中可能存在许多不足之处，恳请读者批评指正。

编者
2021 年 5 月 20 日

目 录

第一章　滑雪旅游概述 —— 1

第一节　滑雪旅游的产生与发展 …… 2
第二节　滑雪旅游的概念和分类 …… 8
本章小结 …… 12
复习思考题 …… 13
参考文献 …… 13

第二章　国内外滑雪旅游发展概况 —— 16

第一节　世界滑雪旅游发展概况 …… 17
第二节　欧洲滑雪旅游发展概况 …… 35
第三节　北美洲滑雪旅游发展概况 …… 56
第四节　亚洲滑雪旅游发展概况 …… 62
第五节　南半球及其他地区滑雪旅游发展概况 …… 75
本章小结 …… 87
复习思考题 …… 88
参考文献 …… 88

第三章　滑雪旅游者 —— 89

第一节　滑雪旅游者的界定 …… 90
第二节　滑雪旅游者的细分人群及行为分析 …… 93
第三节　滑雪旅游者俱乐部 …… 101

本章小结 ·· 106
复习思考题 ·· 106
参考文献 ·· 106

第四章　滑雪旅游资源与产品 —— 108

第一节　滑雪旅游资源概述 ································ 109
第二节　滑雪旅游资源开发概况 ···························· 116
第三节　滑雪旅游产品概述 ································ 126
第四节　滑雪旅游产品开发概况 ···························· 133
本章小结 ·· 139
复习思考题 ·· 140
参考文献 ·· 140

第五章　滑雪旅游市场营销 —— 141

第一节　滑雪旅游市场营销管理 ···························· 142
第二节　滑雪旅游市场营销战略 ···························· 144
第三节　滑雪旅游市场营销策略 ···························· 152
第四节　滑雪旅游市场价格策略 ···························· 156
第五节　滑雪旅游市场分销渠道策略 ························ 158
第六节　滑雪旅游市场促销策略 ···························· 159
本章小结 ·· 163
复习思考题 ·· 163
参考文献 ·· 163

第六章　滑雪旅游目的地 —— 164

第一节　滑雪旅游目的地概述 ······························ 165
第二节　滑雪旅游目的地分类 ······························ 176
第三节　滑雪旅游目的地产品和服务 ························ 194
本章小结 ·· 200

| 复习思考题 | 200 |
| 参考文献 | 200 |

第七章　滑雪旅游电子商务 ——— 202

- 第一节　滑雪旅游电子商务概述 …… 203
- 第二节　电子商务对滑雪旅游的影响 …… 212
- 第三节　滑雪旅游服务的电子商务 …… 215
- 第四节　滑雪旅游者的电子商务 …… 228
- 第五节　未来科技与滑雪旅游的融合 …… 233
- 本章小结 …… 235
- 复习思考题 …… 235
- 参考文献 …… 235

第八章　滑雪旅游案例 ——— 237

- 第一节　滑雪旅游市场开发案例 …… 238
- 第二节　滑雪旅游目的地形象案例 …… 244
- 第三节　滑雪旅游度假区案例 …… 246
- 第四节　滑雪旅游小镇案例 …… 251
- 第五节　滑雪旅游集团 …… 258
- 本章小结 …… 261
- 复习思考题 …… 261
- 参考文献 …… 262

第一章　滑雪旅游概述

- **本章提要**

1. 经过漫长的发展和演进，滑雪活动从最初的生产生活需要逐渐运动竞技化、休闲娱乐化，从而催生了滑雪旅游。

2. 国外滑雪旅游从19世纪开始，经历了萌芽阶段、起步阶段、发展阶段、扩张阶段和升级阶段，已进入产业成熟期。中国滑雪旅游发展起步较晚，从20世纪30年代开始，经历了萌芽阶段、起步阶段、初步发展阶段、快速发展阶段，目前正处于快速发展期。

3. 滑雪旅游作为体育旅游的重要组成部分，是一种时尚的旅游活动和生活方式，正逐步融入中国大众生活。本章将在分析梳理体育旅游与冰雪旅游概念和分类的基础上，提出对滑雪旅游的定义与分类。

第一节　滑雪旅游的产生与发展

一、滑雪旅游的产生背景

为了在寒冷多雪的自然环境中生存发展，滑雪成为人类生产生活的重要方式，与日常生活、交通运输、狩猎等活动密切融合。14—16世纪，欧洲连年战乱，挪威、瑞典等北欧国家将滑雪当作一种必备的军事能力，滑雪活动的价值逐渐从生产生活向军事方面拓展。随着社会的发展进步，滑雪的实用价值降低，从生产生活和军事活动的工具发展成为体育运动项目。例如，世界规模最大的冬季综合性运动会——冬奥会，自1924年第一届发展至今已成功举办23届。20世纪下半叶，滑雪成为主要的冬季休闲娱乐活动，催生了一批冬季旅游胜地，这些区域的经济发展方式亦由传统的农业种植经济向旅游经济转变。

（一）滑雪活动起源——生产生活需要

关于人类滑雪起源于何处存在着不同观点，主要有挪威、瑞典、俄罗斯和中国。具体而言，挪威北部的一个小岛曾经发现过一幅公元前2 500年左右的岩画，上面雕刻着一个穿着巨大滑雪板的人；1921年在瑞典那姆特兰省发现了大约4 500年前的滑雪板，目前该滑雪板收藏在瑞典吉尤加登博物馆；20世纪60年代，在俄罗斯东北部乌拉尔山脉的泥炭沼中发现了8 000年前石器时代制作的滑雪板残片；2005年，在中国新疆阿勒泰发现了一幅距今1万~3万年的旧石器时代晚期的滑雪岩画，被认为是世界上最早体现古人滑雪的岩画。

虽然关于滑雪活动起源地存在不同观点，但最早的滑雪活动被公认为一种生产生活方式，是人类从温带迁徙到寒带，为了生存，逐渐地适应冰天雪地的高山丘陵地理环境，方便追寻狩猎，以及在雪地行走而产生，随之出现了诸如雪鞋、雪板、雪橇之类的滑雪工具。16世纪初，滑雪的军事功能日益凸显，一方面帮助部队运输物资，另一方面是雪地行军打仗的重要方式。例如，俄国和瑞典等国家招募大量会滑雪的士兵编成滑雪部队；近4 000人的滑雪部队参与了1564年瑞典和丹麦的战争（当时挪威在丹麦控制之下）；在

1716年俄罗斯、瑞典和挪威的大北方战争中，滑雪是最主要的作战方式。到了18世纪，挪威仍在部队开展专业的滑雪指导，并于1733年出版了一本关于滑雪的军事训练指南。

（二）滑雪运动发展——滑雪活动的竞技化

18世纪后，由于社会的进步和其他交通工具的产生，滑雪作为生产生活工具的实用价值下降，但根植于民族记忆中的情结使得人们依旧热爱滑雪，促使其逐渐发展成为一项竞赛的体育运动。据考证，历史上第一次有记载的滑雪竞赛于1843年在挪威特罗姆斯举行，吸引了大批的滑雪爱好者，后续瑞典和芬兰也相继开展了类似的滑雪比赛。同时，滑雪运动器材也出现了突破性进展，如挪威的努尔海姆发明了近似现代式样的滑雪板并出现在泰勒马克郡赛场上。

19世纪下半叶，滑雪运动逐渐制度化和规范化。例如，德国人和瑞典人于1861年创立了"身体锻炼和军事训练促进协会"，建立了世界第一个滑雪俱乐部——Trysilgutten，并定期举办滑雪比赛。1867年，该协会在挪威的克里斯蒂安尼亚组织了公开赛，这期间组织裁判和技术官员将滑雪技术、运动员比赛中的姿态逐一划分等级，并规范了滑雪杖的使用方法，表明滑雪运动开始建立统一、规范的竞赛规则。1877年，挪威成立了国家级的克里斯蒂安尼亚滑雪俱乐部，并于1880年在克里斯蒂安尼亚成立世界第一所滑雪学校。1883年，挪威创建挪威滑雪协会，标志着国家开始对全国区域内的滑雪运动进行监督和规范管理。第一届冬季奥运会在法国的夏蒙尼举行，也就是"1924国际冬季体育运动周"，比赛项目有滑雪、四人雪橇、男子速度滑冰和冰球，其中滑雪包括18公里和50公里（越野滑雪）、跳台跳雪、两项全能（北欧两项）和军事巡逻。此后，高山滑雪、自由式滑雪和滑板滑雪分别在1936年德国加米施-帕滕基兴冬奥会、1992年法国阿尔贝维尔冬奥会和1998年日本长野冬奥会列入比赛项目。

（三）滑雪旅游产生——滑雪运动的休闲娱乐化

19世纪末，滑雪运动在欧洲出现了新景象。滑雪竞赛的成功开展，吸引了成千上万观众和旅游者，同时比赛期间的其他活动丰富了滑雪文化，有效促进了地区旅游业的发展。1860年后瑞士小镇圣莫里茨成为欧洲第一个以冬季旅游为主的旅游度假区。此后,滑雪旅游的发展促进了滑雪俱乐部的发展,如1891年,德国、奥地利相继成立了滑雪俱乐部;1907年英国创立阿尔卑斯滑雪俱乐部,是世界上第一个高山滑雪组织。

随着滑雪成为西方人钟爱的冬季休闲娱乐活动,一批冬季旅游胜地应运而生。20世纪60年代以后,世界各地的滑雪旅游胜地不断涌现,滑雪活动在阿尔卑斯、北美,以及东北亚等地区迅速普及,开启了大众滑雪旅游时代。目前,全球滑雪场数量为5 000~6 000家,分布在100多个国家,每年吸引约4亿的滑雪人次(滑雪群体为1.3亿人),年均产值达7 000亿美元。

二、滑雪旅游的发展历程

(一)国外滑雪旅游发展

国外滑雪旅游业自19世纪发展至今,主要经历了萌芽阶段、起步阶段、发展阶段、扩张阶段和升级阶段,各发展阶段时间、重点区域和发展特点见表1-1。

表1-1 世界滑雪旅游产业发展阶段

发展阶段	发展时间	代表国家	发展特征
萌芽阶段	19世纪中叶以前	挪威、瑞典	1843年,挪威特罗姆斯举行了第一次滑雪竞赛
起步阶段	19世纪中叶至20世纪20年代	奥地利、瑞士、意大利和法国	以运动为主、旅游为辅,依赖乡村滑雪场,设施较为简陋
发展阶段	20世纪30年代至60年代	欧洲和北美	滑雪与旅游开始紧密地融合起来;60年代是滑雪运动蓬勃发展的开端
扩张阶段	20世纪70年代至80年代	日本、韩国、智利、阿根廷等	20世纪70年代,市场和产品进入扩张时期;80年代,产业进入巩固期和管理期
升级阶段	20世纪90年代至今	全世界范围	全方位满足滑雪游客四季旅游度假的需要,集合了初期滑雪运动的古朴宁静乡村风格与近期现代化的基础设施和个性服务

资料来源:赵敏燕,董锁成,苏腾伟,等.世界滑雪旅游产业时空格局与发展趋势研究[J].冰雪运动,2016,38(5):58-64.

1. 萌芽阶段（19世纪中叶之前）

1843年，挪威特罗姆斯举行了第一次滑雪竞赛，吸引了大批的滑雪爱好者，随后瑞典和芬兰也相继开展滑雪比赛。该时期，滑雪比赛的开展为后续滑雪旅游发展奠定了市场基础。

2. 起步阶段（19世纪中叶至20世纪20年代）

19世纪中叶，滑雪产业在阿尔卑斯山区域出现。至20世纪初，以法国夏蒙尼的第一届冬奥会为契机，阿尔卑斯山地区兴起了大规模的滑雪山区开发热潮。这一阶段的主要特征是以滑雪运动为主、滑雪旅游为辅。

3. 发展阶段（20世纪30年代至60年代）

20世纪30年代，滑雪运动与滑雪旅游开始紧密融合。由于人们在滑雪度假区逗留的时间越来越长，欧洲在20世纪40年代到50年代出现了第二波滑雪度假村兴建浪潮。新建的滑雪度假村设施完备，除了滑雪设施外，还配套其他旅游服务设施，如住宿、餐饮和娱乐场所等。第二次世界大战后，滑雪旅游发展到南斯拉夫、希腊、西班牙、葡萄牙、摩洛哥、阿尔及利亚、苏联、黎巴嫩、土耳其、伊朗、印度等区域。20世纪50年代，滑雪运动在日本迅速推广。进入20世纪60年代，滑雪旅游蓬勃发展，逐步迈入大众化时代。

4. 扩张阶段（20世纪70年代至80年代）

20世纪70年代，滑雪旅游呈现大规模的市场营销和产品扩张趋势；80年代，滑雪旅游产业进入巩固期和管理期，出现了并购和加强产品管理的趋势。受人口结构变化的影响，80年代中期很多地区滑雪产品供给超过了需求，一些知名度不大、规模较小而又经营不善的滑雪目的地遭遇财务危机。相比而言，规模较大、配套设施完善的滑雪目的地的市场份额却不断扩大。在该阶段，滑雪逐渐发展成为世界性的主题度假旅游活动。

5. 升级阶段（20世纪90年代至今）

滑雪产业在全世界范围内广泛发展，同时经营更加多元化，配套设施与服务更加优质完善，以全方位满足滑雪游客四季旅游度假的需要。近年来，大部分新开设的滑雪场位于亚洲，尤其是随着中国滑雪产业进入黄金发展期，中国将成为未来全球重要的滑雪市场。

（二）国内滑雪旅游发展

新疆阿勒泰被认为是世界重要的滑雪起源地之一。据考证，有关中国滑雪的最早记载见于《山海经·海内经》："有钉灵之国，其民从膝已下有毛，马蹄，善走。"其中钉灵国是指当时贝加尔湖以南直到阿勒泰山一带从事游牧的北方少数民族。公元前5世纪，希腊史学家希罗多德在其所著《世界史》第四卷中曾指出："住在阿勒泰地区的人们拥有山羊角，冬季在雪中奔跑。"形容当时古人在冬季用滑雪器像山羊一样在山谷雪地疾走的情形，为人类滑雪的最早文献资料。

虽然滑雪活动在中国起源较早，但我国滑雪旅游产业发展较晚，经历了萌芽阶段、起步阶段、初步发展阶段、快速发展阶段四个时期。

1. 萌芽阶段（1996年之前）

1933年，伪满哈尔滨铁路局在哈尔滨阿城玉泉镇北山建了一处长264米、宽150米的滑雪场，主要接待人群为在哈尔滨的俄国人和日本人。1940年，北满滑雪运动会在玉泉滑雪场举行，参赛者多为日本人和俄国人，中国人大多没有参与的机会。1943年2月，意大利、德国、日本三国运动员参加的滑雪比赛在吉林市北山滑雪场举行。当时，滑雪运动为外国殖民者及其侨民所享受，中国只是为其提供无任何报酬的滑雪运动场地。1949年后，滑雪场基本由政府投资兴建，主要目的是训练运动员和举办赛事，一般不对旅游者开放。1959年，国家体委、吉林省政府批准建设通化万峰滑雪场，这是新中国第一座能举办全国性比赛的专业滑雪场，至今共承办过18次全国性滑雪比赛和30次省级滑雪比赛。1962年，贺龙为发展中国滑雪运动，在全国范围内寻找优秀山体资源，最终落址大青山，定名为吉林青山滑雪场，该滑雪场承办了1987年第六届全国冬季运动会雪上赛事。1993年，吉林北大湖滑雪场开始建设，曾举办过全国第八届、第九届冬季运动会雪上项目的比赛和第六届亚洲冬季运动会。1996年以前国内滑雪场数量较少，且不面向大众市场，仅有几家为运动员提供训练和比赛的场地，未形成市场化。

2. 起步阶段（1996—2000年）

1996年，亚布力风车山庄滑雪场和吉华滑雪场在第三届亚冬会举办后开始对普通公众开放，此后河北崇礼的老塞北雪场等陆续投入建设。该阶段最

大的特征为滑雪运动逐步由运动竞技模式向市场模式转化，标志着滑雪旅游的开始，具有重要意义。一方面开拓了全新的市场领域，创造了新的经济增长点；另一方面为山地地区带来经济效益和社会效益，是缩小贫富差距的重要途径。20世纪末，中国滑雪旅游发展仍然非常有限，2000年中国仅有50家滑雪场，年滑雪人次仅为30万，具有雪场数量少、滑雪人群少和发展缓慢等特点，但这一时期培育了国内第一批滑雪爱好者，为后期滑雪产业的发展储备了人才。

3. 初步发展阶段（2001—2010年）

中国滑雪旅游实现初步发展，滑雪人次由2000年的30万大幅增长到2010年的630万，滑雪场数量由2000年的50家增加到2010年的270家。在2001年的"国际滑雪产业论坛"上，中国政府首次将滑雪提升到产业高度，从战略布局上引领了滑雪旅游的发展。虽然南方一些省份已建有滑雪场，但北京和河北由于市场需求大及积雪资源较好，仍然是主要的投资区域。例如，该阶段在北京郊区投资超过千万元的滑雪场达13家，在河北省张家口市崇礼区创建了早期滑雪产业集群（如万龙、多乐美地滑雪场等），这些滑雪场成为奠定中国成功申办2022年冬季奥运会的滑雪设施基础。

该时期滑雪旅游发展的重要特征为：

第一，引入了人工造雪。萌芽阶段和起步阶段的滑雪场皆为天然雪场，北京延庆石京龙滑雪场首次引入人工造雪技术，开启了国内滑雪场人工造雪的历史。

第二，形成了滑雪产业聚集区。北京和张家口崇礼区逐步取代东北地区，成为滑雪产业热点发展区域。

第三，境外资金进入滑雪产业。意大利莱特纳集团进入河北，引入国内首条脱挂式滑雪缆车，建成崇礼多乐美地滑雪度假区；新濠国际集团（中国香港企业）收购了黑龙江亚布力风车山庄、吉林北大壶、长春莲花山、吉林莲花山及北京莲花山5家滑雪场，并将亚布力风车山庄升级改造为亚布力阳光度假村。

4. 快速发展阶段（2011年至今）

2011年至北京申办冬奥会期间，国内滑雪场数量每年增速保持在15%以上。2019年，国内滑雪场数量已有770家，滑雪人次达2 090万。为实现"3

亿人参与冰雪运动",各级政府出台一系列政策和措施推动滑雪旅游的发展,鼓励社会力量广泛参与冰雪运动;教育领域实施推动冰雪运动普及的措施,如冰雪运动进校园、打造冰雪特色学校等。预计到2022年,中国滑雪场数量将超过1 000家,滑雪人次将达4 400万。

该阶段滑雪旅游发展的主要特征为:

第一,滑雪场逐步向滑雪度假区转型。大集团纷纷进入滑雪市场投资领域,如马来西亚云顶集团进驻崇礼、万达投资长白山、桥山集团收购北大壶、中诚信控股亚布力阳光度假村、万科投资吉林松花湖、瑞意太舞破土动工、富龙集团打造崇礼四季小镇。

第二,滑雪产业集群效应凸显。以万龙、密苑云顶乐园、太舞、富龙、翠云山银河、多乐美地和长城岭7家大的滑雪场为基础,河北张家口崇礼形成了国内最大规模的滑雪产业集群。

第三,室内滑雪场建设热潮迭起。万达集团兴建然后整体转让给融创集团的室内滑雪场分布于哈尔滨、广州、无锡、昆明等地,同时旱雪场、模拟滑雪场馆、嬉雪乐园也在国内进入迅速扩展的阶段。

第二节 滑雪旅游的概念和分类

滑雪旅游作为冰雪旅游的核心内容,是体育旅游的重要组成部分,拥有巨大的消费市场。为使读者能够较为全面和系统地理解,本节首先阐述体育旅游、冰雪旅游等相关内容,然后深入探讨滑雪旅游的概念和分类。

一、滑雪旅游的概念

(一) 体育旅游

目前,关于体育旅游的概念没有统一认可的界定。国外学者主要从时间、空间、动机等不同维度对体育旅游进行界定。例如,Gibson(1998)指出,体育旅游是"人们短时间内离开居住地去参与或观看体育活动,或是游览与体育活动相关的场馆,且以休闲为目的的旅行"。Standevan & Knop(1998)

认为，体育旅游是"以体育赛事、体育活动场地为载体，伴以休闲、娱乐观光的形式来吸引人们参与旅游的产业"。Hinch & Higham（2001）认为，体育旅游是"在限定时间内以体育为基础的外出旅游活动，而且体育活动有其特殊的规则，能体现体育的竞技性和娱乐性"。

国内学者从广义和狭义对体育旅游进行了界定。从广义上讲，体育旅游是旅游者在旅游中所从事的各种身体娱乐、身体锻炼、体育竞赛、体育康复及体育文体交流活动与旅游地、体育旅游企业及社会之间关系的总和。从狭义上讲，体育旅游是为了满足和适应旅游者的各种体育需求，借助各种各样的体育活动，并充分发挥其诸种功能，使旅游者的身心得到和谐发展，从而达到促进社会物质文明和精神文明，丰富社会文化生活的目的的一种活动（杨秀丽、杨松，2003）。基于该论述，刘英（2012）从产业视角延伸了体育旅游的概念，认为"体育旅游是体育产业和旅游产业融合互动的一种重要的旅游产品形式"。同时，体育旅游内涵是丰富的，其概念框架应包括消费者层面、市场层面和政府层面，其中本质属性是消费者层面的"体育活动"（齐飞，2020）。总体而言，体育旅游是旅游者短期离开常住地，以休闲娱乐目的参与、参观和参加与体育有关活动的总和（黄海燕、张林，2016）。

（二）冰雪旅游

冰雪旅游是冬季旅游的重要组成部分。虽然国外较少探究冰雪旅游的概念，但对冬季旅游（winter tourism）概念进行了界定。例如，Mikaeili & Aytug（2020）指出，"冬季旅游是冬季旅游产品和服务的总和，包括参与冬季运动项目（如滑雪、滑冰、冰壶等）、为观看体育比赛游览冬季旅游目的地，以及使用与冰雪无关的产品和服务（如温泉、桑拿等）"。

国内学者虽然对冰雪旅游的界定存在差异，但都认同冰雪气候旅游资源是冰雪旅游的主要吸引物。张丽梅等在《冰雪旅游策划》一书中基于体育旅游定义对冰雪旅游进行了界定，认为"冰雪旅游是非定居者参与或观赏冰雪活动目的地的旅行和逗留而引起的现象和关系的总和"。从旅游产品类型来看，冰雪旅游是以冰雪资源为主要吸引物，以冰上运动和雪上运动等类似体育运动为外在表现形式，综合体育、观光、度假等多种旅游形式的综合性旅游产品（王玲，2007）。对于冰雪旅游者而言，冰雪旅游是一种以愉悦身心和强魄健体为主的审美体验和健身娱乐过程，可分为"在冬季前往具有丰富冰雪资源的地方进行冰雪观光、赏玩游览或休闲度假"和"以滑雪滑冰等运动为主题的休闲体育旅游"两部分（石长波、徐硕，2007）。总体而言，冰雪旅游属于生态旅游范畴，是以冰雪气候旅游资源为主要的旅游吸引物，体验冰雪文化内涵的所有旅游活动形式的总称，是一款极具参与性、体验性和刺激性的旅游产品。

（三）滑雪旅游

滑雪旅游是冰雪旅游新的分支，集观光欣赏、休闲娱乐、度假、运动、购物、商务于一体，是一种具有参与性、趣味性和刺激性的度假旅游产品，具有滞留时间长和消费层次高的特点（张德成，1999；杜庆臻，1999）。从目的地视角来看，滑雪旅游是将滑雪资源作为基础，对滑雪活动进行规划、设计及维护，来满足消费者的消费欲望及需求，从而参与体验滑雪活动与自然情趣的一种新型旅游方式（刘春玲、白翠玲，2006）。从活动类型来看，石玲等（2013）认为，"滑雪旅游是集运动、娱乐和健身于一体的大众娱乐活动，是四季山地旅游项目的重要组成部分"。部分学者在这些定义基础上，从广义视角界定了滑雪旅游的概念。例如，叶海波（2016）指出，"除了在旅游中借助雪的环境所进行的各种身体娱乐、体育竞赛，以及滑雪文化交流等活动，滑雪旅游还包括与滑雪场、滑雪旅游企业及相关组织和社会之间关系的总和"。

根据上文国内外学者对体育旅游、冰雪旅游、滑雪旅游的概念分析，我们认为滑雪旅游是以滑雪资源为基础，以滑雪文化为内涵，以观赏或者参与滑雪运动为主要形式，集休闲、娱乐、健身、度假、购物于一体的旅游方式。具体而言，滑雪旅游是旅游者短期离开常住地，以休闲娱乐为目的参与或观赏滑雪运动的总和。

二、滑雪旅游的分类

（一）体育旅游

国外学者对体育旅游分类的研究始于20世纪90年代，主要分类标准包

括参与方式、供给形式和 Gibson 提出的"三分法"。

按体育旅游参与方式，体育旅游可分为被动性体育旅游和主动性体育旅游。被动性体育旅游为观赏体育事件或体育博览；主动性体育旅游为参与体育运动，如滑雪运动、水肺潜水等。该分类基于不同的参与方式，即是亲身参与还是观赏运动、娱乐、休闲或健身项目，又可称为参与式体育旅游和观赏式体育旅游。

加拿大体育旅游协会按体育旅游供给对体育旅游进行分类，包括体育旅游、度假胜地旅游、游轮旅游、观光旅游、赛事旅游、探险旅游六类。

Gibson（1998）认为，体育旅游应分为三类：积极（active）体育旅游、赛事（event）体育旅游和怀旧（nostalgia）体育旅游。积极体育旅游属于主动参与体育事件，如滑雪、自行车旅游、探险旅游、大师赛等；赛事体育旅游是与大型体育赛事有关的旅游，包含观赏体育赛事和体育表演等相关体育活动；怀旧体育旅游可分为对实物的怀旧和对社会经验事件的怀旧，如体育博物馆和体育事件等。

国内学者主要从活动项目和参与目的对体育旅游进行划分。从活动项目看，体育旅游分为一般体育旅游项目和专门体育旅游项目，把旅游、网球、保龄球及各种健身器械等经常附加于旅游宾馆和度假胜地的体育活动称为一般体育旅游项目，而高尔夫、滑雪等可以独立开展的活动则作为专门体育旅游项目。从参与目的看，基于"休闲、健身、观战、刺激、竞技、其他"分类，体育旅游包括观光型体育旅游、竞赛型体育旅游、度假型体育旅游、拓展型体育旅游。

（二）冰雪旅游

目前关于冰雪旅游的分类标准主要包括参与形式和供给类型两种。从参与形式来看，冰雪旅游分为体验型冰雪旅游和观赏型冰雪旅游，其中体验型冰雪旅游是指参与滑雪、滑冰等滑雪休闲活动，或以体验冰雪活动等为主的体验型旅游；观赏型冰雪旅游是指以欣赏冰雪艺术、观看冰雪竞技比赛、参与冰雪节庆活动等为主的观赏型旅游。从供给类型来看，冰雪旅游可分为观光类、运动休闲类、节庆类、赛事类、民俗类、游乐类、演艺类和其他体验类。其中观光类主要是指以观赏冰雪艺术景观、冰雪自然风光为目的和形式的旅游，如观赏冰雕、冰灯、雪雕等；运动休闲类是在冰雪旅游中能使旅游者既参加体育健身活动，又能休闲娱乐、亲身体验和感受冰雪旅游活动，如参与滑雪、滑冰、攀冰等运动项目；节庆类主要是指包含特定节庆因素的冰雪旅游产品，如冰雪旅游节、冰雕艺术节、冰灯节、雪雕博览会等；赛事类为组织旅游者观看和欣赏各类冰雪运动赛事，如花样滑冰、冰壶、滑雪等；民俗类是指具有浓厚民族特色的冰雪旅游产品，如锡伯族的蹬冰滑子、撑冰车，赫哲族的滑雪、狗拉雪橇等；游乐类是指冰雪游乐场、嬉雪乐园等冰雪娱乐项目；演艺类包括冰雪文艺演出、冰上舞蹈等冰雪演艺产品；其他体验类是指冬季采摘、雪地温泉等活动。

（三）滑雪旅游

根据以上体育旅游和冰雪旅游的分类，我们从供给类型和参与形式对滑雪旅游进行分类。

从供给类型来看，滑雪旅游分为游览观光类滑雪旅游、运动休闲类滑雪旅游、民俗节庆类滑雪旅游。游览观光类滑雪旅游是指以观赏滑雪运动、滑雪赛事和雪地自然风光为主要形式的旅游活动；运动休闲类滑雪旅游是在滑雪旅游目的地以休闲娱乐为目的参与滑雪运动的旅游形式；民俗节庆类滑雪旅游是指在滑雪旅游目的地体验和参与民俗传统与节庆因素相关项目的旅游形式。

从参与形式来看，滑雪旅游可分为被动性滑雪旅游和主动性滑雪旅游。被动性滑雪旅游是指游览和观赏滑雪比赛或场地等，或称之为观赏式滑雪旅游；主动性滑雪旅游是以休闲娱乐为目的的参与滑雪运动，或称之为参与式滑雪旅游。

本章小结

滑雪活动的休闲娱乐化催生了滑雪旅游产业。国外滑雪旅游起步于19世纪，比中国早了近一个世纪。滑雪旅游是旅游者短期离开常住地，以休闲娱乐为目的参与或观赏滑雪运动的总和。从供给类型来看，滑雪旅游分为游览观光类滑雪旅游、运动休闲类滑雪旅游、民俗节庆类滑雪旅游；从参与形式

来看，滑雪旅游分为被动性滑雪旅游和主动性滑雪旅游。

复习思考题

一、选择题

1. 滑雪活动最初产生的原因是（　　）。
   A. 生产生活需要　　　　　　　B. 军事需要
   C. 运动竞技　　　　　　　　　D. 休闲娱乐

2. 国外滑雪旅游起步于（　　）。
   A. 18 世纪　　　　　　　　　　B. 20 世纪
   C. 19 世纪中叶　　　　　　　　D. 19 世纪中叶之前

3. 新中国第一座能举办全国性比赛的专业滑雪场建于（　　）。
   A. 1962 年　　　　　　　　　　B. 1959 年
   C. 1993 年　　　　　　　　　　D. 1996 年

4. 以下不属于供给类型的滑雪旅游分类的是（　　）。
   A. 运动休闲类滑雪旅游　　　　B. 游览观光类滑雪旅游
   C. 民俗节庆类滑雪旅游　　　　D. 主动参与型滑雪旅游

二、简答题

1. 什么是滑雪旅游？滑雪旅游的分类包括哪些？
2. 试阐述国外滑雪旅游的发展阶段及主要事件。
3. 试阐述国内滑雪旅游的发展阶段及主要事件。

三、讨论题

为什么中国的滑雪旅游起步会比国外晚近一个世纪？

参考文献

[1] 阿不拉·玉素甫，胡金明，阿依夏木古丽·吐尔逊. 新疆阿勒泰滑雪运动研究 [J]. 山东体育科技，2015（2）：36-38.

[2] 程蕉. 体育旅游分类的中外比较研究 [J]. 体育科学研究，2014，18（1）：23-30.

[3] 窦家军. 从工具到玩具：滑雪运动的历史溯源 [J]. 文史博览（理论），2008（9）：13-15.

[4] 杜庆臻. 黑龙江省滑雪旅游开发构想 [J]. 学习与探索，1999（4）：22-28.

[5] 黄海燕，张林. 体育旅游 [M]. 北京：高等教育出版社，2016.

[6] 刘春玲，白翠玲. 滑雪旅游效应分析及发展路径选择 [J]. 商场现代化，2006（16）：299-300.

[7] 刘英. 国内体育旅游研究20年回顾与展望：基于CNKI相关论文的统计分析 [J]. 经济地理，2012，32（5）：165-170.

[8] 齐飞. 体育旅游：定义视角要素解构与概念重构 [J]. 财经智库，2020，5（1）：127-139，144.

[9] 石长波，徐硕. 提升区域旅游业竞争力的策略研究 [J]. 商业研究，2007（11）：152-154.

[10] 石玲，李淑艳，程兆豪. 国际滑雪旅游业发展模式研究 [J]. 北京林业大学学报（社会科学版），2013，12（3）：75-80.

[11] 孙承华，张冬青，伍斌，等. 中国滑雪产业发展报告（2016）[M]. 北京：社会科学文献出版社，2016：10-12.

[12] 王玲. 内蒙古冰雪旅游开发研究 [D]. 上海：上海师范大学，2007.

[13] 杨千河，伍斌. 从滑雪产业图谱看中国滑雪产业发展路径 [J]. 河北大学学报（哲学社会科学版），2020，45（5）：116-124.

[14] 杨秀丽，杨松. 体育旅游市场的发展对体育旅游专业人才的要求 [J]. 沈阳体育学院学报，2003（4）：34-35.

[15] 叶海波. 基于产业集群的东北地区滑雪旅游产业结构升级优化研究 [D]. 哈尔滨：哈尔滨体育学院，2016.

[16] 张德成. 论发展滑雪旅游 [J]. 冰雪运动，1999（1）：85-87.

[17] 张凌云，杨晶晶. 滑雪旅游开发与经营 [M]. 天津：南开大学出版社，2007.

[18] GIBSON H J. Sport tourism：a critical analysis of research [J]. Sport management review，1998，1（1）：45-76.

[19] HINCH T D, HIGHAM J E. Sport tourism: a framework for research [J]. International journal of tourism research, 2001, 3 (1): 45-58.

[20] MIKAEILI M, AYTUG H K. Analysing of Erzurum winter tourism in the European perspective [M]//Comparative approaches to old and new institutional Economics. Hershey: IGI Global, 2020: 88-107.

[21] STANDEVEN J, KNOP P D. Sport tourism [M]. Champaign: Human Kinetics Publishers, 1998.

第二章 国内外滑雪旅游发展概况

- **本章提要**

1. 随着滑雪运动的发展，滑雪已不仅是一项动感强烈、充满刺激的专业体育运动，还是重要的休闲旅游项目。滑雪旅游与温泉旅游、高尔夫球旅游并称为世界三大主题度假休闲旅游活动。

2. 本章将分别介绍欧洲、北美、亚洲和南半球及其他地区的滑雪旅游发展概况。

第二章　国内外滑雪旅游发展概况

第一节　世界滑雪旅游发展概况

一、世界滑雪旅游发展现状

(一) 世界滑雪旅游产业发展现状

滑雪旅游产业是将滑雪运动与户外休闲相融合的新兴旅游业，其依托于雪地资源丰富的滑雪场地，将相互有联系的产业组织及机构集聚在特定区域，根据游客市场需求提供综合性滑雪产品和专门服务的产销链条，其集聚效应促进滑雪旅游产业发展与壮大。

世界滑雪旅游产业集聚区呈现明显的区域性特征，主要以山脉和气候为依托，共有五大集聚区：阿尔卑斯地区拥有全球37%的滑雪场，美洲地区占21%，亚太地区占19%，东欧及中亚地区与西欧地区持平，分别占全球总数的11%（如图2-1所示）。总的来说，超过1/3的滑雪场集中在阿尔卑斯地区。

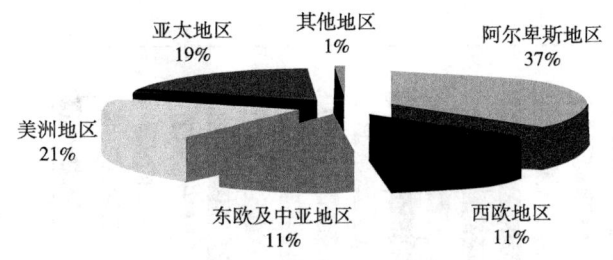

图2-1　全球滑雪场数量分布

资料来源：凡奈特.2019全球滑雪市场报告［R/OL］.（2019-04-13）［2021-09-18］.https://www.chnzbx.com/index.php?a=nrinfo&id=6785.

按照滑雪场冬季平均滑雪人次达到100万以上即视为百万人次滑雪场来计算，全球百万人次滑雪场数量有限，80%以上的百万人次滑雪场都位于阿尔卑斯地区，如图2-2所示。

当前，全世界滑雪旅游产业以竞技类和休闲类需求为核心而发展壮大，产业集聚区已经在全球范围内初具规模，产业化进程不断推进，逐渐成为雪

·17·

资源丰富区域经济发展的新增长点。

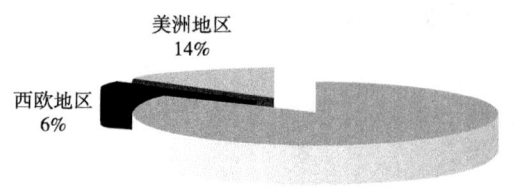

图 2-2 全球百万人次滑雪场的数量分布

资料来源：凡奈特.2019全球滑雪市场报告［R/OL］.（2019-04-13）［2021-09-18］.https：// www.chnzbx.com/index.php? a=nrinfo&id=6785.

（二）世界滑雪旅游市场发展现状

1. 全球滑雪人次的变化

根据《2019全球滑雪市场报告》统计，预估全球整体年滑雪人次将会达到4亿人次（包括室内滑雪场），如图2-3所示。

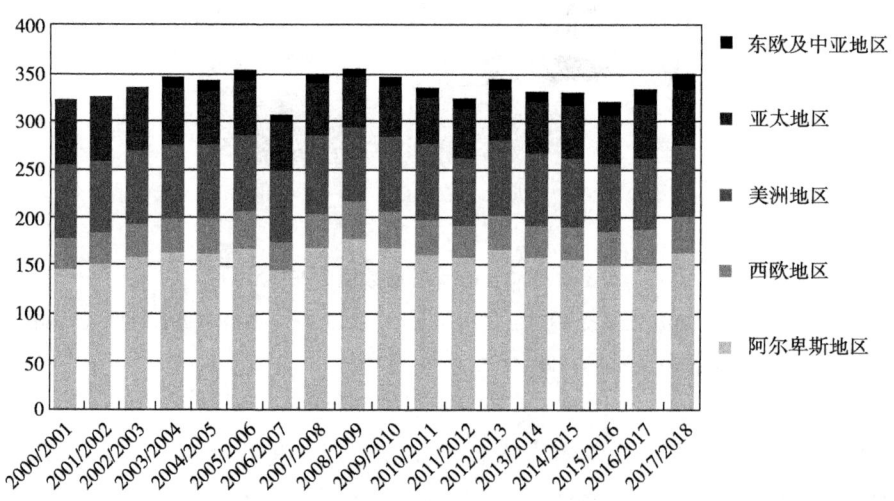

图 2-3 各地区滑雪人次变化（单位：百万）

资料来源：凡奈特.2019全球滑雪市场报告［R/OL］.（2019-04-13）［2021-09-18］.https：// www.chnzbx.com/index.php? a=nrinfo&id=6785.

第二章 国内外滑雪旅游发展概况

2. 世界各地滑雪人次的市场份额

阿尔卑斯地区是世界上最大的滑雪胜地，吸引了全球44%的滑雪者。第二大滑雪胜地是美洲（主要是北美），占全球滑雪人次的21%。亚太地区曾经与美国占有相同的市场份额，然而，日益增长的中国滑雪市场尚未取代滑雪产业持续下降的日本，因此，亚太地区仅吸引了15%的市场份额。西欧地区占10%的市场份额，滑雪人次主要分布在大量小型度假村。全球滑雪人次分布比例如图2-4所示。

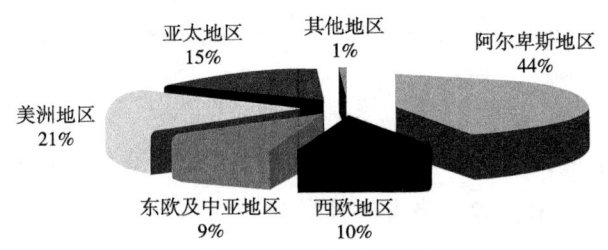

图2-4 全球滑雪人次分布

资料来源：凡奈特. 2019全球滑雪市场报告［R/OL］.（2019-04-13）［2021-09-18］. https：//www.chnzbx.com/index.php？a＝nrinfo&id＝6785.

3. 滑雪者来源地分析

全球滑雪者总数约1.3亿，并且一直在增长，虽然有些国家仅有室内滑雪场，但他们的滑雪者会出境到国外滑雪。例如，荷兰约有100万出境滑雪者。对滑雪者输出国和输入国进行统计分析，阿尔卑斯地区是最国际化的滑雪胜地，吸引大多数滑雪者来此旅行。即使该地区接待了全球44%的滑雪人次，但却只有全球15%的滑雪者来源于此。其他地区都没有如此高比例的外国游客。全球滑雪者来源地分析如图2-5所示。

4. 全球滑雪者流动情况

全球滑雪者的流动主要集中在欧洲，乘坐长途航班的滑雪者数量是很小的。例如，在2016—2017年雪季，海外滑雪者只占美国滑雪场滑雪总人次的3.5%。由于受各种因素的影响，如市场规模、运输、旅行时间和成本，以及欧洲滑雪胜地机场饱和度，因此国外游客来源区也是有限的。从全球来看，全世界外国游客的数量占参与者总量的12%左右。滑雪主要基于国内市场，在所有的滑雪大国中，国内客户群体是市场的主体所在。

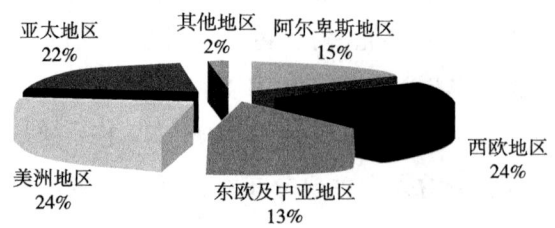

图 2-5　滑雪者来源地分析

资料来源：凡奈特.2019 全球滑雪市场报告［R/OL］.（2019-04-13）［2021-09-18］.
https：//www.chnzbx.com/index.php？a＝nrinfo&id＝6785.

全球有两个最大的滑雪者输出国——德国和英国，他们为少数几个滑雪者输入国"提供"滑雪者。绝大部分滑雪者输出国都有滑雪文化，但没有足够的滑雪场。部分国家尽管有巨大的人口数量，但因为他们没有滑雪文化，所以不可能成为跨境滑雪者的主要供应地。跨境滑雪者的流动集中在非常有限的滑雪胜地，例如，英国客户常去阿尔卑斯山和安道尔。表 2-1 比较了滑雪人口输出国到不同目的地国家的排序，例如：从德国出境到奥地利的人数排名第一，到意大利的人数排名第二，到瑞士的人数排名第四（在欧洲的排名）；从英国出境到意大利的人数排名第六，到法国第三，到意大利第十；以此类推。

表 2-1　滑雪者年流动人数（超过 20 万人）国家排名

入境市场	出境市场				
	德国	英国	新西兰	比利时	瑞士
奥地利	1	6	5		9
法　国		3	7	8	
意大利	2	10			
瑞　士	4				

资料来源：凡奈特.2019 全球滑雪市场报告［R/OL］.（2019-04-13）［2021-09-18］.https：//www.chnzbx.com/index.php？a＝nrinfo&id＝6785.

二、世界排名前 30 位的滑雪场

世界排名前 30 位滑雪场的基本信息如表 2-2 所示。

表 2-2　世界排名前 30 位滑雪场的基本信息

排名	滑雪场	国家	分数评级	
			分数	用户评级
1	采尔马特（Zermatt）	瑞士（Switzerland）	89/100	4.72
2	塞尔法斯-菲斯-拉迪斯（Serfaus Fiss Ladis）	奥地利（Austria）	89/100	4.62
3	萨尔巴赫-欣特格尔姆-利奥冈-菲伯本（Saalbach Hinterglemm Leogang Fieberbrunn）	奥地利（Austria）	89/100	4.56
4	惠斯勒-布莱克科姆（Whistler Blackcomb）	加拿大（Canada）	89/100	4.37
5	阿尔贝格（Ski Arberg）	奥地利（Austria）	89/100	4.00
6	伊施格尔（Ischgl）	奥地利（Austria）	88/100	4.36
7	格雷登（Groden）	意大利（Italy）	87/100	4.79
8	塞尔登（Solden）	奥地利（Austria）	86/100	4.00
9	阿尔塔-巴迪亚（Alta Badia）	意大利（Italy）	85/100	4.67
10	阿斯本（Aspen）	美国（America）	85/100	4.50
11	莱斯-3-瓦利斯（Les 3 Vallees）	法国（France）	85/100	4.32
12	蒂涅斯-瓦尔·德伊泽尔（Tignes-Val d'Isere）	法国（France）	85/100	4.00
13	维尔（Vil）	美国（America）	85/100	4.00
14	斯图拜冰川（Stubaier Gletscher）	奥地利（Austria）	85/100	3.06
15	巴德加斯坦-巴德霍夫加斯坦（Bad Gastein-Bad Hofgastein）	奥地利（Austria）	84/100	3.26
16	克莱恩·蒙塔纳（Crans-Montana）	瑞士（Switzerland）	54/60	3.60
17	特鲁里德（Telluride）	美国（America）	54/60	—

· 21 ·

续表

排名	滑雪场	国家	分数评级	
			分数	用户评级
18	霍奇齐勒塔尔（Hochzillertal）	奥地利（Austria）	53/60	4.30
19	天堂（Heavenly）	美国（America）	52/60	4.60
20	克朗普拉茨（Kronplatz）	意大利（Italy）	52/60	4.40
21	帕森（达沃斯－克洛斯特）[Parsenn（Davos-Klosters）]	瑞士（Switzerland）	52/60	4.00
22	格林德瓦尔德第一（Gridewald First）	瑞士（Switzerland）	51/60	4.50
23	阿德尔博登伦克（Adelboden Lenk）	瑞士（Switzerland）	51/60	4.00
24	公园城（Park City）	美国（America）	84/100	4.50
25	萨姆农（Samnaun）	瑞士（Switzerland）	50/60	4.60
26	斯派克博登（Speikboden）	意大利（Italy）	50/60	4.60
27	切塞鲁格－托根堡（Chaserrugg-Toggenburg）	瑞士（Switzerland）	50/60	4.50
28	费尔德贝格（Feldberg）	德国（Germany）	50/60	3.70
29	科罗内特峰（Coronet Peak）	新西兰（New Zealand）	50/60	—
30	奥伯陶恩（Obertauern）	奥地利（Austria）	83/100	4.00

注：用户评级满分为5。

资料来源：https://www.snowmagazine.com.

世界排名前30位滑雪场的自然条件如表2-3所示。

表2-3 世界排名前30位滑雪场的自然条件

滑雪场	自然条件				
	滑雪道长度/面积	山体统计		雪质分布	
		海拔	2020—2021年开放时间	人工造雪比例	人工造雪机数量
采尔马特（Zermart）	360km	1 620~3 899m	2020.6.6—2021.5.30	67%	1 275

第二章 国内外滑雪旅游发展概况

续表

滑雪场	自然条件				
	滑雪道长度/面积	山体统计		雪质分布	
		海拔	2020—2021年开放时间	人工造雪比例	人工造雪机数量
塞尔法斯-菲斯-拉迪斯（Serfaus Fiss Ladis）	214km	1200~2828m	2020.12.24—2021.4.11	80%	1 250
萨尔巴赫-欣特格尔姆-利奥冈-菲伯本（Saalbach Hinterglemm Leogang Fieberbrunn）	270km	840~2 096m	2020.12.24—2021.4.11	90%	927
惠斯勒-布莱克科姆（Whistler Blackcomb）	3.306ha	675~2 284m	2020.11.26—2021.5.30	—	—
阿尔贝格（Ski Arlberg）	305km	圣安东（St. Anton）：1 304~2 811m	2020.12.24—2021.4.25	88%	747
		莱赫-泽斯（Lech Zirs）：1 300~2 811m	2020.12.24—2021.4.25	62%	747
		沃思-施吕肯（Warth Schrocken）：1 300~2 811m	2020.12.24—2021.4.18	—	747
伊施格尔（Ischgl）	239km	1 377~2 872m	2020.12.24—2021.5.2	95%	1 100
格雷登（Groden）	175km	1 236~2 540m	—	98%	630
塞尔登（Soiden）	144km	1 350~3 340m	2020.9.25—2021.5.2	77%	363
阿尔塔-巴迪亚（Alta Badia）	130km	1 324~2 778m	—	80%	391
阿斯本（Aspen）	2.237ha	阿斯本雪山（Aspen Snowmass）：2 473~3 813m	2020.11.26—2021.4.18	12%	—
		阿斯本山（Aspen Mountain）：2 422~3 418m	2020.11.26—2021.4.18	12%	—

· 23 ·

续表

滑雪场	自然条件				
	滑雪道长度/面积	山体统计		雪质分布	
		海拔	2020—2021年开放时间	人工造雪比例	人工造雪机数量
阿斯本（Aspen）	2.237ha	阿斯本高地（Aspen Highlands）：2 451~3 559m	2020.12.12—2021.4.4	—	—
		阿斯本奶油山（Aspen Buttermilk）：2 399~3 018m	2020.12.18—2021.4.4	—	—
莱斯-3-瓦利斯（Les 3 Valles）	600km	1 300~3 230m	—	53%	322
蒂涅斯-瓦尔·德伊泽尔（Tignes-Val d'sere）	300km	1 550~3 450m	—	50%	848
维尔（Vail）	2.140ha	2 474~3 526m	2020.11.20—2021.4.11	9%	—
斯图拜冰川（Stubaier Gletscher）	64km	1 750~3 210m	2020.12.24—2021.6.27	25%	80
巴德加斯坦-巴德霍夫加斯坦（Bad Gastein-Bad Hofgastein）	87km	860~2 300m	2020.12.24—2021.4.5	85%	800
克莱恩·蒙塔纳（Crans-Montana）	140km	1 500~3 000m	2020.11.28—2021.4.18		
特鲁里德（Telluride）	809ha	2 659~4 008m	2020.11.26—2021.4.4	11%	—
霍奇齐勒塔尔（Hochzillertal）	90.5km	600~2 350m	2020.12.24—2021.4.18	100%	550
天堂（Heavenly）	1 942ha	2 001~3 068m	2020.11.20—2021.4.18	73%	265
克朗普拉茨（Kronplatz）	119km	930~2 275m	—	100%	500
帕森（达沃斯-克洛斯特）[Parsenn（Davos-Klosters）]	102km	810~2 844m	2020.11.20—2021.4.18	40%	169

第二章 国内外滑雪旅游发展概况

续表

滑雪场	自然条件				
	滑雪道长度/面积	山体统计		雪质分布	
		海拔	2020—2021年开放时间	人工造雪比例	人工造雪机数量
格林德瓦尔德第一（Gridewald First）	53km	1 050~2 501m	2020.12.19—2021.4.5	45%	58
阿德尔博登伦克（Adelboden Lenk）	86km	1 068~2 362m	2020.11.21—2021.4.11	65%	500
公园城（Park City）	2954ha	2 073~3 048m	2020.11.20—2021.4.11	40%	480
萨姆农（Samnaun）	239km	1 400~2 872m	2020.12.11—2021.5.2	100%	1 200
斯派克博登（Speikboden）	38km	950~2 510m	—	100%	60
切塞鲁格-托根堡（Chaserrugg-Toggenburg）	52km	900~2 262m	2020.12.9—2021.4.5	25%	60
费尔德贝格（Feldberg）	63km	950~1 450m	—	—	—
科罗内特峰（Coronet Peak）	280ha	1 168~1 649m	2020.6.26—2020.9.27	100%	222
奥伯陶恩（Obertauern）	100km	1 630~2 313m	2020.12.24—2021.5.2	95%	28

资料来源：https://www.snowmagazine.com。

世界排名前30位滑雪场的雪道信息如表2-4所示。

表2-4 世界排名前30位滑雪场的雪道信息

滑雪场	雪场基本信息						
	适于滑雪的地形					夜间滑雪	
	初赛道	中级道	高级道	未修饰雪道/极致雪道	雪道数量	夜间滑雪可能性	有灯光的雪道
采尔马特（Zermart）	75km	220km	27km	38km	145	—	—
塞尔法斯-菲斯-拉迪斯（Serfaus Fiss Ladis）	47km	123km	28km	16km	98	√	4.7km

续表

滑雪场		雪场基本信息						
		适于滑雪的地形					夜间滑雪	
		初赛道	中级道	高级道	未修饰雪道/极致雪道	雪道数量	夜间滑雪可能性	有灯光的雪道
萨尔巴赫-欣特格尔姆-利奥冈-菲伯本（Saalbach Hinterglemm Leogang Fieberbrunn）		140km	112km	18km	5km	156	√	1.2km
惠斯勒-布莱克科姆（Whistler Blackcomb）		595ha	1818ha	727ha	232ha	240	—	—
阿尔贝格（Ski Arlberg）	圣安东（St. Anton）	132km	123km	50km	200km	200	—	—
	莱赫-泽斯（Lech Zirs）	132km	123kn	50km	200km	200	—	—
	沃思-施吕肯（Warth Schrocken）	132km	123km	50km	200km	200	—	—
伊施格尔（Ischgl）		47km	143km	49km	0km	—	—	—
格雷登（Groden）		52km	105km	18km	0km	—	—	—
塞尔登（Soiden）		70km	45km	27km	2km	—	√	4km
阿尔塔-巴迪亚（Alta Badia）		70km	52km	8km	0km	—	—	—
阿斯本（Aspen）	阿斯本雪山（Aspen Snowmass）	11.85km	113.76km	40.29km	71.1km	96	√	—
	阿斯本山（Aspen Mountain）	0	49.44km	26.78km	26.78km	76	—	—
	阿斯本高地（Aspen Highlands）	0	31.05km	16.2km	87.75km	122	—	—
	阿斯本奶油山（Aspen Buttermilk）	11.9km	13.26km	7.14km	1.7km	44	—	—

续表

滑雪场	雪场基本信息						
	适于滑雪的地形					夜间滑雪	
	初赛道	中级道	高级道	未修饰雪道/极致雪道	雪道数量	夜间滑雪可能性	有灯光的雪道
莱斯-3-瓦利斯（Les 3 Valles）	48km	135km	119km	33km	350	√	—
蒂涅斯-瓦尔·德伊泽尔（Tignes-Val d'sere）	23km	68km	41km	25km	157	—	
维尔（Vail）	385ha	620ha	599ha	535ha	195	—	
斯图拜冰川（Stubaier Gletscher）	23km	15km	4km	22km	32	—	
巴德加斯坦-巴德霍夫加斯坦（Bad Gastein-Bad Hofgastein）	308km	52.5km	2.6km	1.3km		—	
克莱恩·蒙塔纳（Crans-Montana）	55km	70km	15km	0km	—		
特鲁里德（Telluride）	113ha	234ha	210ha	0ha	148	—	
霍奇齐勒塔尔（Hochzillertal）	30km	41km	14.5km	5km	46	√	2km
天堂（Heavenly）	388ha	874ha	582ha	97ha	97		
克朗普拉茨（Kronplatz）	52km	42km	25km	0km	47	√	1km
帕森（达沃斯-克洛斯特）[Parsenn（Davos-Klosters）]	20km	60km	16km	6km	36	—	
格林德瓦尔德第一（Gridewald First）	30km	15km	8km	0km	13	√	0.5km
阿德尔博登伦克（Adelboden Lenk）	46km	33.5km	6.5km	0km	—	√	1.5km
公园城（Park City）	265ha	1 506ha	886ha	532ha	345	√	2km

续表

滑雪场	雪场基本信息						
	适于滑雪的地形					夜间滑雪	
	初赛道	中级道	高级道	未修饰雪道/极致雪道	雪道数量	夜间滑雪可能性	有灯光的雪道
萨姆农（Samnaun）	48km	150km	27km	14km	—		
斯派克博登（Speikboden）	3km	24km	11km	5km	16		
切塞鲁格-托根堡（Chaserrugg-Toggenburg）	8km	40km	2km	2km	23	√	3km
费尔德贝格（Feldberg）	27km	30km	6km	20km	24	—	
科罗内特峰（Coronet Peak）	56ha	126ha	98ha	0km	27	√	10km
奥伯陶恩（Obertauern）	61km	35km	4km	0km	—	√	1.5km

资料来源：https：//www.snowmagazine.com.

世界排名前 30 位滑雪场的基础设施如表 2-5 所示。

表 2-5　世界排名前 30 位滑雪场的基础设施

滑雪场	滑雪相关基础设施												
	设备租赁							滑雪学校					
	储物柜	运动商店	双板租赁	单板租赁	北欧/越野滑雪租赁	后山滑雪租赁	弓步式转弯租赁	双板学校	单板学校	刻滑课程	自然环境自由式滑雪课程	花样技巧自由式滑雪课程	北欧/越野滑雪课程
采尔马特（Zermart）	√	√	√	√	√	√		11	11	√	—	√	—
塞尔法斯-菲斯-拉迪斯（Serfaus Fiss Ladis）	√	√	√	√	√	√		2	2	√	—	√	—

第二章　国内外滑雪旅游发展概况

续表

滑雪场	滑雪相关基础设施											
	设备租赁						滑雪学校					
	储物柜	运动商店	双板租赁	单板租赁	北欧／越野滑雪租赁	后山滑雪租赁	弓步式转弯租赁	双板学校	单板学校	刻滑课程	自然环境自由式滑雪课程	花样技巧自由式滑雪课程	北欧／越野滑雪课程
萨尔巴赫-欣特格尔姆-利奥冈-菲伯本（Saalbach Hinterglemm Leogang Fieberbrunn）	√	√	√	√	√	—	18	18	√	—	√	√
惠斯勒-布莱克科姆（Whistler Blackcomb）	—	—	—	—	—	—	—	—	—	—	—	—
阿尔贝格（Ski Arlberg） 圣安东（St. Anton）	√	√	√	√	√	√	38	38	√	—	√	√
阿尔贝格（Ski Arlberg） 莱赫-泽斯（Lech Zirs）	√	√	√	√	√	√	8	8	√	—	√	√
阿尔贝格（Ski Arlberg） 沃思-施吕肯（Warth Schrocken）	√	√	√	√	√	√	2	4	√	√	√	√
伊施格尔（Ischgl）	√	√	√	—	—	—	1	1	√	√	√	√
格雷登（Groden）	—	—	—	—	—	—	12	12	—	√	—	—
塞尔登（Soiden）	√	√	√	√	√	—	4	4	√	√	√	√
阿尔塔-巴迪亚（Alta Badia）	—	√	√	√	—	—	7	7	—	—	—	—
阿斯本（Aspen） 阿斯本雪山（Aspen Snowmass）	—	—	—	—	—	—	—	—	—	—	—	—
阿斯本（Aspen） 阿斯本山（Aspen Mountain）	—	—	—	—	—	—	—	—	—	—	—	—
阿斯本（Aspen） 阿斯本高地（Aspen Highlands）	—	—	—	—	—	—	—	—	—	—	—	—
阿斯本（Aspen） 阿斯本奶油山（Aspen Buttermilk）	—	—	—	—	—	—	—	—	—	—	—	—

· 29 ·

滑雪旅游概论

续表

滑雪场	滑雪相关基础设施												
	设备租赁							滑雪学校					
	储物柜	运动商店	双板租赁	单板租赁	北欧/越野滑雪租赁	后山滑雪租赁	弓步式转弯租赁	双板学校	单板学校	刻滑课程	自然环境自由式滑雪课程	花样技巧自由式滑雪课程	北欧/越野滑雪课程
莱斯-3-瓦利斯（Les 3 Valles）	√	√	√	√	√	—	—	8	8	—	—	—	—
蒂涅斯-瓦尔·德伊泽尔（Tignes - Val d'sere）	√	√	√	√	√	√	√	5	11	√	—	√	√
维尔（Vail）	—	—	—	—	—	—	—	—	—	—	—	—	—
斯图拜冰川（Stubaier Gletscher）	—	√	—	—	—	—	—	4	4	—	√	—	—
巴德加斯坦-巴德霍夫加斯坦（Bad Gastein-Bad Hofgastein）	√	√	√	√	—	√	—	3	5	√	√	√	√
克莱恩·蒙塔纳（Crans-Montana）	√	√	√	√	√	√	√	2	2	√	—	√	√
特鲁里德（Telluride）	—	—	—	—	—	—	—	—	—	—	—	—	—
霍奇齐勒塔尔（Hochzillertal）	√	√	√	√	—	—	—	3	2	—	—	—	—
天堂（Heavenly）	—	—	—	—	—	—	—	—	—	—	—	—	—
克朗普拉茨（Kronplatz）	√	√	√	√	—	—	√	9	9	—	—	—	√
帕森（达沃斯-克洛斯特）[Parsenn（Davos-Klosters）]	√	√	√	√	√	√	√	3	3	—	—	—	—
格林德瓦尔德第一（Gridewald First）	√	√	√	√	—	—	—	4	—	—	—	—	—
阿德尔博登伦克（Adelboden Lenk）	√	√	√	√	√	√	√	2	2	√	—	√	√
公园城（Park City）	—	—	—	—	—	—	—	—	—	—	—	—	—
萨姆农（Samnaun）	√	√	√	√	√	√	—	3	3	—	—	—	—

第二章　国内外滑雪旅游发展概况

续表

滑雪场	滑雪相关基础设施									
	设备租赁					滑雪学校				
	储物柜	运动商店	双板租赁	单板租赁	北欧／越野滑雪租赁	后山滑雪租赁	弓步式转弯租赁	双板学校	单板学校	刻滑课程	自然环境自由式滑雪课程	花样技巧自由式滑雪课程	北欧／越野滑雪课程

（注：上方表头为13列，下方数据按此对应）

滑雪场	储物柜	运动商店	双板租赁	单板租赁	北欧/越野滑雪租赁	后山滑雪租赁	弓步式转弯租赁	双板学校	单板学校	刻滑课程	自然环境自由式滑雪课程	花样技巧自由式滑雪课程	北欧/越野滑雪课程
斯派克博登（Speikboden）	√	√	√		√			1	1	—		√	—
切塞鲁格-托根堡（Chaserrugg-Toggenburg）		√	√	√	√		√	1	1			√	√
费尔德贝格（Feldberg）		√	√	√				11	11			—	—
科罗内特峰（Coronet Peak）		√			—			1					
奥伯陶恩（Obertauern）		√	√	√	√		√	6	6		√	√	√

资料来源：https://www.snowmagazine.com.

世界排名前30位滑雪场的配套设施如表2-6所示。

表2-6　世界排名前30位滑雪场的配套设施

滑雪场	配套设施										
	小吃和餐厅	住宿							活动		雪后活动和夜生活	
	数量	山上餐厅	酒店	床和早餐	宾馆	宿舍	公寓	房间	山林小屋	农场住宿	雪橇雪道数量	雪橇租借	酒吧	俱乐部
采尔马特（Zermart）	115	√	115	5	0	1	328	5	10	1	3	√	44	5
塞尔法斯-菲斯-拉迪斯（Serfaus Fiss Ladis）	56	√	95	45	11	0	245	44	1	21	2	√	4	—

滑雪旅游概论

续表

滑雪场		配套设施								活动		雪后活动和夜生活	
		小吃和餐厅		住宿									
		数量	山上餐厅	酒店	床和早餐	宾馆	宿舍	公寓	房间	山林小屋	农场住宿	雪橇雪道数量	雪橇租借	酒吧	俱乐部
萨尔巴赫-欣特格尔姆-利奥冈-菲伯本（Saalbach Hinterglemm Leogang Fieberbrunn）		68	√	114	32	12	18	237	62	5	26	5	√	38	4
惠斯勒-布莱克科姆（Whistler Blackcomb）		√	√	16	1	1	0	3	0	0	0	—	—	√	√
阿尔贝格（Ski Arlberg）	圣安东（St. Anton）	80	√	6	4	0	0	23	1	0	0	5	√	22	1
	莱赫-泽斯（Lech Zirs）	64	√	157	198	6	1	243	43	2	3	1	√	24	4
	沃思-施吕肯（Warth Schrocken）	13	√	144	38	8	0	157	61	1	1	1	√	7	—
伊施格尔（Ischgl）		37	√	144	38	8	0	157	61	1	1	1	√	21	8
格雷登（Groden）		28	√	46	31	6	0	134	38	0	4	2	√	18	2
塞尔登（Soiden）		45	√	28	27	7	0	96	0	0	0	1	√	30	6
阿尔塔-巴迪亚（Alta Badia）		92	√	114	58	4	0	201	0	1	15	2	√	10	2
阿斯本（Aspen）	阿斯本雪山（Aspen Snowmass）	—	√	29	6	0	0	163	0	0	0	—	—	9	√
	阿斯本山（Aspen Mountain）	—	√	15	5	0	0	163	0	0	0	—	—	√	√

续表

滑雪场		配套设施											
		小吃和餐厅	住宿							活动		雪后活动和夜生活	
		数量	山上餐厅	酒店	床和早餐	宾馆	宿舍	公寓	房间	山林小屋	农场住宿	雪橇雪道数量	雪橇租借	酒吧	俱乐部

滑雪场		数量	山上餐厅	酒店	床和早餐	宾馆	宿舍	公寓	房间	山林小屋	农场住宿	雪橇雪道数量	雪橇租借	酒吧	俱乐部
阿斯本（Aspen）	阿斯本高地（Aspen Highlands）	—	√	24	5	0	0	84	0	0	0	—	—	√	√
	阿斯本奶油山（Aspen Buttermilk）	—	√	28	5	0	0	88	0	0	0	—	—	√	√
莱斯-3-瓦利斯（Les 3 Valles）		45	—	86	1	0	2	123	2	1	0	4	—	√	√
蒂涅斯-瓦尔·德伊泽尔（Tignes - Val d'sere）		—	√	36	2	0	0	13	0	1	0	—	—	√	√
维尔（Vail）		—	√	17	0	7	0	85	0	0	0	—	—	√	√
斯图拜冰川（Stubaier Gletscher）		15	√	1	0	3	0	0	0	1	1	—	—	15	4
巴德加斯坦-巴德霍夫加斯坦（Bad Gastein-Bad Hofgastein）		47	√	7	5	0	1	4	10	1	0	—	—	14	3
克莱恩·蒙塔纳（Crans-Montana）		50	√	32	9	1	0	22	1	1	0	—	—	15	7
特鲁里德（Telluride）		—	√	2	0	0	0	17	0	0	0	—	—	√	√
霍奇齐勒塔尔（Hochzillertal）		—	√	61	54	15	5	456	63	6	30	1	√	5	2

滑雪旅游概论

续表

滑雪场	配套设施											
	小吃和餐厅	住宿							活动		雪后活动和夜生活	
	数量	山上餐厅	酒店	床和早餐	宾馆	宿舍	公寓	房间	山林小屋	农场住宿	雪橇雪道数量	雪橇租借	酒吧	俱乐部
天堂（Heavenly）	—	√	18	0	1	0	0	0	0	0	—	√	—
克朗普拉茨（Kronplatz）	35	√	47	10	3	0	43	11	0	26	2	√	6	3
帕森（达沃斯-克洛斯特）[Parsenn（Davos-Klosters）]	—	√	36	3	1	4	56	0	9	0	1	—	4	—
格林德瓦尔德第一（Gridewald First）	—	√	43	4	0	6	140	4	5	0	—	—	√	—
阿德尔博登伦克（Adelboden Lenk）	24	√	33	7	0	4	216	1	4	0	5	√	7	2
公园城（Park City）	—	√	16	3	0	0	275	0	0	0	—	—	√	—
萨姆农（Samnaun）	30	√	23	3	0	0	45	0	0	0	1	√	7	2
斯派克博登（Speikboden）	4	√	17	5	1	0	9	1	0	9	2	√	4	—
切塞鲁格-托根堡（Chaserrugg-Toggenburg）	5	√	13	2	1	0	0	0	4	0	2	√	3	—
费尔德贝格（Feldberg）	5	√	32	19	13	0	124	20	2	15	3	√	7	1
科罗内特峰（Coronet Peak）	—	—	—	—	—	—	—	—	—	—	—	—	—	—
奥伯陶恩（Obertauern）	34	√	37	8	1	3	17	3	0	1	2	√	11	7

资料来源：https://www.snowmagazine.com。

第二章　国内外滑雪旅游发展概况

第二节　欧洲滑雪旅游发展概况

欧洲地形地貌是以平原为主，冰川地貌分布较广，崇山峻岭汇集南部。海拔200米以上的高原、丘陵和山地约占全洲面积的40%，其中海拔2 000米以上的高山仅占约2%，海拔200米以下的平原约占全洲面积的60%。欧洲平原西起大西洋沿岸，东至乌拉尔山脉，绵延数千里，横贯欧洲。阿尔卑斯山脉横亘南部，是欧洲最大的山脉。东南部大高加索山脉的主峰厄尔布鲁士山，海拔5 642米，为欧洲最高峰。北部斯堪的纳维亚山脉地势比较平缓，沿岸多深入内陆、两岸陡峭的峡湾。

欧洲滑雪强国林立，有2 000多个滑雪场，最好的滑雪场集中在阿尔卑斯山一带。阿尔卑斯地区是迄今为止最大的入境滑雪市场，占全球滑雪人次的44%，也是设备配备最齐全的产业区域，总计超过10 000部提升设备。

本节将分别介绍阿尔卑斯地区滑雪旅游发展概况、北欧地区滑雪旅游发展概况、西欧地区滑雪旅游发展概况，以及东欧地区滑雪旅游发展概况。

一、阿尔卑斯地区滑雪旅游发展概况

阿尔卑斯地区是迄今为止最大的入境滑雪市场，包括意大利、奥地利、瑞士、列支敦士登、斯洛文尼亚等国家，其市场份额占全球滑雪市场份额的比重最大。

（一）意大利滑雪旅游发展概况

1. 意大利滑雪旅游产业发展现状

意大利的地形35%是山地，42%是丘陵，主要的两大山脉跨越了意大利的大部分地区，并相互连接。北部的阿尔卑斯山脉从东延伸到西，勃朗峰是其最高峰。亚平宁山脉，从利古里亚大区到卡拉布里亚大区贯穿整个国家，它不像阿尔卑斯山那么高，但长度超过1 500千米，顶峰是格兰萨索的大科尔诺山（Corno Grande），海拔2 914米。

虽然意大利有悠久的滑雪历史，但普遍认为现代滑雪是1897年从都灵开始的。1901年，彭特-诺萨（Ponte Nossa）和都灵滑雪俱乐部是意大利的首批滑雪俱乐部。这两家俱乐部初期主要推动越野滑雪的发展。1904年，第一次滑雪比赛在都灵巴多内基亚（Bardonecchia）滑雪场举办。1913年，意大利滑雪联合会成立。第一次世界大战促使意大利创建了88个高山滑雪队。塞斯特列雷（Sestrieres）滑雪场始建于1930年，是第一个专门建造的高山度假胜地。切尔维尼亚（Cervinia）滑雪场在1936年完成了它的第一座Breuil-Plan Maison缆车。这座缆车自1934年切尔维尼亚成立起不到两年就建成了，并在切尔维尼亚成为意大利最重要滑雪胜地之一的过程中发挥了至关重要的作用。位于瓦尔巴迪亚山谷的科瓦拉是意大利第一个引进专用滑雪缆车的地方。1938年科瓦拉只有一个雪橇，第一座厢式木制单座椅缆车于1946年建造，它的巨大成功使滑雪场在下一年扩大了提升设备的使用。

尽管大多数的滑雪胜地都集中在意大利皮埃蒙特区北部地区、瓦莱达奥斯塔、伦巴第、特伦蒂诺、阿尔托阿迪杰（南蒂罗尔）和威内托大区，但其他地方也散布着一些小型的雪场，包括西西里岛和撒丁岛。

1956年，冬奥会首次在意大利科蒂纳丹佩佐举行。50年后，2006年的冬奥会在意大利的都灵举行。意大利南蒂罗尔和东部地区的滑雪产业类似于奥地利的模式，与法国度假胜地有相似之处。一些地区非常有活力，如多乐美地超级雪场，拥有高水平的基础设施和现代化的造雪设施。而其他一些地区的发展速度较慢，滑雪人次停滞不前。

意大利旅游发展概况如图2-6所示。

2. 意大利滑雪旅游市场发展现状

尽管21世纪初意大利运营商一直在大量投资滑雪旅游产业，但是滑雪人次已经开始下降。即使这一趋势在2010—2011年雪季发生逆转，但是连续6年滑雪人次仍呈下降趋势且每年的数字都相对稳定在最近6个雪季的低水平。2016—2017年雪季相对较好一些，处于5年平均水平。2017—2018年雪季情况有很大好转，意大利人出境游提高了6.8%。历年雪季意大利滑雪人次的变化如图2-7所示。

第二章　国内外滑雪旅游发展概况

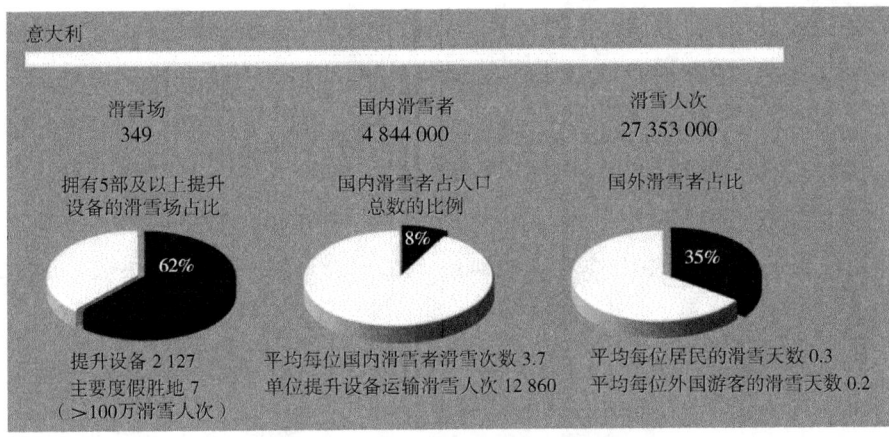

图 2-6　意大利滑雪旅游发展概况

注：目前关于意大利的相关滑雪产业报告并不完全依赖于正式的数据统计。

资料来源：凡奈特. 2019 全球滑雪市场报告［R/OL］. （2019-04-13）［2021-09-18］. https：//www. chnzbx. com/index. php？a＝nrinfo&id＝6785.

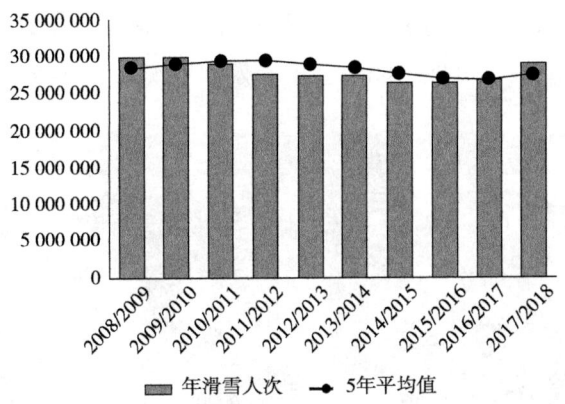

图 2-7　意大利滑雪人次的变化（单位：人次）

注：意大利是唯一无法提供国内年度滑雪人次数据的主要滑雪市场。滑雪人次数据主要依靠预测。

资料来源：凡奈特. 2019 全球滑雪市场报告［R/OL］. （2019-04-13）［2021-09-18］. https：//www. chnzbx. com/index. php？a＝nrinfo&id＝6785.

（二）奥地利滑雪旅游发展概况

1. 奥地利滑雪旅游产业发展现状

奥地利大部分国土是山区，68%的面积海拔在 500 米以上，只有东部部分地区由低地组成。阿尔卑斯山脉覆盖奥地利 62% 的领土，以大钟山为顶点，海拔达到 3 798 米。与其他高山国家不同，奥地利没有 4 000 米以上的山峰。

19 世纪末，奥地利已经出现了冬季运动。早在 1906 年，奥地利已经开始组织滑雪竞赛，随之诞生了第一个滑雪学校。1936 年，奥地利安装了第一部地面提升设备，1947 年出现第一部吊椅。第二次世界大战后，滑雪逐渐发展成奥地利主要产业之一。

滑雪度假胜地一直都在不断地改进升级，奥地利运营商一直在进行大规模投资，自 2000 年以来，总投资超过了 70 亿欧元，建造了世界上最先进的索道基础设施。奥地利雪场的人工造雪覆盖率超过 60%。自 2008 年以来，奥地利平均每年投入 1.3 亿欧元用于人工造雪。奥地利滑雪度假村各具特色，高山滑雪的商业模式也很特别。奥地利大多数酒店都是家庭自营，市场营销方式也相对保守，但有一批忠实的客户，这些酒店是奥地利国内、德国及荷兰滑雪者的住宿基地。奥地利拥有强大的滑雪文化，是全球唯一有学校安排学生定期滑雪的国家。奥地利的滑雪旅游发展概况如图 2-8 所示。

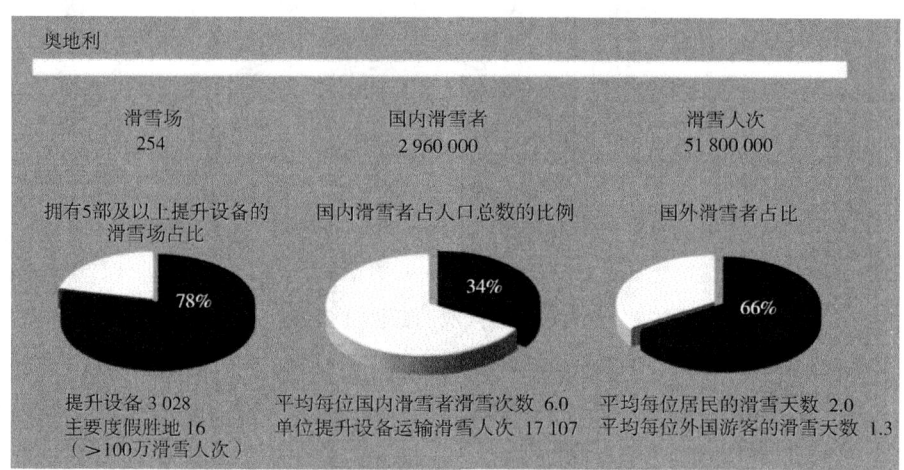

图 2-8 奥地利滑雪旅游发展概况

资料来源：凡奈特. 2019 全球滑雪市场报告 [R/OL]. (2019-04-13) [2021-09-18]. https://www.chnzbx.com/index.php? a=nrinfo&id=6785.

第二章 国内外滑雪旅游发展概况

2. 奥地利滑雪旅游市场发展现状

奥地利是世界上吸引外国滑雪者最多的国家。尽管德国客户的人数已经停滞了20多年，俄罗斯客户在2014年冬季之后也出现了大幅下降，但奥地利滑雪场仍然受益于其他外国游客的增加，经营稳健。

21世纪初至2008—2009年雪季，奥地利的滑雪人次年平均增长了2.25%，滑雪人次持续增加。然而之后每年的滑雪人次较其他阿尔卑斯滑雪目的地已经开始下降。除2012—2013年雪季有较好的数据外，随后又开始呈现下降的趋势。2015—2016年相对上个雪季下降了3.3%。然而，2016—2017年雪季的情况看起来要好一些，上涨了4.4%，5年内平均水平再次呈现上升趋势。2017—2018年雪季，滑雪人次增加4.8%，滑雪人次世界排名第一，这是近年来的第一次。历年雪季奥地利滑雪人次变化如图2-9所示。

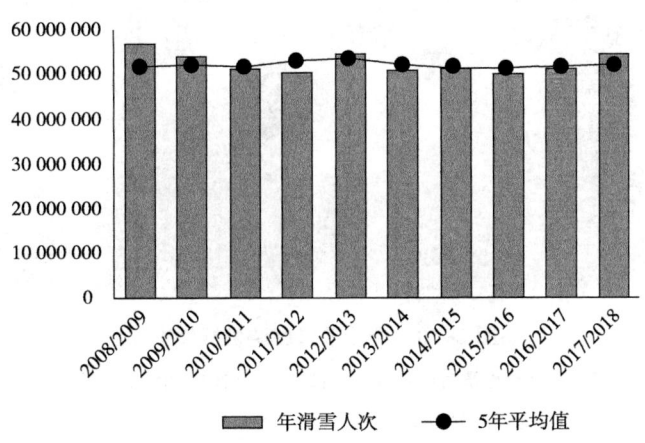

图2-9 奥地利滑雪人次的变化（单位：人次）

资料来源：凡奈特. 2019全球滑雪市场报告［R/OL］.（2019-04-13）［2021-09-18］. https：//www.chnzbx.com/index.php？a=nrinfo&id=6785.

（三）瑞士滑雪旅游发展概况

1. 瑞士滑雪旅游产业发展现状

瑞士阿尔卑斯山脉有49座4 000米以上的山峰，阿尔卑斯山脉东西横跨了瑞士62.5%的领土，还有10%的土地被侏罗山脉覆盖。侏罗山脉在瑞士的最高海拔为 1 679 米。

瑞士冬季旅游始于 1864 年的圣莫里茨。冬季运动开始时是雪橇、冰壶和滑冰。20 世纪，滑雪比赛出现。1911 年世界首次速降滑雪赛在克莱恩·蒙塔纳（Crans-Montana）的普莱纳莫特冰川（Plaine Morte Glacier）举行。1921 年，首次障碍滑雪赛在米伦举行。1928 年第二届冬奥会在圣莫里茨举行。1934 年第一个 T 字形拖牵在瑞士达沃斯安装。在 20 世纪很长一段时间里，瑞士都是世界上最著名的滑雪胜地，现在一些地方仍然闻名全球。瑞士滑雪旅游的发展概况如图 2-10 所示。

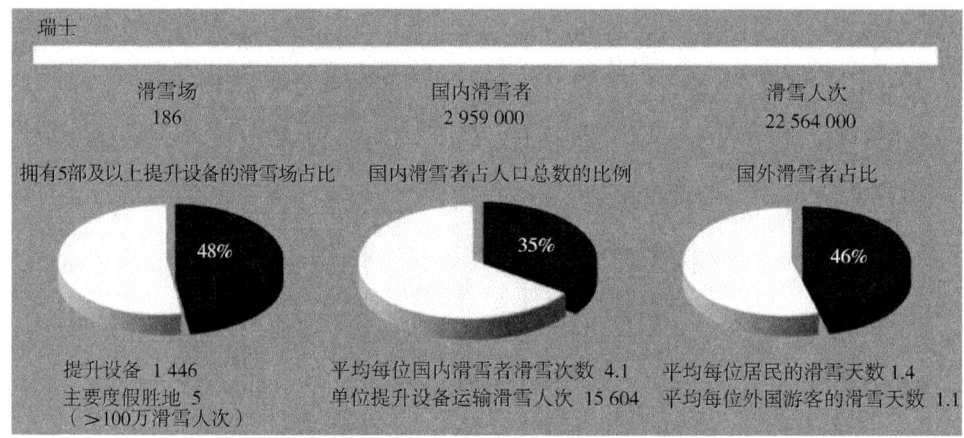

图 2-10 瑞士滑雪旅游发展概况

资料来源：凡奈特. 2019 全球滑雪市场报告［R/OL］.（2019-04-13）［2021-09-18］. https：//www.chnzbx.com/index.php？a＝nrinfo&id＝6785.

2. 瑞士滑雪旅游市场发展现状

瑞士滑雪场的国外客户群主要来自德国、英国、法国、意大利和荷兰等。在过去的几年里，西班牙、俄罗斯和亚洲客户数量有所增加，但这并没有弥补传统的外国客户的流失。

在过去的 10 年中，传统外国客户流失明显，冬季度假村已经失去了 150 万过夜的客户。如今，雪道上外国客人的比例平均下降了 50%。与此同时，瑞士滑雪产业也正面临国内客户下降的问题。"婴儿潮"时期出生的人正在退休，新一代对这项运动的兴趣越来越小，滑雪人次数据呈现一个长期下降的趋势。2008—2009年雪季后，滑雪人次开始连续下降。2014—2015年冬季开始，连续3年出现不利降雪情况。在一些地区，12月根本没有降雪。2017—2018年冬季的情况有所好转，雪季滑雪人次同比增长10.3%，较5年平均水平增长2.1%。不过，这一改善并没有完全恢复过去10年减少的25%的滑雪人次。历年雪季瑞士滑雪人次的变化如图2-11所示。

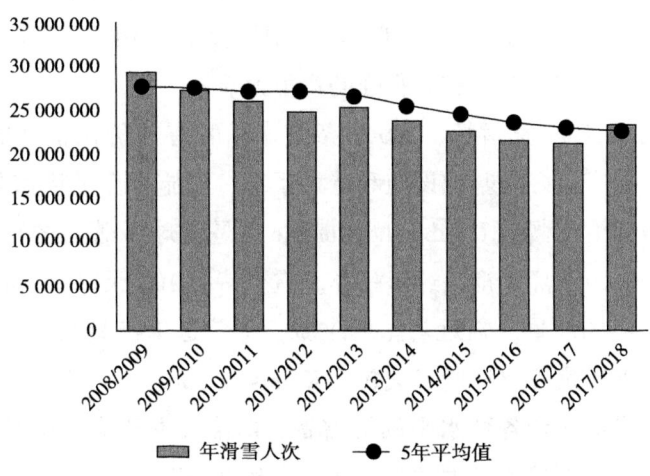

图2-11 瑞士滑雪人次的变化（单位：人次）

资料来源：凡奈特. 2019全球滑雪市场报告［R/OL］.（2019-04-13）［2021-09-18］. https：//www.chnzbx.com/index.php？a＝nrinfo&id＝6785.

一些滑雪场目前正在采取强有力的定价策略，试图挽回部分客户并吸引新客户。25个瑞士滑雪场在2017—2018年雪季联合起来，提供通滑度假村的季票，预售折扣十分可观。这些联合起来的滑雪场能够在全球范围内增加30%的滑雪游客，其他滑雪场也推出了这类服务，一些滑雪场目前正致力于采用动态定价的方式。不同度假村提供的酒店设施也水平不一，还需要通过更新换代那些陈旧的酒店基础设施、增加冬季及夏季其他各类项目来改善客户体验度，以吸引更多的客户群体。

（四）列支敦士登

列支敦士登是位于欧洲中部的一个公国，西边与瑞士、东边和北边与奥地利接壤。列支敦士登国土面积约 160 平方千米，绝大部分是山区，最高峰灰尖峰海拔 2 599 米。列支敦士登只有一个马尔邦滑雪场。

(五) 斯洛文尼亚

斯洛文尼亚有 28 座超过 2 800 米的山峰，其中特里格拉夫山海拔 2 864 米。阿尔卑斯山脉、卡姆尼克-萨维亚山和卡拉万克斯山脉，是斯洛文尼亚与奥地利、意大利的天然屏障。和其他欧洲滑雪度假区相比，斯洛文尼亚的滑雪场因其海拔和积雪优势，有着很强的竞争力。

斯洛文尼亚有 44 家雪场、200 多条缆车，配有性价比很高的现代雪道、越野滑雪道，拥有良好的基础设施和造雪系统、设施齐全的度假公寓酒店等。马里博尔波霍列滑雪场（Mariborsko Pohorje）是全球最著名的雪场之一，每年世界杯女子高山速降赛都在这里举办。雪季持续 100 天以上，43 千米雪道、现代 SPA、美丽的风景，临近马里博尔城，都使这里极具吸引力。另外一个比较受欢迎的雪场是克拉尼斯卡戈拉（Kranjska Gora）。这里每年举办高山滑雪世界杯赛，雪道适合各种水平的滑雪者。斯洛文尼亚海拔最高的滑雪区是卡宁（Kanin），它连接着意大利雪场塞拉内瓦（Sella Nevea），拥有 30 千米雪道、13 条缆车，雪季持续到初春。采尔克诺（Cerkno）是最适合现代家庭度假的雪场，造雪系统覆盖整个区域，每年冬天可以保证 70 天以上的滑雪天数。

二、北欧地区滑雪旅游发展概况

北欧主要包括五个国家，分别是丹麦、挪威、瑞典、芬兰和冰岛。

斯堪的纳维亚半岛是北欧地势最高的地区，斯堪的纳维亚山脉纵贯半岛西部，居挪威与瑞典之间，高峰超过 2 000 米。北欧地处北温带与北寒带交界处，大部分地方终年气温较低。冬季漫长严寒，夏季短促温暖，北欧五国中，冰岛的滑雪胜地比欧洲和北美的许多滑雪地区更为温暖；但雪质一般，又冷又硬，且不是粉末状。冰岛的大多数山体海拔不高于 1 500 米，因此对有经验的滑雪者来说可能落差不够大。

第二章　国内外滑雪旅游发展概况

(一) 丹麦滑雪旅游发展概况

丹麦是世界上最平坦的国家之一，平均海拔约30米。丹麦没有高山，最高处仅为173米。

作为雪道不多的国家，丹麦也常常缺乏降雪。丹麦的属地之一格陵兰岛，海拔最高处超过3 200米。格陵兰岛是一块特别的区域，超过75%的地表被冰雪覆盖。

格陵兰岛的野外山区，有新鲜的极地粉雪，是乘坐直升机滑雪的独特区域，滑雪者可以从2 000米高的地方一直滑雪到水边。

(二) 芬兰滑雪旅游发展概况

芬兰山区不多，主要分布在与挪威接壤的边境。

在斯堪的那维亚地区，滑雪已经有几千年的历史了。据说维京人曾把滑雪板作为交通工具使用。滑雪历史悠久，但在近代才发展为一项体育运动。1850年举行第一届比赛（主要在挪威）之后，滑雪运动得到发展。芬兰约有80家滑雪场，其中北部和拉普兰22家，南部26家，中部地区28家。

芬兰的雪票在北欧是最便宜的。芬兰滑雪联合会于1908年成立。芬兰雪季总体上长于阿尔卑斯山脉地区国家，一些雪场的营业时间从10月中旬开始一直持续到次年5月中旬。芬兰的主要滑雪场是莱维、卢卡和禹拉斯，主要针对家庭客户、休闲滑雪者和喜欢冒险活动的人群（远足等）。北极圈、驯鹿、北极光、圣诞老人、纯净的大自然和清新的空气，使芬兰成为冬季滑雪的胜地，吸引了大量从英国、德国、法国和瑞士来的游客。

(三) 挪威滑雪旅游发展概况

挪威国土大部分是山区或高地，海拔2 300米以上的高峰有26座，其中最高峰海拔2 469米。在挪威，滑雪这项运动已有4 000多年的历史，也是现代滑雪的发源地。泰勒马克滑雪技术的先锋和开拓者森德·诺黑姆，出生在滑雪的摇篮地莫尔格达尔，该地曾三次被选为冬奥会点燃奥运火炬的地点。

挪威拥有超过200处滑雪胜地和超过650部滑雪提升设备。与其他地方不同，挪威的滑雪胜地受益于良好的雪质条件，两个最大的滑雪胜地，特利西尔和海姆瑟达尔，甚至向客人提供雪质保证：如果担保的雪道不在特定时期延长开放，该度假村会向客人退款，包含酒店住宿、滑雪教学、雪具租赁及雪票的费用。耶卢是挪威最古老的滑雪胜地，现已发展成为拥有良好基础设施、优质雪道、单板公园、山地餐厅、酒店和温泉的现代化滑雪度假区。哈山是挪威第三大高山滑雪场，从奥斯陆驱车向北约 2 小时的车程即可到达，因 1994 年举办利勒哈默尔冬季奥运会而闻名。挪威还有 3 个只在夏季滑雪的地区：斯特林冰川、福尔格芬和高德霍普皮根。它们都位于冰川上，通常从 5 月到 10 月或 11 月开放。

（四）瑞典滑雪旅游发展概况

斯堪的纳维亚山脉沿着挪威边境延伸，北起巴伦支海，西傍挪威海，南临斯卡格拉克海峡，东濒波罗的海海岸平原，长 1 700 千米。斯堪的纳维亚山脉的最高峰位于挪威；斯堪的纳维亚山脉在瑞典境内最高峰为凯布纳山，海拔 2 104 米。瑞典的冬天相当长，并且经常下雪。在北部，雪期会一直持续到次年 5 月。

瑞典是一个非常受欢迎的冬季运动胜地，因为雪质很有保障。美丽的风景、静谧的湖泊和郁郁的森林构成了一幅令人惊叹的美景，为滑雪和休闲提供了美妙的场所。气候变化及其对欧洲阿尔卑斯山国家的影响，被认为对瑞典的滑雪旅游业是个利好，因为滑雪旅游可能会转移到更冷的北欧国家。

三、西欧地区滑雪旅游发展概况

西欧（除了前文提及的阿尔卑斯地区国家）是目前最大的出境滑雪者市场，拥有 3 000 多万滑雪者。西欧拥有近 1 100 家滑雪场，与阿尔卑斯地区的数量接近。然而，尽管西欧国家都有滑雪胜地，许多滑雪者还是喜欢前往阿尔卑斯地区滑雪。因此，在西欧地区的滑雪人次只占阿尔卑斯地区总滑雪人次的 25%。

（一）法国滑雪旅游发展概况

1. 法国滑雪旅游产业发展现状

在法国，有 24 座海拔超过 4 000 米的山峰，且和意大利共同拥有阿尔卑斯山的最高峰勃朗峰（海拔 4 810 米）。法国的阿尔卑斯地区建有世界最大、最著名的滑雪胜地，在其他几个山脉，如侏罗山脉、比利牛斯山脉、中央高原和孚日山脉，也都建有滑雪场，甚至在科西嘉岛也有一个滑雪场。

1924 年，法国在夏蒙尼举行了第一届冬季奥运会，那时冬奥项目不包括速降滑雪比赛。20 世纪 30 年代，滑雪在法国开始发展，滑雪度假村也开始逐渐兴建。法国率先在阿尔卑斯山村落式度假地创建了"滑雪综合站"——高雪维尔（Courchevel），以满足滑雪者的每一个需求：滑雪、就餐、购物和娱乐。20 世纪 60 年代到 70 年代，开始在海拔高、城市化程度高的山上建造房地产式的滑雪度假胜地。

法国诞生了世界上最大的滑雪度假运营商阿尔卑斯公司，该公司几乎经营着所有主要的滑雪度假胜地。在法国，提升滑雪设备被认为是一项公共服务，一些运营公司部分由市政当局拥有，或者直接接受其管理。法国度假胜地的另一个特殊之处，就是有极高比例的公寓住房，特别是在大型目的地度假村，酒店非常少，多数游客住在所谓的旅游酒店，旅游酒店类似于北美的独立产权公寓，人均面积小，舒适程度不高，只能达到 20 世纪 70 年代的标准。

法国滑雪旅游发展概况如图 2-12 所示。

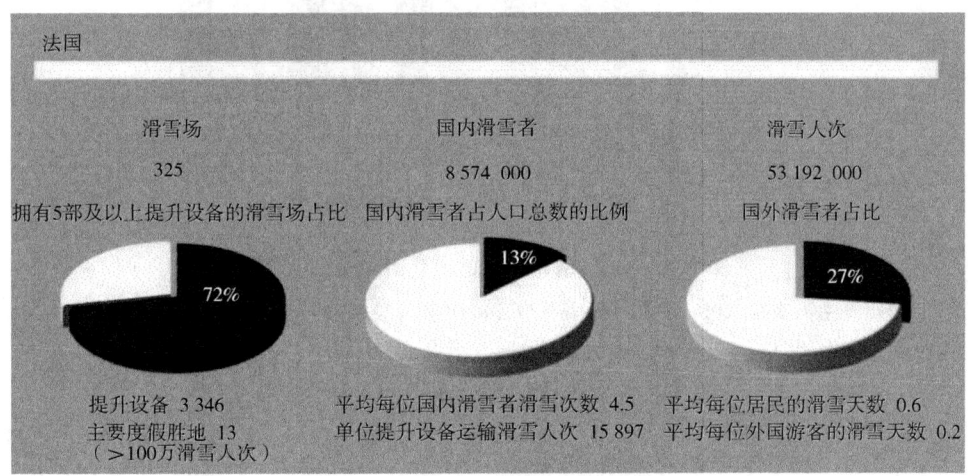

图 2-12 法国滑雪旅游发展概况

资料来源：凡奈特. 2019 全球滑雪市场报告［R/OL］.（2019-04-13）［2021-09-18］. https：//www.chnzbx.com/index.php? a=nrinfo&id=6785.

2. 法国滑雪旅游市场发展现状

法国是世界上接待旅游人数最多的国家之一，不过滑雪产业仍然主要由国内市场推动。法国国内市场已相当成熟，在2012—2013年冬季出现拐点后，滑雪人数出现了轻微下降的趋势。每年冬季有约200万外国滑雪者到法国旅游，而且人数一直增长。其中，英国人占四分之一，其次是意大利人、比利时人、德国人和俄罗斯人。

在经历了连续4个季度的下降后，法国滑雪胜地的游客人数于2017—2018年冬季有所上升，滑雪人数增加5.6%，达到5 380万人次，但仍比5年平均水平低0.4%。当地的天气状况是游客人数下降的原因之一，即使当地有大量的雪，整个滑雪季节的天气也相当糟糕，几乎没有晴天。法国最近5年平均滑雪人次的水平也略有下降，如图2-13所示。

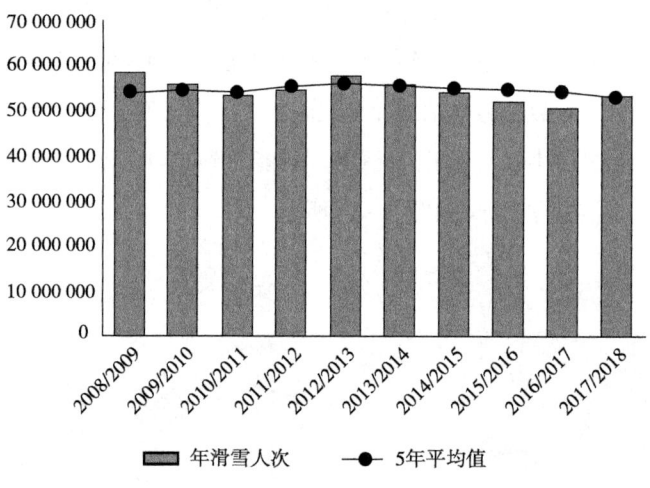

图 2-13　法国滑雪人次的变化（单位：人次）

资料来源：凡奈特. 2019全球滑雪市场报告［R/OL］.（2019-04-13）［2021-09-18］. https://www.chnzbx.com/index.php? a=nrinfo&id=6785.

（二）德国滑雪旅游发展概况

1. 德国滑雪旅游产业发展现状

德国的阿尔卑斯山、哈茨山、黑森林、巴伐利亚森林，以及图林根的森林都位于中度海拔的山脉上,最高海拔1 500米,大多数滑雪度假区低于奥地利和瑞士的度假区。历史滑雪人次的数据表明这里很易受到雪质的影响,因此,各度假区大举投资人工造雪系统以降低气象风险。除了2012—2013年雪季数据非常出色外,在过去十年,德国的滑雪旅游访客数据保持稳定,其长期增长趋势比较平缓。

加尔米施-帕滕基兴作为德国的冬季运动中心是无可争议的。传统的新年跳台滑雪比赛举办地、奥运城市加尔米施如今也是一个国际化的都市。德国的滑雪地区延伸到奥地利边境,包括超过60千米的雪道。祖格峰拥有德国最高的滑雪提升设备,最高处达2 830米。德国滑雪度假区众多,在西部地区有奥伯斯多夫,在巴伐利亚阿尔卑斯山脉地区和雷特温克尔地区有巴尔德尔施旺、奥伯阿默高,在东部地区有奥贝劳多尔夫、贝希特斯加登。

德国有500多个滑雪地区,可满足超过1 200万滑雪人口的需求;但近一半的地区只配有一部提升设备。德国主要度假村位于南部边境的黑森林和巴伐利亚阿尔卑斯山脉,与瑞士和奥地利接壤。

德国滑雪旅游发展概况如图2-14所示。

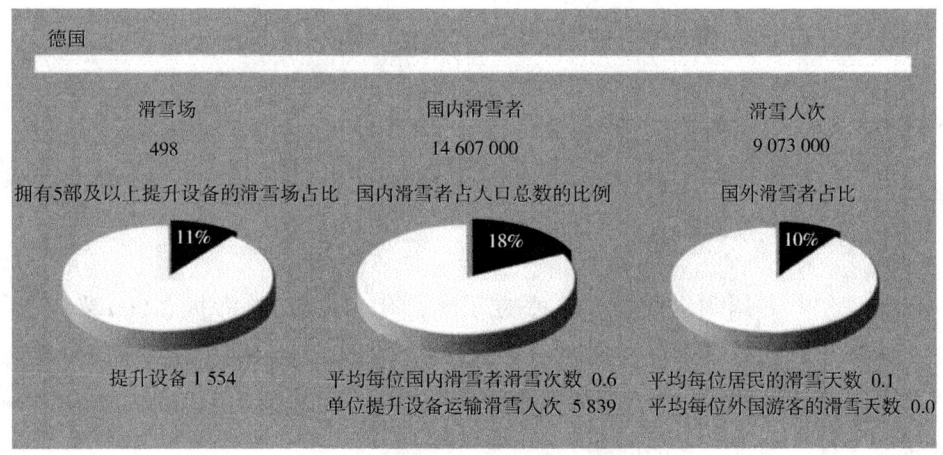

图2-14 德国滑雪旅游发展概况

资料来源:凡奈特.2019全球滑雪市场报告[R/OL].(2019-04-13)[2021-09-18]. https://www.chnzbx.com/index.php?a=nrinfo&id=6785.

2. 德国滑雪旅游市场发展现状

德国滑雪者主要聚集在慕尼黑、斯图加特及更北的地区。德国也是重要的滑雪出境市场,其最大的国外滑雪聚集地是奥地利滑雪度假区,德国滑雪者冬季在奥地利主要滑雪地区过夜的水平已经稳定了 25 年。然而,德国滑雪者在国外滑雪市场的人次变化与在国内滑雪市场基本相似,受季节性降雪状况的影响,如图 2-15 所示。

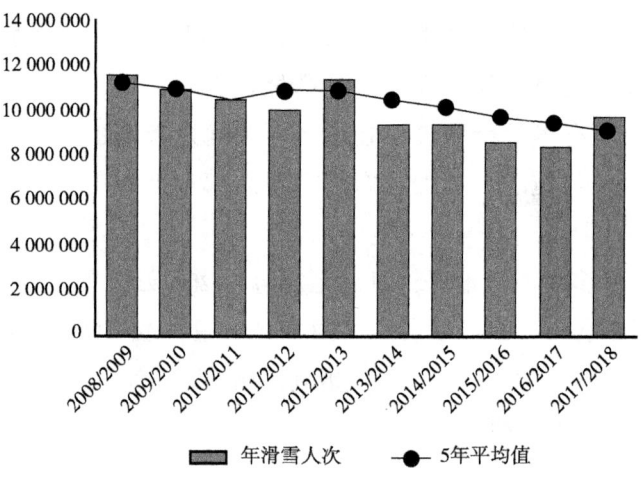

图 2-15 德国滑雪人次的变化(单位:人次)

资料来源:凡奈特.2019 全球滑雪市场报告 [R/OL].(2019-04-13)[2021-09-18]. https://www.chnzbx.com/index.php? a=nrinfo&id=6785.

(三)安道尔共和国

安道尔共和国领土面积 468 平方千米,有 62 座高峰海拔 2 000 米以上。比利牛斯山脉是安道尔的最高部分,这里有该国最大的滑雪场。度假村在海拔 1 550~2 640 米之间。由于地处欧洲南部地区,气候温和,因此这里比欧洲其他滑雪地区拥有更多的阳光。

安道尔主要由人工造雪系统保障雪质条件,即使受到不稳定降雪的影响,雪质通常也很好。安道尔人口少,国内客户群占比很小,大多数滑雪者是外国游客。虽然没有铁路或航班直接到达安道尔,但是滑雪地区接近邻国西班

第二章 国内外滑雪旅游发展概况

牙、法国的大城市,也吸引了一些国际上的游客,如来自英国和俄罗斯的滑雪者。度假村提供各种类型和价格的酒店,也很重视游客的夜生活和购物需求。

格兰德瓦利拉是比利牛斯山最大的滑雪场,由格劳罗奇的帕斯底拉卡萨(Pas de la Casa-Grau Roig)和埃尔塔特的索尔德(Soldeu-El Tarter)两家滑雪场组成,拥有71部提升设备和128条雪道,总长210千米,已进入世界最大滑雪度假胜地前50名(每年滑雪人次超过100万)。另一个旅游胜地是瓦诺德,由3个不同的滑雪地区组成,自2004年以来,这三家滑雪场的雪票都是通用的,为单双板滑雪者提供丰富的滑雪体验。

(四)英国滑雪旅游发展概况

英国只有5个拥有天然降雪的滑雪胜地,位于苏格兰,还有一些由英格兰的北部和威尔士俱乐部经营的小滑雪场。英国拥有50~60条旱雪雪道,人们可以在合成材料制成的雪道上滑雪。此外,英国还拥有6座室内滑雪中心,滑雪爱好者可以在全年的任何时间滑雪。

(五)西班牙滑雪旅游发展概况

提到西班牙,大家都会想到海滩,但其山地资源在欧洲的排名也很靠前(平均海拔650米,在欧洲排名第五)。

与其他欧洲国家相比,西班牙雪季通常从12月初开始,滑雪场在12月随着一些公共假日开始营业。雪季中的4个整月(12月到次年3月)滑雪人数比较均衡,4月相对较少,因为那时海滩已经开放。在北方,比利牛斯山脉在法国和西班牙之间形成一道天然屏障,为建造多个滑雪度假胜地提供了有利条件。著名的巴奎伊拉-贝莱特滑雪场位于亚兰山谷,它建于1964年,是西班牙最大的滑雪场之一,有78条雪道,总长153千米,25部提升设备,1 000多米垂直落差。位于比利牛斯山的福米加尔度假村是另一个国际知名的度假区。除了比利牛斯山脉,最能代表西班牙的滑雪地区是中科迪勒拉山脉,位于西班牙中部,有4处滑雪度假胜地,基本上是在马德里、萨拉曼卡和塞戈维亚的郊区。还有安大路西亚,拥有西班牙最大的度假区内华达,平均每个雪季接待游客80万名。它是欧洲大陆最南端的度假区,有14座超过3 000

米的山峰。从地中海出发，一个小时车程，到海拔 3 400 米高的地方滑雪，是一种奇妙的体验。

（六）比利时滑雪旅游发展概况

比利时是比较平坦的国家，平均海拔低于 300 米，但南部也有一些海拔较高的地区，如阿登高地最高点达 694 米（博特朗日山）。

比利时滑雪场面积较小，并且处于局部地区，所以只配有地面提升设备。最有名的滑雪场是巴斯托涅（Baraque de Fraiture）和白拉图山（Mont des Brumes）。巴斯托涅拥有比利时海拔最高的雪道（海拔 652 米），并提供夜场滑雪。白拉图山则是比利时滑雪的摇篮。

四、东欧地区滑雪旅游发展概况

东欧地貌比较单一，以平原为主，气候主要为温带大陆性气候。东欧地形大致以喀尔巴阡山为界，分成南北两部分。位于里海和黑海之间的高加索山，是欧亚的界山之一。东欧绝大部分地区属于温带大陆性气候，冬季寒冷，夏季温暖，春秋季较短，年温差大。部分地区冬季长达六至八个月。冬季降雪区域广泛，每年 11 月至次年 3 月，时常落雪，北部泰卡针叶林区，冬雪最多。

对于这些地区的大部分国家来说，虽然滑雪并非新的运动，但是许多滑雪场却是近些年才开始发展成滑雪度假区的。东欧地区拥有超过 4 亿的居民，相当于西欧和阿尔卑斯地区的总和，但是参与滑雪运动的人口却不到西欧和阿尔卑斯地区的三分之一。不过，东欧地区的滑雪运动发展很快。这个地区已经有 1 200 家可以和阿尔卑斯地区和西欧相提并论的雪场了。

此外，由于政治原因，该地区部分国家的内战及局部地区的冲突在很大程度上阻碍了滑雪产业的发展。

（一）俄罗斯滑雪旅游发展概况

1. 俄罗斯滑雪旅游产业发展现状

与其他国家相比，俄罗斯有更多的山脉——从连绵起伏的希比内山脉到气势磅礴的高加索山脉，以及火山喷发形成的堪察加山脉。

第二章 国内外滑雪旅游发展概况

自2012年以来，俄罗斯滑雪场的数量显著增加，但其中很多滑雪场只有有限的基础设施和地面提升设备，且需要重新修缮。尽管莫斯科和圣彼得堡并不坐落在山区，但是在莫斯科周边有40家小雪场，圣彼得堡周围也有一些小滑雪场。俄罗斯主要的滑雪场位于乌拉尔山脉和高加索山脉，库页岛和堪察加半岛等其他许多地区也拥有滑雪区域。目前，83个联邦主体中有75个有一家或多家滑雪场，总计超过350家滑雪场。距离索契70千米的卡拉斯拉雅波利亚纳地区是索契冬奥会的主要场地，由4家滑雪场组成。阿尔皮卡（Alpika Service）滑雪场，1993年开业，是越野滑雪的主要场地，海拔在690~2 050米之间，落差1 300米；部分缆车全年开放，因为这些缆车不仅仅用于滑雪，每年还有山地自行车的赛事在这里举办。劳拉（Laura）滑雪场真正的名字是Gazprom（因劳拉河贯穿这个区域，所以大家称作劳拉），2008年9月开业，现拥有14条缆车。格罗尼亚（Gornia Karusel）滑雪场是特别为2014年索契冬奥会建设的场地，拥有30千米雪道、11条缆车；同时配备一个高效的造雪系统，能让雪季持续到春季。罗萨库特（Rosa Khutor）滑雪场是卡拉斯拉雅波利亚纳地区最大的雪场，也是冬奥会高山滑雪项目的场地，拥有102千米各个等级的雪道，从初学者到奥运冠军都能在这里找到适合自己的场地，有25条缆车（7个厢式缆车、11个吊椅式缆车、7条拖牵），占地面积超过500公顷，最高峰2 320米，一些厢式缆车几乎全年开放。各种滑雪和山地自行车比赛以及一些节日庆祝活动都在这里举行。冬奥会结束后的第一个雪季，雪场客流量达到80万人次。

高加索山脉另一个著名的滑雪胜地是杜巴伊（Dombai），位于格鲁吉亚边境附近，度假村在10年前就装备了3部现代提升设备。乌拉尔山脉最受欢迎的雪场是阿布扎科瓦（Abzakovo），它也是该区域最大的一家雪场。这里还有温泉，既是一个滑雪度假区也是一个运动康复中心。多年来这里一直是马格尼托哥尔斯克市民的首选滑雪场，距离市区60千米。随着新的综合设施的兴建，这里越来越受到俄罗斯人的青睐。阿布扎科瓦拥有12条雪道，共计18千米长，包括FIS（国际雪联）认证的回转道及大回转道。这里有5条缆车和一条儿童缆车，运力可达5 000人/小时。另外，雪场有造雪系统，同时有雪地摩托提供租赁，游客还可以在这里滑冰。舍拉格（Sheregesh）滑雪场位于西伯利亚，是俄罗斯最大、游客最多的滑雪场之一，它于1981年开业，拥有

18 部提升设备，包括吊厢、组合设备和高速 4 人缆车，雪道总长 50 多千米，垂直落差 680 米，它以季末的滑雪节而闻名，滑雪节上，每个人都穿着浴衣滑雪。另一个受欢迎的西伯利亚度假胜地是贝加尔湖岸边的贝加尔斯克（Baikalsk-Sobolinaya）滑雪场，它建于 20 世纪 90 年代初，提供 7 部提升设备，其中 2 部是为初学者设计的。

2008 年，借鉴国外项目经验，克拉斯诺戈尔斯克市建设了一座室内滑雪场，包括一条雪道、溜冰场、健身中心、水族馆、会议中心、餐厅、商场和其他娱乐设施。雪是通过将冰块打碎造出的，通过将薄薄的冰块磨碎造雪。3 台机器每天能够造 90 吨雪，56 台冷冻机、空调、抽湿机持续工作，保持室内温度在 -7℃ ~ -5℃。雪道长 400 米，落差 65 米，雪的厚度 1 米。有 2 辆压雪车维护雪道，缆车系统包含一个 4 人吊椅式缆车和一个儿童魔毯。

高加索山脉是连绵起伏的群山，包含厄尔布鲁士山（海拔 5 600 米），是世界上降雪最丰富的地区。俄罗斯的冬季持续时间较欧洲其他地区更长，同时还可以在冰川和高海拔地区滑雪，因此高加索山脉地区的滑雪场有着和阿尔卑斯山脉地区的滑雪场竞争的潜能。

俄罗斯滑雪旅游发展概况如图 2-16 所示。

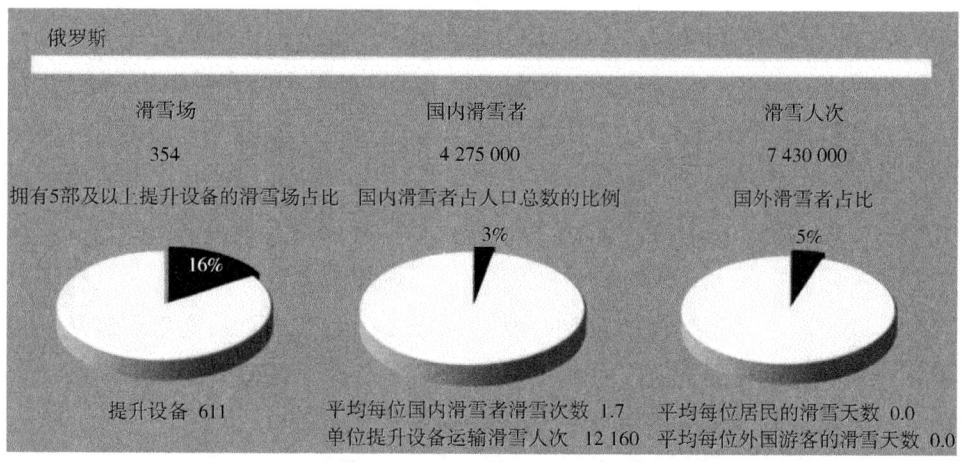

图 2-16 俄罗斯滑雪旅游发展概况

资料来源：凡奈特. 2019 全球滑雪市场报告［R/OL］. (2019-04-13)［2021-09-18］. https://www.chnzbx.com/index.php?a=nrinfo&id=6785.

2. 俄罗斯滑雪旅游市场发展现状

在俄罗斯 1.4 亿居民中，只有 3% 的人滑雪。但随着国内滑雪者数量的增加，国内滑雪场接待人数也在增加，这个市场正在扩张。索契冬奥会以后，这种趋势已经非常明显。另一方面，卢布贬值刺激俄罗斯人在本国滑雪。2014 年 1 月至 2016 年 1 月，俄罗斯卢布贬值了一半。到俄罗斯旅游对外国人来说变得便宜了很多，而出国旅游对俄罗斯人来说却变得昂贵了很多。因此，许多曾在欧洲度假胜地度过寒假的俄罗斯人选择在国内滑雪。调查显示，2015—2016 年俄罗斯出境游人数下降了约 30%。近 10 年俄罗斯滑雪人次的变化如图 2-17 所示。

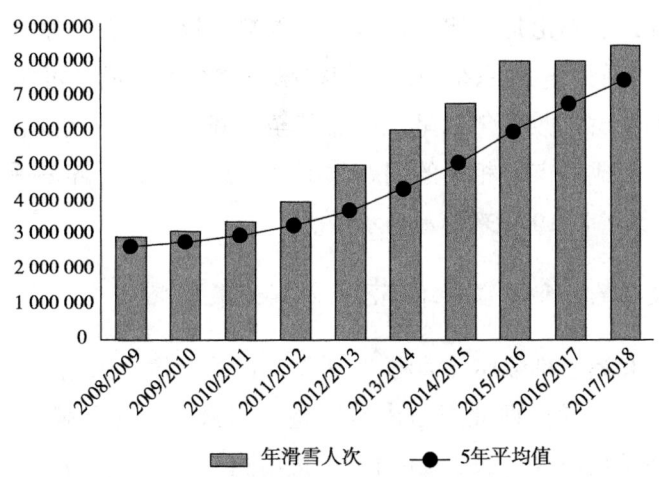

图 2-17 俄罗斯滑雪人次的变化（单位：人次）

资料来源：凡奈特. 2019 全球滑雪市场报告［R/OL］.（2019-04-13）［2021-09-18］. https：//www.chnzbx.com/index.php？a=nrinfo&id=6785.

（二）捷克共和国滑雪旅游发展概况

捷克的波希米亚和摩拉维亚两个地区都被山丘环绕，最高峰斯涅日卡山海拔 1 602 米，属于苏台德山系和巨人山（克尔科诺谢山）的支脉。

滑雪在捷克共和国有着悠久的历史和传统，滑雪人数占比较大。1887 年 Josef Rössler Orovský 创立了捷克第一家滑雪俱乐部。1893 年，首次滑雪比赛在吉兰尼斯巨人山举行。1903年，捷克滑雪者协会成立，也是世界上第一个滑雪协会。1933年第一条架空索道在 Ještěd 滑雪场安装。1940年第一条厢式缆车在 Pustevny 滑雪场安装，它是欧洲最早的木质单座缆车，1956年重建为钢制的，1987年被替换为双座，2006年进行现代化改造后，一直使用到现在。在过去十年间，捷克滑雪场的基础设施得到了很好的更新和扩建。

巨人山有捷克最大的滑雪场。捷克虽然境内整体的山地环境要略逊色于阿尔卑斯山脉，但还是建造了数目众多的滑雪场（约200家滑雪场，近800条滑雪缆车）。它们都位于海拔900~1 300米之间（仅有3家滑雪场位于海拔1 300米之上）。尽管比阿尔卑斯山海拔低，但该国北部有相对充足的降雪。大部分滑雪场都很小，较大的滑雪场通常由几个小型滑雪场聚合而成，并且不总是完全连接。不论是从德国还是捷克首都布拉格出发，前往大多数滑雪场的交通都很方便。造雪系统的运作使得畅滑整个雪季成了可能。尽管如此，捷克滑雪场的滑雪人数多年来呈现停滞甚至下降趋势。很明显，捷克的滑雪产业面临着多数成熟市场相同的问题。不过，2017—2018年冬季滑雪人次提高了2%，达到了近10年来的最高水平。

（三）波斯尼亚和黑塞哥维那滑雪旅游发展概况

波斯尼亚和黑塞哥维那（简称"波黑"）的森林、山地覆盖率很高，第那里克阿尔卑斯山脉由西北至东南贯穿整个国家，沿途布满了峡谷和高山。最高峰为麦格里克峰（Peak Maglic），海拔高达2 386米，位于该国与黑山共和国的边境线上。

1984年，萨拉热窝成功举办了冬奥会。最近几年，波黑的主要滑雪场开始了现代化改造，包括新建缆车及检修原有缆车，同时也在新建住宿建筑。

随着基础设施的不断完善，最近几年滑雪者的数量与日俱增，使得波黑的滑雪场在众多国际知名滑雪场中获得一席之地。然而现阶段，波黑的多数滑雪场都没有安装造雪系统。波黑的滑雪人口约占总人口的5%，全国有将近20家滑雪场，外国游客大多来自塞尔维亚、斯洛文尼亚和克罗地亚。亚霍里纳（Jahorina）、普拉什尼查（Bjelasnica）和伊格曼（Igman）是波黑主要的几家滑雪场，位于萨拉热窝地区。除此之外，位于波黑中心位置的弗拉斯克山（Vlasic）也有一家雪场。由此一路向西，库普雷斯（Kupres）和布里丁涅

(Blidinje)自然公园同样也是滑雪发烧友心中的滑雪胜地。所有雪场均提供多种可选的活动，比如越野滑雪、雪地摩托观光和夜场滑雪等。

亚霍里纳滑雪场承办了1984年冬奥会的一些项目，充分证实了这里是巴尔干地区最好的滑雪度假胜地之一。在被20世纪90年代初期的战争摧毁后，亚霍里纳开始了战后重建，并且新建了宾馆。雪道总长约为20千米，拥有5条吊椅（3条双人、2条六人）、4部地面升降设备，以及一部儿童拖牵升降设备，每小时运力可达11 900人。该雪场海拔在1 300~1 880米之间。从小型招待所到四星级宾馆，来这里的游客在饭店和宾馆方面有很大的自主选择空间。一张全天缆车票不超过15欧元。然而，雪场的基础设施都比较老旧，而且没有造雪设备。压雪质量很一般，雪道标志也不是很清晰，雪场很大的一部分山地后来变成了国家公园。

（四）爱沙尼亚滑雪旅游发展概况

爱沙尼亚的越野滑雪有着悠久的历史，1921年在塔图举办了第一届越野滑雪比赛，随后逐渐演变成了一种传统，现在一年一度的塔图越野滑雪马拉松受到了国内外滑雪爱好者的积极追捧。奥泰佩（Otepää）被称作爱沙尼亚的"冬季运动胜地"，举办过世界杯的越野滑雪比赛。

（五）白俄罗斯滑雪旅游发展概况

虽然缺乏真正意义上的高山，但是高山滑雪运动早在20世纪50年代就已在白俄罗斯兴起。1964年，劳必奇（Raubichi）滑雪训练中心建成，在国家高山和跳台滑雪联盟的倡议下，第一届全国滑雪锦标赛于1965年成功举办。新建的两家重要滑雪场均位于白俄罗斯首都明斯克附近，它们是洛戈伊斯克（Logoisk）国家滑雪中心和西利奇（Silichi）休闲度假中心。洛戈伊斯克是白俄罗斯兴建的首座国家滑雪中心。西利奇是一家四季经营的休闲度假场所，于2005年开始营业。2009年，阳光谷滑雪场建成，位于明斯克市内，拥有2条缆车、雪具租赁店，以及专门针对本市居民的夜场滑雪，这样一来，市民们在市内就可以享受滑雪带来的乐趣了。

（六）亚美尼亚滑雪旅游发展概况

亚美尼亚有一半的领土是山地，大部分地区的海拔超过 1 000 米。寒冷的冬季为冬季运动提供了完美的雪上条件。但亚美尼亚只有 1 处滑雪度假胜地特萨夫卡德佐（Tsakhkadzor），配备了 4 部以上的提升设备，距离首都埃里温 55 千米。它曾经是苏联奥林匹克运动队的训练场地。1972 年安装了第一部提升设备；1986 年之后发展成为滑雪胜地；1986 年这里成为滑雪教学的训练中心，训练包括参加奥林匹克运动会的运动员。滑雪地区位于泰格汉尼斯山东部高原，海拔 1 966~2 819 米。2005 年，政府启动了一项特殊的项目，使特萨夫卡德佐发展成为国际化的旅游胜地。自那时起，景区得到了快速发展，每一年都开发新的宾馆和娱乐设施，2004 年至 2008 年，修建了具有国际标准的提升设备，其中，第三代吊椅式缆车开辟了新的滑道，扩大了特萨夫卡德佐的知名度和影响力，使其成为一个真正的滑雪旅游胜地。提升设备总运力达 4 400 人/小时。滑雪场扩大了 30 多平方千米，包括 10 条雪道，落差 853 米。大部分雪道适合初学者，野雪区也很不错。为了更好地进行雪道维护，度假区还计划购买 5 台现代化的压雪机。特萨夫卡德佐的雪季从 12 月末一直持续到次年 3 月末，全天雪票约 20 欧元。2002 年，公路的修建加快了景区向国际化标准迈进的速度。此外，特萨夫卡德佐不仅是滑雪度假胜地，也是温泉疗养中心。

第三节　北美洲滑雪旅游发展概况

美洲的滑雪市场是欧洲（包括阿尔卑斯地区）的两倍，拥有近 9 亿人口，但滑雪运动的渗透率较低，滑雪者的比例仅为欧洲的 1/3，其中 90%的滑雪度假胜地分布在北美洲。尽管北美洲是除了阿尔卑斯地区之外拥有大型滑雪场数量最多的地区，但滑雪人次仅为欧洲阿尔卑斯地区的一半。

北美洲的滑雪场主要分布在美国和加拿大，落基山脉是滑雪场比较集中的地区。美国滑雪区分布集中，大部分滑雪场分布在落基山脉。据统计，美国有大约 500 家滑雪场，著名的盐湖城冬奥会举办地，是美国的滑雪产业中心区。加拿大雪资源丰富，滑雪度假区主要集中在东部地区，特别是靠近美国边境的安大略省和魁北克省，差不多占到加拿大全国滑雪中心的一半。

本节将分别介绍加拿大和美国的滑雪旅游发展概况。

一、加拿大滑雪旅游发展概况

（一）加拿大滑雪旅游产业发展现状

加拿大西部的滑雪场主要分布在落基山脉，东部的滑雪场主要在魁北克省、安大略省。就垂直落差而言，西部落基山脉上的雪场可以与阿尔卑斯山上的相媲美，东部滑雪场则分布在海拔相对较低的山上和丘陵上。

欧洲的高山滑雪最早发源于北美的劳伦特人，甚至在提升设备安装之前，早在20世纪20年代，从蒙特利尔到劳伦特的铁路就已经开始用特殊列车运送滑雪者了。北美洲第一个索道是1931—1932年雪季在魁北克省的肖布里奇安装的。1938年前后，翠湖山庄（Mont Tremblant）是加拿大第一个、北美洲第二个配备吊椅的地方。一个年轻富有的费城人约瑟夫·邦杜兰特·瑞安（Joseph Bondurant Ryan）在那里开了一家旅馆，他把这个地方发展成了一个世界级的度假胜地，很快受到了纽约客户的欢迎。20世纪40年代，瑞安的去世中断了该地的开发。该度假村于1965年首次出售，后来游客减少，以当地顾客为主。魁北克省和安大略省也开发了许多其他滑雪场，分别有70多家和60多家。20世纪80年代，滑雪运动向西迁移到了落基山脉。阿尔伯塔省和不列颠哥伦比亚省还开发了其他几个旅游度假胜地，1988年的卡尔加里冬季奥运会很好地推动了滑雪运动的发展。

由于近几年市场增长缓慢，一些经营者丰富了雪场的活动项目，一些大型滑雪度假区也开始提供各类夏季活动，以期平衡两季的游客访问量。四季度假胜地的经营理念被高度开发和推广。一些大城市周边的雪场已经开始发展水上游乐及其他夏季活动项目，索道在夏季活动中也投入使用，同时还出售年卡。

加拿大滑雪旅游发展概况如图2-18所示。

滑雪旅游概论

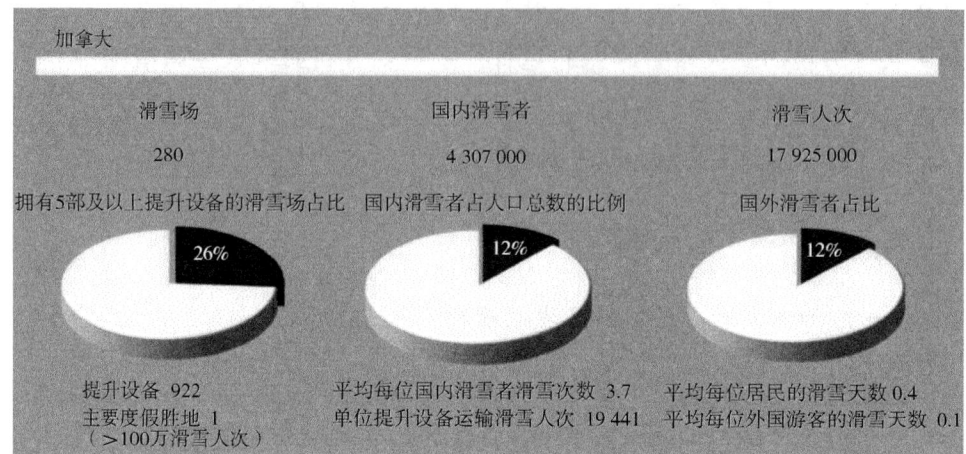

图 2-18 加拿大滑雪旅游发展概况

资料来源：凡奈特. 2019 全球滑雪市场报告［R/OL］.（2019-04-13）［2021-09-18］. https://www.chnzbx.com/index.php?a=nrinfo&id=6785.

（二）加拿大滑雪旅游市场发展现状

加拿大拥有成熟的滑雪旅游市场，在过去的十年里，主要受天气状况的影响，滑雪游客人数增长乏力，如图 2-19 所示。不过，悠久的滑雪传统使得滑雪者在面临诸多问题如天气问题时，仍坚持滑雪，因而减缓了这些因素对加拿大全国滑雪市场的影响。但是，市场调查显示，滑雪者的数量还是在继续减少。多数滑雪者的消费行为受到经济因素的影响，他们希望享受更廉价的产品和服务，或者到离家更近的地方滑雪。有一些人认为天气和雪况是造成滑雪人数下降的主要原因。2015—2016 年雪季西海岸的情况略有改善，但仍是安大略省和魁北克省近 20 年来最低迷的一个雪季，这也导致加拿大全国滑雪人次不理想。

2016—2017 年雪季和 2017—2018 年雪季的滑雪人次有所提高。全国各地的雪况普遍较好。在随后的季节里，加拿大度假胜地迎来了大量的国际游客。雪况、低加币汇率和惠斯勒黑梳山的通行证带来的便利和优惠都是影响因素。

加拿大雪场的主要客源来自本土及美国。一些知名雪场，如惠斯勒黑梳山、班夫及范围小些的翠湖山庄雪场，吸引了很多外国游客。

第二章 国内外滑雪旅游发展概况

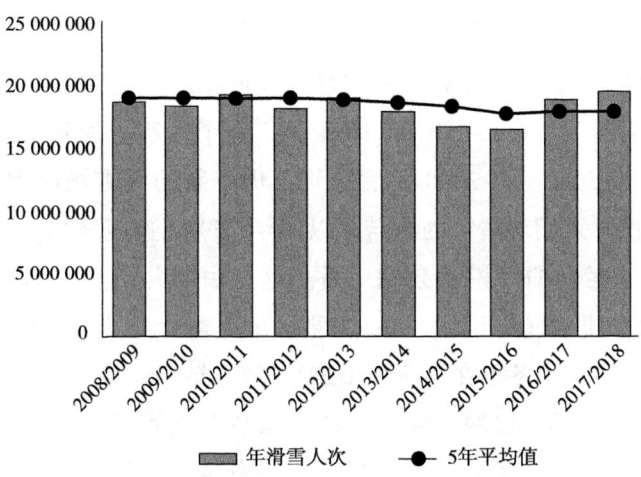

图 2-19 加拿大滑雪人次的变化（单位：人次）

资料来源：凡奈特.2019 全球滑雪市场报告［R/OL］.（2019-04-13）［2021-09-18］.https：//www.chnzbx.com/index.php？a＝nrinfo&id＝6785.

二、美国滑雪旅游发展概况

（一）美国滑雪旅游产业发展现状

美国是世界上具有代表性的、最大的滑雪市场之一，其领土面积几乎与欧洲一样大。落基山脉在科罗拉多州海拔超过 4 300 米。除此之外，美国还有许多其他山脉。阿拉斯加州的最高峰德纳里峰，也被称为"麦金利山"，海拔6 144 米。50 个州中只有 12 个州没有滑雪场。东部地区在冬季受到极地风的影响，滑雪场可以建在低海拔地区。西部滑雪场位于海拔较高的地方，平均3 000米以上。海拔高达 3 914 米的布雷肯里奇滑雪场拥有全美最高的提升设备。阿拉帕霍盆地滑雪区有世界上最长的雪季。

滑雪在美国有着悠久的历史，这项运动是由挪威移民带来的。1882 年他们在新罕布什尔州创立了第一个滑雪俱乐部。1905 年美国国家滑雪协会成立。1911 年成立了滑雪工厂。1934 年在佛蒙特州伍德斯托克安装了第一条小托牵。第二次世界大战前，美国的滑雪场已超过 50 家。1932 年美国在普莱西德湖举办了第三届冬奥会。然而，那时高山滑雪仍未被视作一项奥林匹克竞赛项目。1936 年，太阳谷开设并安装了滑雪历史上第一个吊椅。两年后，在新罕布什尔州的坎农山安装了美国第一条空中缆车。

20 世纪 50 年代到 70 年代，滑雪场的发展出现了大繁荣。1955 年，北美洲共有 78 家滑雪场，在接下来的 10 年里，这个数字增加到了 580 家。与阿尔卑斯地区不同，即使在 2000 年后，北美仍有新的滑雪场出现。20 世纪 50 年代和 60 年代，人们对滑雪的参与度以每年 15% 的速度增长，这意味着每隔 5 年或 6 年这项运动的规模就会翻一番。这是由婴儿潮一代的大量人口推动的。据报道，20 世纪 60 年代，高山滑雪者的平均年龄为 24 岁。第一部造雪设备于 1950—1951 年冬季在莫霍克山进行了测试，到 1964 年，北美洲有 140 家能够造雪的滑雪场。房地产驱动下的滑雪场开发始于 1967 年的斯诺马斯。那时，很少有滑雪场的经营者愿意投入大量资金修建客栈和酒店。延长住宿时间的解决方案来自公寓单元，这些单元被出售给个人业主，在无人居住时出租。20 世纪 80 年代初期，美国有 700 多家滑雪场在运营，而今正常运营的不到 500 家。不断上升的基础设施成本，再加上客户不断增长的品质期望，使得几家小型社区滑雪场倒闭。

美国的滑雪产业由几大集团控制，它们经营着几个主要的综合性滑雪度假区。过去的几年里，它们通过并购进一步壮大。Vail 滑雪场、Peak 滑雪场、Alterra Mountain 公司和 Boyne 滑雪场都经营着 10 家以上的滑雪场，和 Boyne 滑雪度假村以及 Power 公司一起，积累了近 50% 的美国滑雪客户。其中有些较大的公司是上市公司，除此之外，美国还有很多独立的、规模不一的滑雪场。

在过去的十几年里，除 2008 年金融危机之外，天气状况比任何其他因素更能影响美国滑雪人次的变化。自 20 世纪 70 年代以来，美国的滑雪市场不断发展，日益成熟。2010—2011 年雪季滑雪人次达到了 6 050 万。自此之后，滑雪人次开始下降。

美国滑雪产业面临的另一个问题是，价格越来越高，滑雪客户群体减少。在 2015—2016 年雪季，日雪票价格从平均 59 美元上涨到 105 美元。对比 2009—2010 年雪季，滑雪场的日住宿率增加了 30% 以上。这使得滑雪的花费变得越来越难以负担，特别是对于初学者来说。总体而言，美国大型滑雪场的商业模式是从更少的客户那里获得更多的钱。

第二章　国内外滑雪旅游发展概况

美国滑雪旅游发展概况如图 2-20 所示。

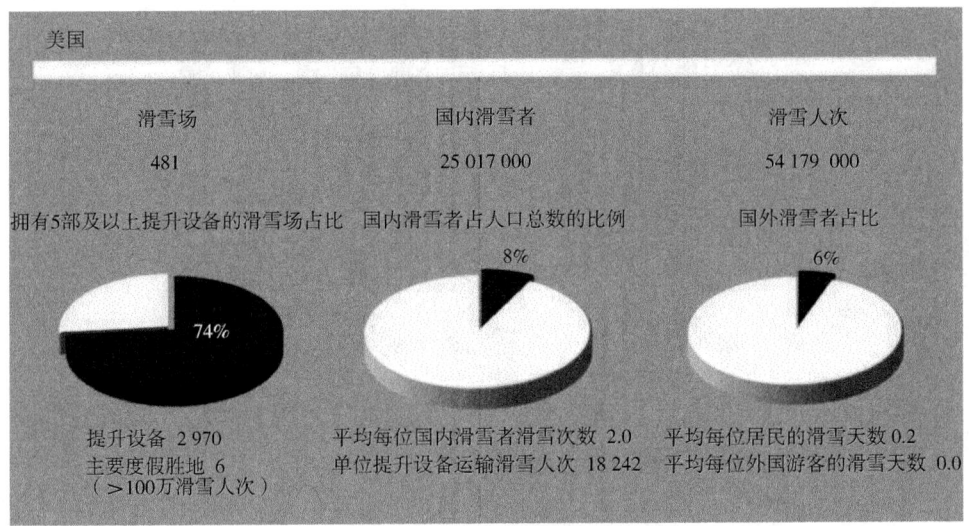

图 2-20　美国滑雪旅游发展概况

资料来源：凡奈特. 2019 全球滑雪市场报告 [R/OL]. (2019-04-13) [2021-09-18]. https://www.chnzbx.com/index.php?a=nrinfo&id=6785.

（二）美国滑雪旅游市场发展现状

尽管美国人口众多，但其实际的年参与率估计只有 3%~4%。2012—2013 年的调查显示，活跃的冬季运动参与者数量每年都在减少。据统计，2015—2016 年有 650 万活跃的滑雪者和 200 万活跃的单板滑雪者。如今，活跃的滑雪者仅占美国人口的 2.6%。一些人认为，自 20 世纪 70 年代起，从事这项运动的年轻人数量已经开始下降。为了更好地解决这一问题，美国滑雪度假区产业协会密切关注着每年的"人口发展模式"。"人口发展模式"列出了滑雪人口的年龄分布、青少年滑雪人口的增长比例及滑雪者的保持率（提高初学者的兴趣，将他们变成终身滑雪者，防止惯常的滑雪爱好者放弃滑雪）。近几年来，为了贯彻执行这一发展模式，美国采取了诸多措施，但是美国滑雪产业在增加客户群体方面仍面临困难。2017—2018 年滑雪季的游客人数为 5 330 万人次，比上个冬季下降 2.7%，如图 2-21 所示。

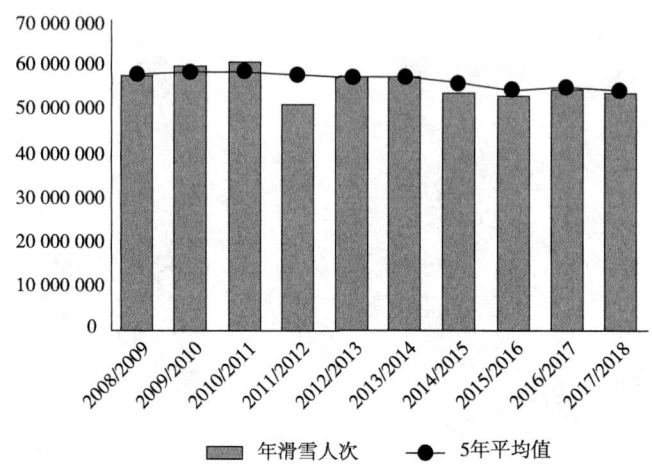

图 2-21 美国滑雪人次的变化（单位：人次）

资料来源：凡奈特. 2019 全球滑雪市场报告 [R/OL]. (2019-04-13) [2021-09-18]. https://www.chnzbx.com/index.php?a=nrinfo&id=6785.

近几年，在美国大多数地区，降雪量都在下降。2017—2018 年滑雪季，尽管许多度假胜地在季初都没有下雪，但平均开放天数高达 125 天，季票销售增长 3.9%，有 7.7% 的滑雪人次接受滑雪课程。另外，欧洲客户只占外国客户滑雪人次的三分之一，在开发欧洲客户方面，美国滑雪产业仍有潜力。

第四节　亚洲滑雪旅游发展概况

亚洲的滑雪场主要分布在东亚的日本、韩国和中国，其中，日本和韩国滑雪场开发程度较高。拥有超过 14 亿人口的中国因为人口基数大，成为世界上国内滑雪者数量前三位的国家，然而，我国目前滑雪产业的发展仍处于初级阶段。

本节主要介绍东亚滑雪旅游发展概况、南亚滑雪旅游发展概况、中亚滑雪旅游发展概况和西亚滑雪旅游发展概况。

第二章 国内外滑雪旅游发展概况

一、东亚滑雪旅游发展概况

东亚包括中国、日本、韩国、朝鲜和蒙古五个国家，位于亚洲的东部，太平洋的西岸，地势西高东低，主要山峰有珠穆朗玛峰、富士山、白头山等。东亚是世界上人口最稠密的地区之一，人口数量占世界人口总数的22%。

日本、韩国、中国北方在气候、地形等方面有很多相近之处，都处在滑雪自然资源非常丰富的"白金带"上，但由于滑雪旅游的发展历史不同等原因，三个国家又分别处于滑雪旅游的成熟、成长及起步三个不同的阶段。

(一) 中国滑雪旅游发展现状

1. 中国滑雪旅游产业发展现状

中国三分之二的领土都是山地，并且与尼泊尔和巴基斯坦共同拥有世界上最高的17座山峰中的11座，其中包括珠穆朗玛峰和乔戈里峰（又称"K2峰"）。中国40%的领土都在海拔2 000米以上，大部分位于西部。东部的山较低，海拔一般不超过2 600米。

中国的滑雪季节是每年的12月至次年3月。中国发展滑雪旅游的历史是中、日、韩三国中最短的，1996年黑龙江亚布力滑雪场举办第三届亚冬会滑雪赛事，对中国的滑雪旅游发展具有里程碑式的意义。中国的现代滑雪和单板滑雪是在东北的哈尔滨开始的。哈尔滨气候严寒，拥有中国大部分的滑雪场。第一家滑雪场出现于20世纪80年代，主要是为滑雪训练而设计的，只有一条雪道，住宿条件也很艰苦。自1996年亚布力获得了亚冬会的举办权，民众对于滑雪的热情逐渐高涨。除了建造比赛场地必要的公共基础设施外，大城市周边也出现了滑雪场。塞北滑雪场于1996年率先开辟了崇礼地区，是由一些爱好冬季运动的人用原始的方法开发出来的。随后，万龙滑雪场于2003年开业。2000年后，滑雪运动发展步伐加快，在北京市及河北省迅速崛起了一批滑雪场，由于首都的地缘优势及相对先进的管理，这些滑雪场成为中国旅游滑雪产业中不可小觑的一股力量。

2013年我国滑雪场呈现"双核多点"的分布特征，形成了以黑吉辽、京津冀为核心的大范围核密度圈，同时形成了新疆核密度圈、四川核密度圈和内蒙古核密度圈这三个小范围核密度圈，滑雪场空间分布呈现出"南展西扩东进"的雏形。即将举办的2022年冬季奥运会激发了中国冬季运动的发展，几乎每个省都建有滑雪场。仅2019年，国内滑雪场新增28家，包括5家室内滑雪场，总数达到770家。770家滑雪场分布于全国28个省、自治区、直辖市。其中，滑雪场数量排名前5的省份及自治区为黑龙江、山东、新疆、河北和山西。截至2019年年底，全国770家雪场中，有架空索道的雪场达到155家，相比2018年的149家增长了4.03%。在2019年770家雪场中，有约20家符合目的地度假型滑雪场的特征，其中，有8家滑雪场可以称为大型目的地滑雪度假村。

2. 中国滑雪旅游市场发展现状

自2000年以来，中国的滑雪人数急剧增长。2015年中国获得2022年冬奥会举办权，进一步激发了大众对滑雪的热情。过去几个雪季的滑雪人数均有大幅度增长。滑雪者在国内滑雪场的人均滑雪次数由2018年的1.49次上升到2019年的1.60次。国内滑雪场的滑雪人次由2018年的1 970万上升到2019年的2 090万，同比增幅为6.09%。从《2019中国滑雪产业白皮书》中可以更加清晰地看到这一发展趋势，如图2-22所示。

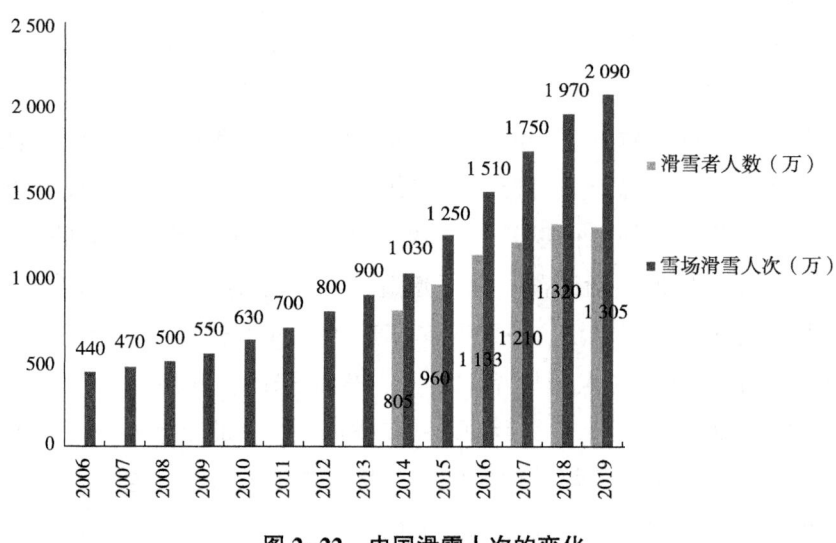

图2-22 中国滑雪人次的变化

资料来源：伍斌．中国滑雪产业白皮书（2019年度报告）[R]．北京：北京雪帮雪业企业管理有限公司，2020．

现阶段，中国大部分地区的滑雪市场都还处于待开发的状态，大部分滑雪者都是初学者，滑雪文化并未广泛传播，滑雪场仅仅被视为滑雪游乐场而不是高山度假胜地。虽然滑雪爱好者比例有所上升，但滑雪者仍然以一次性体验者为主，2019 年一次性体验滑雪者占比由 2018 年的 75.38% 下降为 72.04%。

2019 年，国内 31 家室内滑雪场滑雪人次合计为 235 万，其中最突出的当属广州融创雪世界。广州融创雪世界面积为 7.5 万平方米，是全球第二大室内滑雪场。从 2019 年 6 月 15 日开业，截至 2019 年 12 月 31 日，广州融创雪世界累计接待滑雪人次 55 万，有望成为全球接待量最大的室内滑雪场。但同时，全球第一大室内滑雪场——哈尔滨融创雪世界（原哈尔滨万达娱雪乐园）在 2019 年的经营情况却不容乐观，滑雪人次下跌幅度较大。但全国室内滑雪场滑雪人次 2019 年的增幅为 42%，对全部滑雪场滑雪人次的增长起到了决定性作用。截至 2019 年年底，全国滑雪模拟器场馆已达 140 家，投入使用的各类滑雪模拟器达到 400 台。根据测算，2019 年滑雪模拟器产生的滑雪人次为 78 万，相比 2018 年的 58 万，增长 34.48%。

（二）日本滑雪旅游发展现状

1. 日本滑雪旅游产业发展现状

日本四面环海，属温带海洋性季风气候，中北部地区冬季降雪丰厚、气候湿润，山地和丘陵占全国总面积的 75%，是东亚国家中发展滑雪运动及滑雪旅游最早的国家。札幌、长野曾分别举办过冬奥会，札幌又是第一、二届亚冬会的举办地，这些大型国际比赛的举办无疑对日本滑雪旅游的发展起到了极大的推动作用。

作为亚洲主要的滑雪市场之一，日本滑雪产业起步较早，可以追溯到 1911 年奥地利人 Theodor von Lerch 将滑雪文化带到日本。凭借良好的经济条件与自然条件，日本在 20 世纪 50 年代开始大力开发滑雪场，由于日本国土比较狭长，因此其滑雪场分布区域较广。到 20 世纪 70 年代末，日本的滑雪场数量达到顶峰。据统计，数量最多时，日本有滑雪场接近 900 家，滑雪人数占全国人数的 15% 之多。北海道是日本滑雪的发祥地，共有 130 多家滑雪场，每年滑雪季节从 10 月开始，可持续到次年 5 月。该地区主要的滑雪场有手稻奥林匹克滑雪场、二世谷国际比罗夫滑雪场等。由于冬奥会的举办，每年到长野县滑雪观光的游客络绎不绝，也使得白马八方尾根滑雪场尽人皆知。赤仓观光酒店滑雪场则是日本最早的国际滑雪场。日本类似的高级滑雪场比较多，符合国际赛事标准的就有十几家，占全国滑雪场总数的20%左右。此外，中级滑雪场大约占60%，初级滑雪场大约占20%。《2019全球滑雪市场报告》指出，日本共拥有547家滑雪场，其中51%的滑雪场拥有5部以上提升设备。日本滑雪场的特点是雪质优良、雪场往返周边大城市的交通非常便利。从区域来看，滑雪场主要分布在长野县、北海道和新潟县，这三个地区的滑雪场数量占到日本全国滑雪场数量的45.1%。

日本滑雪旅游发展概况如图2-23所示。

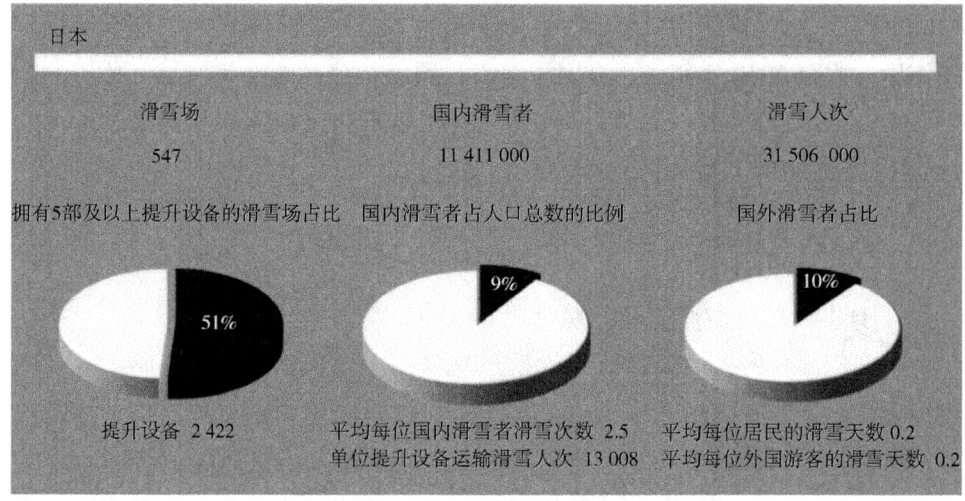

图 2-23　日本滑雪旅游发展概况

资料来源：凡奈特.2019全球滑雪市场报告[R/OL].（2019-04-13）[2021-09-18].https：//www.chnzbx.com/index.php？a=nrinfo&id=6785.

2. 日本滑雪旅游市场发展现状

日本的滑雪产业在1970年至1990年经历了快速发展，1998年日本滑雪人口曾达到1 800万，滑雪产业市场规模在1991年创下了4 300亿日元的峰值。20世纪90年代后，日本经济经历了严重的萧条期，房地产受到很大的影响，很多滑雪场很难融资，滑雪人次也显著减少。在过去，日本是拥有最多室内滑雪场的国家，世界上第一家室内滑雪场（1959年开业）就是在日本建成的。但随着滑雪人口锐减，市场规模也不断萎缩。近年来，日本滑雪市场逐步从断崖式下滑走向平稳发展。

现今，日本每年的滑雪人次很难达到3 000万，大约是20世纪80年代的一半。自2011年日本实施"19岁SNOW MAGIC"活动以来，4年间共计超过151万的19岁青少年参加了免费滑雪活动。同时，财力和闲暇时间都较为充沛的老年人群成为参与滑雪运动的主体之一。此外，每年还有大批外国滑雪者赴日享受滑雪乐趣。2012年日本滑雪产业的市场规模约为1 124亿日元，虽然仅相当于峰值期的1/4，但近几年表现出较为平稳的发展态势。2015—2016年雪季是个例外，由于气候温暖，滑雪人数减少了18%。这个雪季的滑雪市场情况是50年来最糟糕的，到2016—2017年雪季也没有完全恢复。2017—2018年雪季也不尽如人意。然而，在有利的降雪条件下，北海道的滑雪人次却呈现出上升趋势，并未受近几年滑雪人次总体下降的影响，但要恢复到20世纪初的700万滑雪人次可能还需要一段时间。历年雪季日本滑雪人次的变化如图2-24所示。

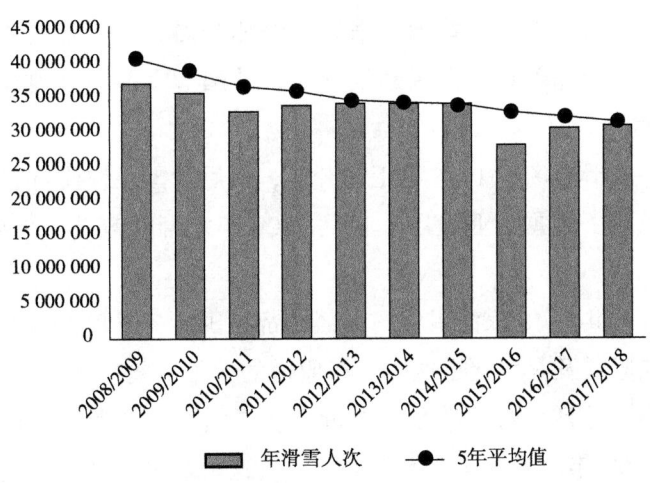

图2-24　日本滑雪人次的变化（单位：人次）

资料来源：凡奈特. 2019全球滑雪市场报告［R/OL］.（2019-04-13）［2021-09-18］. https：//www. chnzbx. com/index. php？a＝nrinfo&id＝6785.

虽然滑雪场开始尝试着振兴整个滑雪产业，但是也不得不面临日本人口老龄化的现状。日本滑雪产业正在努力吸引外来的游客，有一些滑雪场发展成了大型的综合性度假区，滑雪只是众多活动中的一项。真正的山地度假村开始发展起来，这些度假村提供住宿及多种服务设施。有一些可能会将整座山打造成"迪士尼模式"的山地度假区。通过这些改变，日本的滑雪场也吸引着越来越多的外国客人。21世纪以前，几乎没有外国人来日本滑雪。2001年以后，澳大利亚的滑雪爱好者开始来日本滑雪，而不再只是飞到北美滑雪。之后，亚洲邻国的游客也相继来到日本滑雪。因此，日本的雪场开始在雪场地图、雪场标志、菜单上标上英语、韩语和汉语。现在，日本吸引着越来越多的外国滑雪者，在日本的雪场见到澳大利亚人和亚洲其他国家的人已经不足为奇了。如今，中国到日本的滑雪者越来越多，成为亚太地区滑雪者流动的一大显著趋势。日本也在努力吸引欧洲和美洲的滑雪者。

（三）韩国滑雪旅游发展现状

1. 韩国滑雪旅游产业发展现状

韩国是一个多山的国家，冬季比较寒冷。在雪上运动成为一项热门运动之前，滑冰和滑雪对于部分韩国人来说已经相当熟悉了。韩国的滑雪产业起步比日本稍晚，伴随着新的山区建设计划，韩国滑雪度假胜地在国际上的影响也日益扩大。

韩国第一家滑雪场于1975年正式开业，之后滑雪很快流行起来。1998年的经济危机减缓了滑雪产业发展，直到2002年才开始复苏，但到2010年又有所停滞。

目前，韩国共有18家滑雪场，大部分都是国际标准的配置。韩国的雪场大多分布在江原道及全罗北道地区。江原道的龙平滑雪度假村承办过1999年第四届亚冬会，并且每两年举办一次世界杯滑雪赛；全罗北道的茂朱滑雪度假村承办过1997年世界大学生冬季运动会。这两家滑雪场的雪道符合国际滑雪联合会的标准，适合初、中、高级滑雪者，是韩国最大的两家滑雪场。此类高级滑雪场约占韩国滑雪场总数的20%。另外，星宇、大明、阿尔卑斯滑雪度假村也是韩国的知名滑雪场。阿尔卑斯滑雪度假村还有韩国唯一的滑雪博物馆，此类中级滑雪场约占韩国滑雪场总数的70%。初级滑雪场占全国滑雪场总数的10%左右。然而，自2007年以来，一些滑雪场开始暂时或永久关闭，目前仍有6家滑雪场处于关闭状态。韩国的滑雪场是基于北美的模式建造的，都是资本密集型产业，建设雪场所用的土地通常全部或部分被运营商征用，随后由运营商经营雪场的全部业务。因为韩国的雪场都是白手起家，所以在道路和公共设施方面需要大量投资，更不用说雪场的基础设施了，住宿几乎都是私人公寓，独特的地形条件也需要大量的土建工作，这也限制了大财团对雪场的运营。有几家滑雪场为大型企业集团所有，主要是韩国的企业，如现代和LG。

韩国所有的滑雪场都可以提供全年的活动。大多数雪场至少会有一个高尔夫球场、一个室内游泳池和零售商店。室内购物中心提供各种娱乐活动，比如保龄球、乒乓球、电子游戏、电影院、卡拉OK等，当然也会有饭店、酒吧、俱乐部、夜店等。多数度假村都是全天运营，其中有3家滑雪场还有水上乐园和主题公园。

韩国滑雪旅游发展概况如图2-25所示。

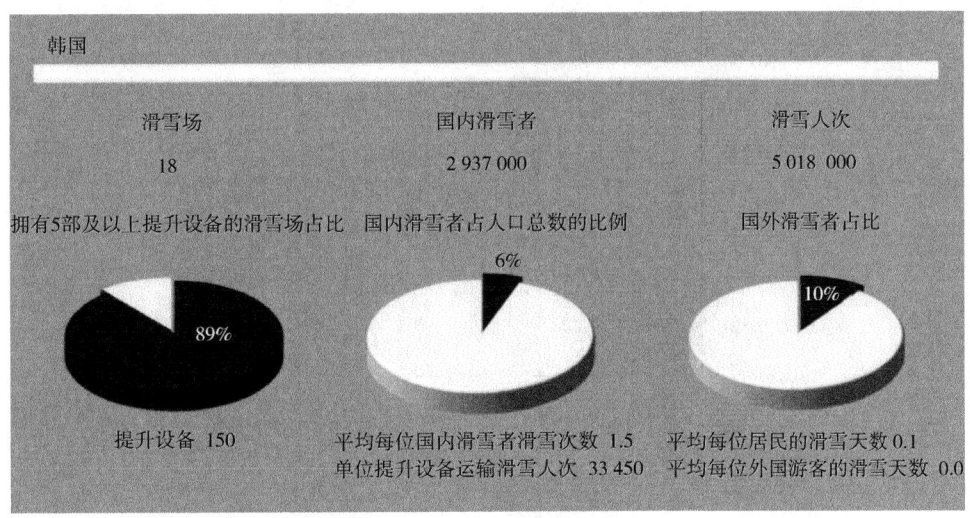

图2-25 韩国滑雪旅游发展概况

资料来源：凡奈特.2019全球滑雪市场报告［R/OL］.（2019-04-13）［2021-09-18］.https：//www.chnzbx.com/index.php？a=nrinfo&id=6785.

2. 韩国滑雪旅游市场发展现状

从 2000 年到 2008 年，韩国的滑雪人数一直在稳定增长。2008 年后，滑雪人次下降到 500 万以下。即使近几年有几家高质量的滑雪度假胜地开业，也没能改变这一现状。滑雪产业停滞的原因可能主要与韩国国内乃至整个亚洲的经济状况和低迷的市场有关。

2018 年平昌冬奥会的举办并没能提高滑雪的受欢迎程度。2017—2018 年雪季的滑雪人次较前一年下降了 10%，较 5 年平均水平下降 20%，如图 2-26 所示。韩国有 4 800 万人口，其中有 250 万滑雪人口，占总人口的 5%，大众滑雪参与率为 5%，所以韩国的滑雪市场潜力仍然有待开发，并且需求还会不断增长。除此之外，韩国滑雪度假胜地的很多高质量配套设施已经达到国际标准，这对整个亚洲地区的滑雪爱好者都具有很大的吸引力，除欧洲滑雪度假胜地之外，给他们提供了更多的选择余地。韩国滑雪的价格比起日本来说也更有吸引力，其中有几家度假胜地的提升设备几乎是 24 小时运营。韩国的雪季很特别，相对较短却很紧凑，雪季是 11 月底或 12 月初开始，次年 3 月结束。

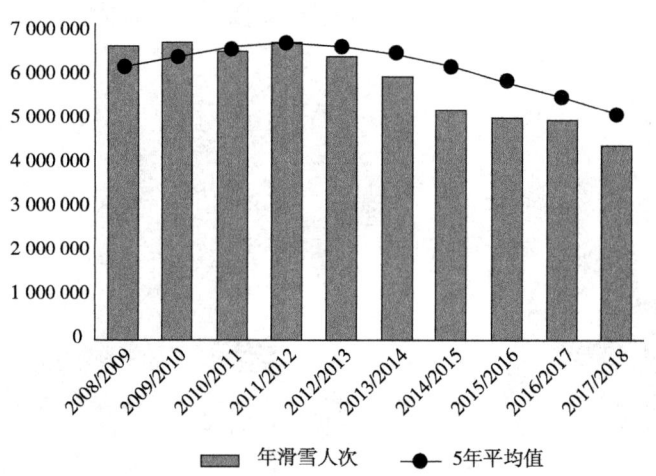

图 2-26 韩国滑雪人次的变化（单位：人次）

资料来源：凡奈特. 2019 全球滑雪市场报告 [R/OL]. (2019-04-13) [2021-09-18]. https://www.chnzbx.com/index.php?a=nrinfo&id=6785.

第二章　国内外滑雪旅游发展概况

（四）朝鲜滑雪旅游发展现状

尽管朝鲜的冬季寒冷漫长，降雪丰富，但受限于经济发展水平等因素，朝鲜的滑雪者数量非常有限，在朝鲜只有几个装备简陋的雪场可以滑雪。Pegaebong 是一家小型滑雪场，雪场配有一条阿尔卑斯地区淘汰的二手吊椅式缆车。另外一条是专门为速降雪道装备的三池渊郡生产的缆车，三池渊郡靠近长白山。

（五）蒙古滑雪旅游发展现状

蒙古第一家也是唯一的一家滑雪场于 2009 年开始营业。天空（Sky）滑雪场位于蒙古首都乌兰巴托附近，基部海拔 1 379 米，索道长达 1 570 米，垂直落差大约 200 米。雪场一共有 2 条 4 人吊椅、2 条拖牵、3 条魔毯，造雪设施及夜间滑雪照明设备齐全，所有这些设备都是中国制造的。蒙古的雪季从 11 月开始，持续到次年 3 月或 4 月，但是雪场却作为休闲度假目的地全年运营。这里可以从事多种户外运动，包括高尔夫球。

二、南亚滑雪旅游发展概况

南亚共有 7 个国家，其中尼泊尔和不丹为内陆国，印度、巴基斯坦和孟加拉国为临海国，斯里兰卡和马尔代夫为岛国。南亚北部是喜马拉雅山脉，平均海拔超过 6 000 米，海拔 8 000 米以上的高峰有 14 座。珠穆朗玛峰是世界最高峰，位于中国与尼泊尔边境线上。南亚中部为大平原，南部为德干高原，东西两侧是海岸平原。这块次大陆上生活着超过世界 20%的人口，使它成为世界上人口最密集的地域之一，同时也是经济发展水平较低的地区之一。由于政治及宗教上的原因，当地的政局不太稳定。其中，印度是南亚人口最多、面积最大、山脉众多、经济规模最大的国家。下面主要介绍印度滑雪旅游发展概况。

印度北部是山区，有几座山峰的海拔超过 7 000 米。滑雪是 20 世纪 70 年代由欧洲人带来的，并且随着国外滑雪者的到来，滑雪运动越来越受欢迎。尽管印度本土的一些滑雪者喜爱滑雪，但是大部分都没有接受过专门训练。雪场的运营者开始开发建设更现代化的滑雪场，印度将成为世界上最便宜的滑雪目的地之一。

印度的滑雪场主要在西北部喜马偕尔邦的马拉里山谷。这个区域是喜马拉雅山脉的山麓，拥有整个印度为数不多的几个雪场。雪场的提升设备较普通，但是让人印象深刻，因为这个区域的整体海拔为 4 500~7 000 米，索道可以抵达很高的区域。

印度有五家主要滑雪场，最大的一个叫古尔马尔格（Gulmarg），位于查谟和克什米尔。它是南亚最著名的雪场之一，雪道长度为 2 600~3 200 米。雪场几年前装备了两段的吊厢缆车，能将滑雪者送到海拔 4 000 米的终点站，因而非常有名，这也创造了世界纪录。在同海拔高度，最近又增设了一条 4 人吊椅式缆车，也是世界上海拔最高的吊椅式缆车。该滑雪场垂直落差有 1 000 米，拥有最原始的雪道。

奥利（Auli）滑雪场是来印度滑雪的最佳选择，雪场具有非常好的基础设施。这家雪场建在积雪覆盖的喜马拉雅山脉的群山之中，曾举办过印度国家滑雪竞赛和印度滑雪节活动。奥利滑雪场雪道长度达到 2 000 米，同时还配备了先进的提升设备。

马纳利（Manali）滑雪场位于库尔卢山谷的北端，因直升机滑雪而著名，但是也有几部提升装备，印度其他的滑雪场通常只有一部提升设备；这里可以提供多季节的运动。库夫里（Kufri）滑雪场建在喜马偕尔邦山脉，是印度最好的滑雪目的地之一，对于印度北部人来说前往非常方便。每年冬季开始降雪的时候，这个安静的小镇就成了滑雪的天堂。库夫里也是一年一度的 2 月冬季冰雪运动节的主办地。纳尔卡恩达（Narkanda）滑雪场距离西姆拉 65 千米，海拔 3 143 米，是印度最古老的滑雪场之一。纳尔卡恩达雪季集中在 12 月底到次年 3 月初，在这里可以欣赏到美丽怡人的风景和喜马拉雅山壮观的景象。

印度滑雪旅游发展概况如图 2-27 所示。

三、中亚滑雪旅游发展概况

中亚国家包括土库曼斯坦、吉尔吉斯斯坦、乌兹别克斯坦、塔吉克斯坦、哈萨克斯坦和阿富汗等国家。

中亚地势总体上东南高、西北低。塔吉克斯坦帕米尔地区和吉尔吉斯斯

第二章　国内外滑雪旅游发展概况

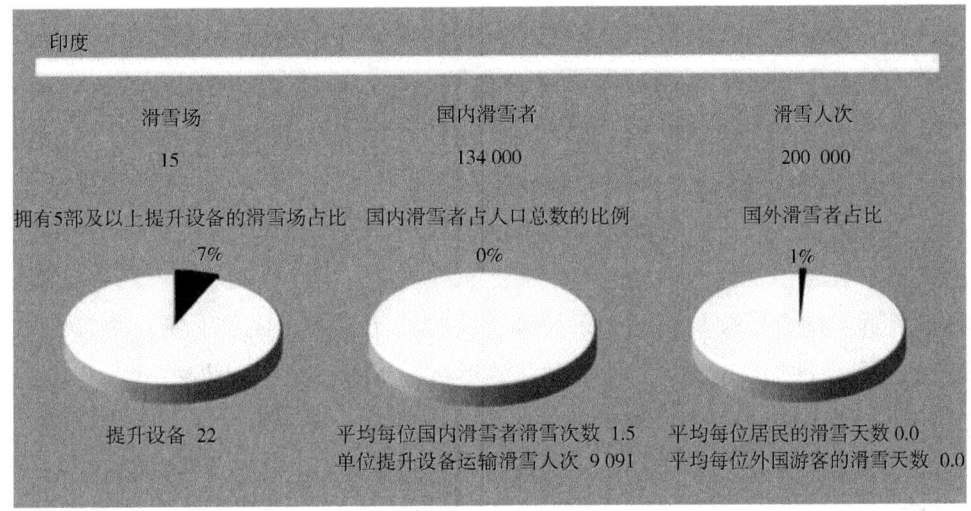

图 2-27　印度滑雪旅游发展概况

资料来源：凡奈特. 2019 全球滑雪市场报告［R/OL］.（2019-04-13）［2021-09-18］. https：// www. chnzbx. com/index. php？a=nrinfo&id=6785.

坦西部天山地区山势陡峭，海拔在 4 000~5 000 米，其中海拔 7 495 米的共产主义峰和 7 134 米的列宁峰是世界上著名的山峰。中亚地区绵亘着温带最壮观的山地，冰川超过 4 000 条，总面积达 11 000 平方千米。其中最大的费德钦科冰川长 71 千米，包括 33 条支流，面积达 900 平方千米，而山脚下却是一望无际的干旱炎热的荒漠。

吉尔吉斯斯坦国土面积较小，人口仅 500 万，但因其在高山滑雪项目开发方面的巨大潜力，经常被拿来和瑞士做比较。滑雪运动在这里的发展程度一般，全国拥有 19 家滑雪场，多数在首都比什凯克附近，而且规模也不大。

越来越多的哈萨克斯坦人开始从滑雪中寻找乐趣，哈萨克斯坦的滑雪产业正在追求更广阔的发展，哈萨克斯坦推出了 3 家重要滑雪场的开发项目。

四、西亚滑雪旅游发展概况

西亚是联系亚、欧、非三大洲和沟通大西洋、印度洋的枢纽，包括伊朗、伊拉克、阿塞拜疆、亚美尼亚、土耳其、黎巴嫩等多个国家。西亚地形以高原为主，中部的美索不达米亚平原（又称两河流域）边缘分布着许多高大山系。在地质史上，西亚高原有过多次火山活动，形成了大面积的熔岩台地。有众多火山分布，受新构造运动影响，现代火山和地震活动也相当频繁。地貌以干旱风沙地貌为主，沙漠分布很广。

受经济发展和战争的影响，西亚许多国家滑雪旅游产业发展水平一般，有的国家设施齐全的滑雪场仅有一家，如伊拉克、亚美尼亚等。在阿塞拜疆，滑雪度假胜地是比较新兴的娱乐场地，目前只有近期建成的2家滑雪场。黎巴嫩也是一个多山的国家，是可以上午滑雪、下午游泳的国家之一，20世纪30年代，第一家滑雪俱乐部成立，很快就有了第一家滑雪学校，滑雪运动自此发展并流行开来。在西亚，滑雪旅游产业历史悠久、发展较好的要数伊朗与土耳其了。

现代滑雪运动在20世纪30年代左右传入伊朗。伊朗奥组委与雪联于1947年成立。伊朗国内第一条缆车于1951年安装。2010年温哥华冬奥会女子赛是历史上首次有伊朗参赛者的比赛。大多数滑雪场都始建于巴列维国王统治时期。1979年他的统治被推翻后，伊朗关闭了所有的滑雪区域。20世纪80年代中期，人们对滑雪运动日益增长的需求给当局施加了很大的压力，政府不得不重新考虑重开各大滑雪场。现在开放的滑雪场有十多家，重要的几家均位于德黑兰附近的厄尔布尔士山脉。伊朗境内最高峰达马万德峰也位于这个区域，这座巨大的休眠火山海拔高达5 600米。虽然在21世纪初安装了一些全新的厢式缆车，但是这里的基础设施还是相对比较陈旧。尽管如此，雪场所处位置海拔高，雪质非常好。一些滑雪度假村还有春季和夏季项目，例如网球、排球、攀岩、山地自行车和滑草。值得注意的是，虽然在雪道滑行不分男女，但在乘坐缆车时为保证男女分开，会有两条不同的线路。

戴辛（Dizin）滑雪场是伊朗乃至整个中东最大的滑雪场，位于首都德黑兰北部70千米处。始建于1969年，海拔2 650~3 600米，占地面积470公顷，每年降雪量约为7米。该雪场拥有各级雪道23条、4条厢式缆车、3条吊椅、9部地面升降设备，是伊朗首家获得国际雪联认证可以举办国际赛事的滑雪场，也提供一些自由滑雪的选择。这里有两座宾馆、19处单幢别墅，还

有私人出租公寓。这里全天缆车票价格不足 30 欧元，低于西方雪场标准价格。伊朗第二大雪场是申沙克（Shemshak）滑雪场，于 1958 年正式开业，雪场开放夜场及越野滑雪。区域内只有一所正式宾馆，是根据奥地利旧式风格小屋的样式设计的，雪场均采用了西式风格建筑。阿里（AB-Ali）滑雪场是伊朗建造最早的滑雪场，其第一条缆车建造于 1951 年，为滑雪运动在伊朗国内的推广和发展做出了巨大贡献。伊朗的大多数滑雪场设备建造于 20 世纪 70 年代末期，因此需要新的投资对雪场设备进行革新。

土耳其 60%的区域为山地，平均海拔为 1 131 米，最高峰亚拉拉特山海拔 5 137 米，位于东部。

土耳其滑雪联盟成立于 1936 年，推动了土耳其滑雪的发展，特别是在乌鲁达山、埃尔吉耶斯山和埃玛达，滑雪发展迅速。如今，土耳其有超过 40 家雪场，遍布全国，同时还有 50 个地区有建设为滑雪场的潜质。但是现在配有 4 条以上缆车的雪场不足 10 家。帕拉多肯（Palandoken）是土耳其最受欢迎的雪场，可以举办 FIS 比赛。乌鲁达（Uludag）是土耳其最大的滑雪场，除了高山滑雪，人们还可以越野滑雪、直升机滑雪。滑雪场坐落在国家公园内，区域内有游泳池、健身中心，还有丰富的夜生活。在过去十年里，土耳其新建了 50 条缆车。现在，尽管雪场容量在上升，但是还不能与其他国际知名雪场竞争，土耳其的滑雪资源还有很大的开发潜力。土耳其的国外客源主要来自俄罗斯、乌克兰和伊朗，加强基础设施建设将有助于留住本土客源。

第五节　南半球及其他地区滑雪旅游发展概况

巴西、澳大利亚是南半球最大的两个国家。大洋洲、南美洲大部分都在南半球。亚洲的印度尼西亚 70%以上的国土位于南半球。非洲被赤道横贯中部，是世界上南半球国家最多的一个洲。

南半球及部分大洲南半球部分（这里统称为其他地区）同样有丰富的滑雪旅游资源。与北半球季节相反，南半球能够吸引那些在北半球炎热夏季避暑来此滑雪的爱好者。新西兰是南半球最主要的滑雪度假目的地。

本节将分别介绍大洋洲、南美洲和非洲的滑雪旅游发展概况。

一、大洋洲滑雪旅游发展概况

大洋洲除部分山地海拔超过 2 000 米外，一般海拔在 600 米以下。海拔 200 米以下的平原约占全洲面积的 1/3，200~600 米的丘陵、台地约占全洲面积的 1/2 以上，整体地势低缓。大洋洲各国经济发展水平差异显著，澳大利亚和新西兰是发达国家，其他岛国多为农业国家，经济比较落后。大洋洲滑雪旅游产业发展较好的是澳大利亚与新西兰。

（一）澳大利亚滑雪旅游发展概况

1. 澳大利亚滑雪旅游产业发展现状

澳大利亚的地形非常多样化，东部是山地，中部是沙漠，西部是高原，南部塔斯马尼亚岛上有雪山。澳大利亚的最高峰是东南部海拔 2 228 米的科西乌斯科山。即使全国还有其他海拔较低的山脉，当地的气候也不允许进行雪上运动。因此，高山滑雪和单板滑雪主要在新南威尔士州和维多利亚州的 10 个度假村进行，它们位于墨尔本和堪培拉之间的澳大利亚阿尔卑斯地区。塔斯马尼亚岛上有两家小型滑雪场，位于国家公园内，每年的降雪并不总是足够滑雪。

滑雪在澳大利亚有很长的历史，据说掘金者在 19 世纪就已经开始滑雪了。有记录显示，澳大利亚第一家滑雪俱乐部 1861 年就成立了，到 20 世纪 20 年代冬季运动大爆发，开始有了滑雪产业组织，1937 年澳大利亚第一部提升设备开始投入运营，但是山上的住宿设施一直到 20 世纪 50 年代还是非常有限。之后，在美国、加拿大和欧洲滑雪浪潮的影响下，滑雪开始在澳大利亚流行起来，滑雪场也逐渐增多，有一些滑雪场位于国家自然公园里。

澳大利亚的许多滑雪场在一些运营领域遇到了接待能力问题，因为经营者正努力将滑雪游客转变为爱好者。斯瑞德伯（Thredbo）滑雪度假胜地，以欧洲滑雪度假胜地的模式建造，配套有商店、夜滑和住宿等，是澳大利亚各类度假胜地代表之一。滑雪场有 50 条雪道、14 部提升设备，其中包括澳大利亚最长的雪道（3.2 千米），落差达 670 米。斯瑞德伯位于澳大利亚最高峰

第二章 国内外滑雪旅游发展概况

上,最高海拔有 2 228 米。另外一个代表是派瑞舒尔·布鲁(Perisher Blue)滑雪场,它坐落于新南威尔士的雪山上,是澳大利亚最大的滑雪场,分 4 个区,有 7 个顶峰,滑雪场有 49 部提升设备,99 千米的雪道适合不同水平的滑雪爱好者,其中 60% 属于中级道。除了这些大型滑雪场,其他滑雪场大都较小,垂直落差也很有限。大部分雪场都有造雪的能力,有的度假胜地有丰富的夜生活,但比较昂贵。

澳大利亚滑雪旅游发展概况如图 2-28 所示。

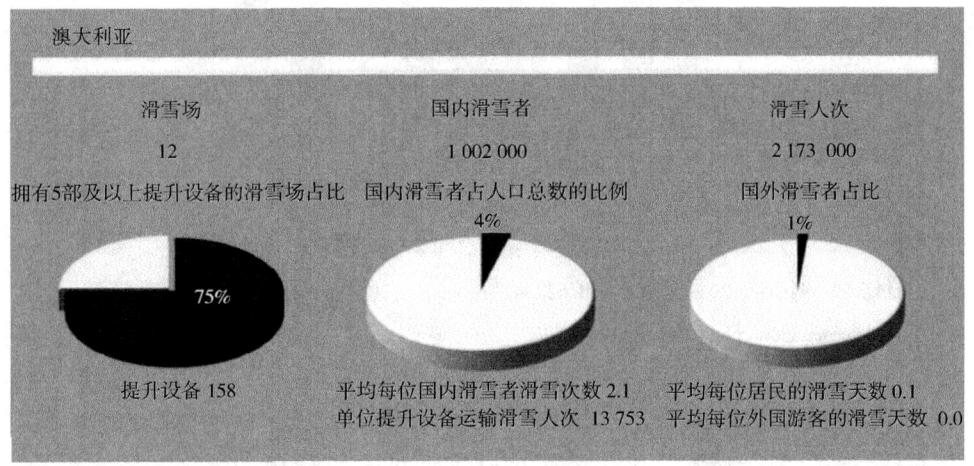

图 2-28 澳大利亚滑雪旅游发展概况

资料来源:凡奈特. 2019 全球滑雪市场报告[R/OL]. (2019-04-13)[2021-09-18]. https://www.chnzbx.com/index.php?a=nrinfo&id=6785.

2. 澳大利亚滑雪旅游市场发展现状

澳大利亚的滑雪产业在 20 世纪 70 年代开始爆发,然后进入了一个巩固阶段,滑雪人次趋于平缓。在过去的 10 年中,滑雪人次总体起伏不大。在 2016—2017、2017—2018 两个雪季中,滑雪人次有所增加。澳大利亚的滑雪产业在 2018 年创造了 240 万滑雪人次的记录,超过了 2012 年创下的 230 万人次的最高纪录,如图 2-29 所示。

澳大利亚整个季节都有高质量的自然降雪,这为雪季提供了良好的滑雪条件。目前,人们对澳大利亚的高山度假胜地非常感兴趣,游客来自世界各地。许多新移民来自没有雪和冬季文化的国家，这些人非常渴望体验雪，并做出尝试，尤其是在周末，很多人涌向高山度假胜地。

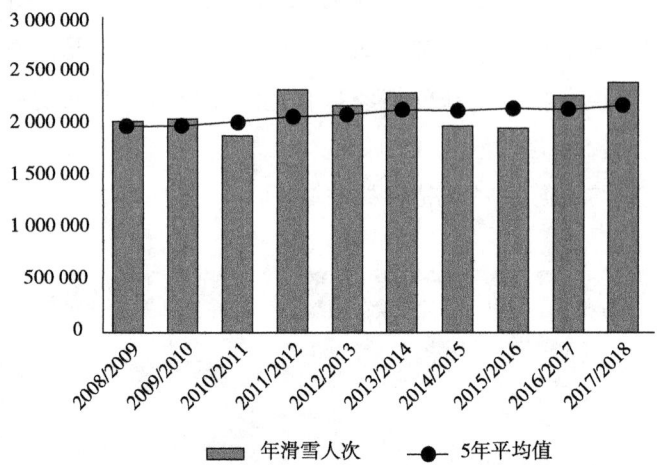

图 2-29　澳大利亚滑雪人次的变化（单位：人次）

资料来源：凡奈特. 2019 全球滑雪市场报告［R/OL］.（2019-04-13）［2021-09-18］. https：//www.chnzbx.com/index.php？a＝nrinfo&id＝6785.

外国滑雪者占澳大利亚总滑雪人次的比例不到 2%，澳大利亚的滑雪场显然不是很吸引国际游客，因为临近的新西兰拥有更优质的雪场，落差更大，价格更便宜，乐趣更多。即使是澳大利亚本土的滑雪者，有一部分也更倾向于到新西兰滑雪。

（二）新西兰滑雪旅游发展概况

1. 新西兰滑雪旅游产业发展现状

新西兰南岛山地资源丰富，南阿尔卑斯山脉贯穿其中，包含 18 座海拔超过 3 000 米的山峰，最高峰库克山海拔高达 3 754 米。新西兰北岛的山不多，仅有几座火山，北岛的最高峰是鲁阿佩胡山（Mount Ruapehu），海拔 2 797 米，是一座活火山。

新西兰是南半球最主要的滑雪度假目的地。新西兰的滑雪场硬件设施很好，且在南北半岛分布相当均匀。新西兰的雪况良好，但由于受海洋性气候的影响，粉雪没有欧洲阿尔卑斯山脉、日本和南美洲安第斯山脉的质量好。

第二章 国内外滑雪旅游发展概况

只有很少的几家滑雪场的垂直落差超过 500 米，其他雪场的雪道会更短一些，雪季开始于 5 月底，在 11 月初结束。除了 13 家商业滑雪场，新西兰还拥有十几家私人滑雪俱乐部。直升机滑雪在新西兰很受欢迎，拥有 10 个不同的滑雪基地，可提供很多滑雪路径。

新西兰滑雪旅游发展概况如图 2-30 所示。

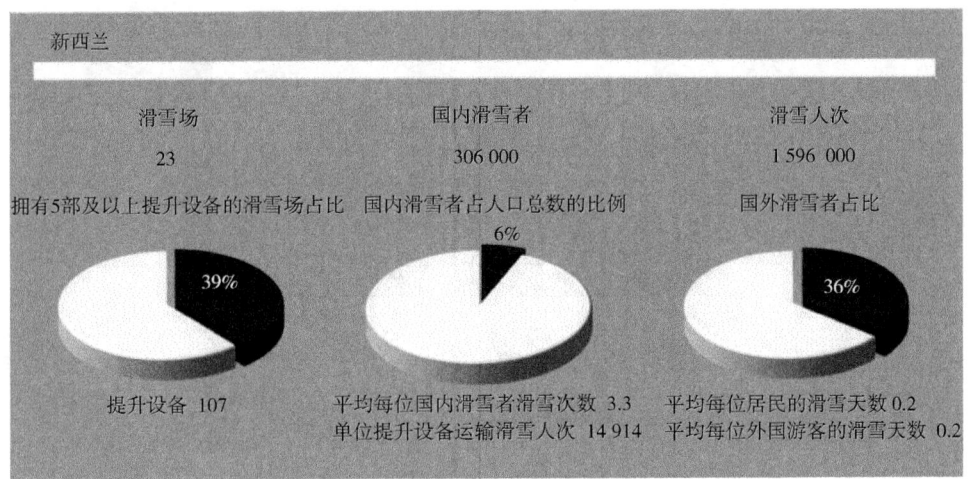

图 2-30 新西兰滑雪旅游发展概况

资料来源：凡奈特.2019 全球滑雪市场报告［R/OL］.（2019-04-13）［2021-09-18］.https：//www.chnzbx.com/index.php？a=nrinfo&id=6785.

2. 新西兰滑雪旅游市场发展现状

在过去 10 年里，新西兰的滑雪产业迅猛发展。21 世纪前，只有个别几个雪季的滑雪人次能达到 100 万。21 世纪初期，新西兰的滑雪产业发展模式基本成型。2018 年雪季的接待量达到创纪录的 190 万人次，比前一雪季增加了 16%，如图 2-31 所示。积极的市场营销和投资策略起到了重要作用，滑雪场已经投资了新的缆车和造雪设备（2014 年至 2017 年交付了 5 条缆车）。在一些度假胜地，3 年前推出的便宜的季票鼓励了新西兰人重返滑雪道，并吸引了很多滑雪初学者。

新西兰的南岛拥有新西兰最好的雪场。皇后镇附近的卓越山滑雪场拥有 220 公顷的滑雪面积，最高海拔 1 935 米。北岛的华卡帕帕（Whakapapa）和图罗瓦（Turoa）是最受欢迎的滑雪场，鲁阿佩胡山的东北山脊最高海拔可达2 300米。最近，两家滑雪场合并之后，每年都吸引着大量的单双板滑雪者。尽管这是新西兰最大的滑雪场，但是跟国际上其他的滑雪度假区相比，规模还是比较小，400公顷的雪域面积仅有43条雪道和16条索道。

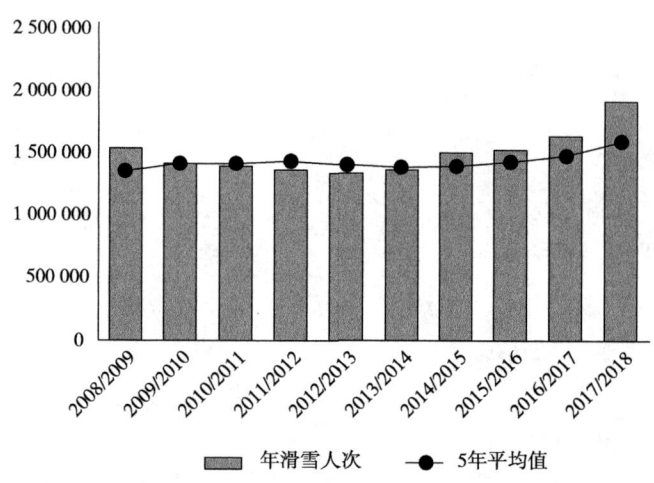

图2-31 新西兰滑雪人次的变化（单位：人次）

资料来源：凡奈特. 2019全球滑雪市场报告［R/OL］.（2019-04-13）［2021-09-18］. https：//www.chnzbx.com/index.php? a＝nrinfo&id＝6785.

二、南美洲滑雪旅游发展概况

南美洲和北美洲都有滑雪度假胜地。尽管这个区域的市场是欧洲（包括阿尔卑斯地区）的两倍，拥有近9亿人口，但滑雪运动的渗透率较低，滑雪者的比例仅为欧洲的1/3。两个大洲横跨两个半球，都有高山区域，但90%的滑雪度假胜地都分布在北美洲。虽然这个区域是除了阿尔卑斯地区之外拥有大型滑雪场数量最多的地区（拥有7家全球排名前50的滑雪度假村），但滑雪人次仅为欧洲阿尔卑斯地区的一半。

（一）阿根廷滑雪旅游发展概况

阿根廷23%的国土为山地和丘陵。世界最长的安第斯山脉贯穿阿根廷西

第二章 国内外滑雪旅游发展概况

部，绵延3 000多千米，最高峰阿空加瓜峰（Aconcagua）海拔6 960米。尽管境内拥有安第斯山脉的最高点，但滑雪场大多位于低海拔区域，平均海拔在1 000~2 000米之间。在阿根廷的最南端，滑雪场的平均海拔更低。

阿根廷的雪季从6月持续至10月中旬，是典型的南半球雪季。早在19世纪，在滑雪成为人们的休闲活动之前，由于高山和积雪的存在，欧洲人就将雪板用作交通工具，并把这种方式带进阿根廷。从20世纪30年代起，滑雪作为娱乐项目逐渐发展起来，主要集中在圣卡洛斯-德巴里洛切地区，由滑雪俱乐部负责管理，一些来自欧洲的先驱者负责推广，那时有些滑雪场还没有配备提升设备。1939年，第一部提升设备在巴里洛切（Bariloche）滑雪场的卡泰多拉尔安装。20世纪40年代，阿根廷开始举办滑雪比赛。

南美洲的雪场在过去10年内经历了一些新的增长。南美滑雪场具有丰富的野雪及粉雪资源，为欧洲及北美的反季节滑雪者提供了选择。阿根廷没有像阿尔卑斯地区那样的高山文化，因此滑雪运动在这里的发展水平尚不算高。因为一年一度的尼夫展会（Expo Nieve），大众对滑雪的热情在逐年提高。除本土游客，还有来自其他国家的游客到阿根廷滑雪。每年7月和8月，正值南半球雪季中期，来自巴西、智利和墨西哥的游客会前往阿根廷，滑雪人数非常多。阿根廷滑雪场每年的滑雪人次大概在150万，主要集中在七大滑雪场。卡特德拉尔滑雪场（Cerro Catedral）是阿根廷最大的滑雪场，坐落在卡特德拉尔山，西班牙语意为"大教堂"，因为这座山的顶峰形似中世纪教堂。雪场位于靠近圣卡洛斯-德巴里洛切的国家公园内，这里的壮丽景观为滑雪者们所熟知。该雪场目前四季运营，是阿根廷最国际化、配备最齐全的滑雪场。滑雪场仍在不断升级设备，以期为游客提供最先进的基础设施。这里有南美夏蒙尼之称，配有53条雪道、39部提升设备、一个覆盖10公顷雪道面积的造雪系统、600公顷的可滑区域，最高海拔2 180米。多年来这里一直举办阿根廷最重要的国际冰雪运动赛事及冰雪节。

拉斯莱纳斯（Las Leñas）滑雪场因雪质好、各级雪道兼备、良好的道外野雪及越野滑雪著称，是阿根廷最受欢迎的滑雪场。滑雪场离小城门多萨只有几千米，是阿根廷海拔最高的雪场，落差1 200米，海拔区间为2 240~3 430米。该滑雪场以气候干燥、拥有230公顷可滑区域及40条雪道而闻名于世。滑雪场配有13条索道，如果需要的话，可随时启用造雪系统。另一个靠近门多萨的是帕尼腾特斯（Penitentes）滑雪场，可以欣赏到阿空加瓜山的美景，离智利也不远。滑雪场建于1979年，拥有300公顷的可滑区域和25条雪道，有几条雪道通过了国际雪联认证，专门用于比赛。这里住宿设施丰富多样，从青年旅社到四星级酒店，可以提供近2 000张床位。

在阿根廷的几大滑雪度假区中，还有巴塔哥尼亚的洽贝尔科（Chapelco）滑雪场，从它1 980米的高位上可以欣赏到绝美的风景。卡薇亚惠（Caviahue）位于德科帕韦火山脚下一个与其同名的湖边，基地海拔1 647米，拥有超过1 000公顷的可滑区域、20条雪道和南半球最长的雪季。从火山口边缘到基地的8千米道外野雪无与伦比。拉霍亚（La Hoya）滑雪场拥有森林、湖泊与瀑布三者结合的风景，很受家庭度假群体的喜爱。雪场建于20世纪50年代，60年代安装了第一条提升设备，随后在21世纪逐渐实现现代化。滑雪场现在拥有10部提升设备、24条雪道及造雪设备。对于喜欢远行去滑雪的人来说，阿根廷新建的国内最新、最靠南的塞罗卡思特（Cerro Castor）滑雪场是不错的选择，这里离火地岛区的首府很近，山海相连，风景宜人。滑雪场基地海拔195米，最高海拔1 057米。这里天气好，粉雪质量也很好，由于气温相对稳定，是南美洲雪季最长的雪场。巴约山（Mount Bayo）滑雪场于1978年正式营业，这里景色秀丽，树木环绕，湖光山色。这里的高山滑雪面积达到200公顷，垂直落差700米。滑雪场目前开发了22条雪道，并配备了12部提升设备。

（二）玻利维亚滑雪旅游发展概况

安第斯山脉纵贯玻利维亚西部，被位于科迪勒拉山系东西山脉之间的高原分为两座山脉。安第斯山脉在玻利维亚境内的最高峰海拔6 542米（内华达山）。玻利维亚首都拉巴斯海拔3 640米，这座城市被海拔6 000多米的雷亚尔山脉所遮挡，该山脉位于东科迪勒拉山脉最北端，山峰终年白雪皑皑。海拔超过4 600米的山脉上坡有冰川覆盖，且终年积雪。海拔超过5 500米的山脉类似极地气候。然而，全球变暖使终年的积雪逐渐融化，一些冰川已经消失。这使全球海拔最高的滑雪场——海拔近5 400米的查卡塔亚滑雪场停业。这家滑雪场对拉巴斯的中产阶级很有吸引力，距离拉巴斯仅约30千米，一小时车程。那时查卡塔亚滑雪场仅有一个自制提升设备和一条雪道，每年有7~8

个月的时间可滑雪,还提供一些滑雪后的活动。1939 年安第诺(Andino)滑雪场就建于此,2009 年时冰川就已完全融化,滑雪场不复存在,建筑物沦为废墟,提升设备已被拆除。

(三) 智利滑雪旅游发展概况

智利位于安第斯山脉西麓,起伏绵延 4 000 千米。智利国土面积的 80% 为山地,向北海拔一路走高,4 800 多米的高峰常年积雪。在南部,安第斯山脉达到最高点后,海拔下降,大多数山峰海拔在 3 000 米以下,大部分滑雪场位于这个海拔范围内。在更南端,巴塔哥尼亚的大型冰川直到大海,海岸线在一定程度上受到了峡湾的影响。

安第斯山脉的第一位滑雪者出现在 1887 年,当时正在开展瓦尔帕莱索至圣地亚哥铁路的建设勘查工作,穿过大山直至阿根廷,从门多萨到布宜诺斯艾利斯。山区降雪量高达 8 米,对于欧洲工程师来说,最高效的交通工具就是雪板。滑雪是唯一能够到达乌斯帕亚塔关口的办法,这个地方靠近当今波蒂略的奇利安(Chilean)度假胜地。也有记载称 1889 年的冬天滑雪者曾翻山送信,其留下了历史性的记录。1910 年铁路建成后,娱乐性的滑雪使用火车作为提升工具。20 世纪 30 年代,在波蒂略地区(这个地区是两座山的一个通道)修建了一个简易的提升设备,来自欧洲和北美洲的冒险家成了第一批造访的滑雪者。滑雪场从欧洲引入了滑雪指导员,一个简陋的小屋成了山上的第一家旅馆。1946 年,波蒂略安装了南美洲第一条吊椅式缆车。1949 年,波蒂略大酒店开业。1960 年,雪场的所有者及经营者智利政府决定卖掉波蒂略,使其成为智利历史上第一批国营转私有的企业之一。1966 年,世界高山滑雪冠军赛在这里举办,使智利的滑雪产业发展受到世界的关注,同时也提升了国民参与滑雪的积极性。那些年,有 3 个滑雪速度纪录在智利的雪道上诞生,包括 1978 年美国滑手史蒂夫·麦金尼(Steve McKinney)创造的滑行速度首次超 200 千米/小时的纪录。20 世纪 60 年代,每到北半球的夏季,雪道上就有国际滑雪运动员在这里训练。20 世纪 50 年代至 60 年代,滑雪运动迅速发展,安第斯山脉中心靠近圣地亚哥的地方和智利南部的火山山坡上,新建了一些滑雪场。20 世纪 80 年代,基础设施得以改善,更新了提升设备,扩建了酒店,新修了公路。20 世纪 90 年代前,游客数量相对欧洲和美国较少。新建的提升设备、接待能力增加的酒店、桑拿及游泳池等使智利滑雪场享有国际声誉。

智利有 3 个主要的滑雪区域。智利安第斯中央（Central Chilean Andes）滑雪场位于海拔 2 800~3 000 米的开阔山区，都处在植被线以上。这里雪质干燥、地形丰富，拥有适合各种水平滑雪者的雪道。波蒂略滑雪场是南美历史最悠久的滑雪场，周围被海拔 5 000 米的雪山所环绕，拥有几座世界上独一无二的 5 人 T 形拖牵、23 条雪道、14 部提升设备，承载人数为 450 人。连接着埃尔科罗拉多（El Colorada）、拉帕瓦（La Parva）和瓦尔内瓦多（Valle Nevado）滑雪场的特雷斯（Tres）山谷是南美最大的滑雪区域，拥有 48 条索道和 120 千米的机压雪道，距离圣地亚哥 40 千米，最高海拔 3 630 米。此外，瓦尔内瓦多滑雪场的基地海拔 3 025 米，也被认为是世界上海拔最高的滑雪场。

在安第斯山脉的南部，平均海拔相对低一些，但是降水较多，也就意味着有大量的降雪。滑雪场大部分位于火山较低的坡面，因为多数是活火山，所以也形成了很多密集的原生森林的地形，湖泊、森林和远处的火山，构成了别具一格的美景。因为地理纬度较高，所以这里是智利雪季最长的地方。塞罗米拉多（Cerro Mirador）是智利最南部的滑雪场，在 1947 年安装了第一部索道，但是早在 1938 年这里就被当成滑雪场了。直到今天，这里仍然有一条独一无二的索道。该滑雪场拥有 14 条雪道，雪季从 6 月中旬持续到 9 月中旬，在这里滑雪还可以看到麦哲伦海峡壮观的景色。

（四）哥伦比亚滑雪旅游发展概况

哥伦比亚目前不再是拥有滑雪场的国家，但它曾经有一个带小型提升设备的滑雪场。内华达德鲁兹火山海拔 5 305 米，是位于中科迪勒拉山脉的一座活火山，在其斜坡上滑雪的想法出现在 1949 年。内华达德鲁兹火山位于哥伦比亚的火山密集地，部分被冰川覆盖。这里的滑雪场海拔 4 800 米，1956 年安装了首部 T 形拖牵，同年举行了南美滑雪锦标赛，后来又安装了第二部 T 形拖牵。在哥伦比亚，滑雪是由一些狂热者推动的，但由于哥伦比亚人没有在世界比赛中取得过好成绩，因而滑雪兴趣逐渐衰退。20 世纪 70 年代末，提升设备消失。后来，缆索部分被冰川埋没。1985 年，德鲁兹火山大规模爆发，

超过 23 000 人丧生。这座火山持续活跃了好几年，融化了部分冰川。尽管有时由于地震活动而无法接近，但内华达德鲁兹火山仍是哥伦比亚一个受欢迎的攀岩地区。

（五）墨西哥滑雪旅游发展概况

南北向的西马德雷山脉西山脊和东山脊贯穿了墨西哥的东西两侧。墨西哥高原的海拔在 1 000~2 000 米之间。从太平洋到墨西哥湾有 900 千米长的跨墨西哥科迪勒拉火山带，是美国北部和中部的地理分界。科迪勒拉拥有墨西哥境内三个最高的火山山峰，海拔都超过 5 000 米。冬季在马德雷山脉的西拉顶峰有积雪，在北部高原的其他地方也可以看到，并且在最高的三个顶峰上还存在冰川，登山爱好者登上去后也可以体验滑雪。

滑雪在墨西哥人中并不是很受欢迎，在墨西哥北部只有一个小雪场，叫蒙特雷亚尔滑雪场，离蒙特利市比较近。这个雪场是个四季休闲中心，有两条旱雪雪道，长度分别为 230 米和 45 米，还有一个圆盘拖牵和一条魔毯。另外，从 12 月到次年 1 月，这里还可以在天然雪上滑雪。

虽然墨西哥人口众多，但是真正的滑雪人口却很少，因此也形成不了滑雪文化。对于墨西哥的滑雪爱好者来说，最近的滑雪目的地是美国。实际上，每年到美国滑雪的近 50 万外国人当中，并没有确切的墨西哥滑雪者的数据，这 50 万当中的大部分是加拿大人。

三、非洲滑雪旅游发展概况

非洲大陆北宽南窄，呈不等边三角形。全洲平均海拔 750 米，海拔 500~1 000 米的高原占全洲面积的 60%以上，海拔 2 000 米以上的山地和高原约占全洲面积的 5%。东南半部被称为高非洲，海拔多在 1 000 米以上，有埃塞俄比亚高原（海拔在 2 000 米以上，有"非洲屋脊"之称）、东非高原和南非高原，在南非高原上有卡拉哈迪盆地。非洲较高大的山脉多矗立在高原的沿海地带，西北沿海有阿特拉斯山脉，东南沿海有德拉肯斯山脉，东部有肯尼亚山和乞力马扎罗山。

非洲整体处于热带，位于非洲北部的摩洛哥和非洲南部的南非是非洲经济相对较发达的两个国家，同时其纬度适宜开展滑雪运动，滑雪旅游业也相对发达。

(一) 摩洛哥滑雪旅游发展概况

摩洛哥境内北部有里夫山脉，中部有大阿特拉斯山，靠近撒哈拉平原还有安蒂阿特拉斯山。摩洛哥的最高峰卡勒山（Toubkal）在马拉喀什南部，海拔4 165米。

20世纪30年代，一些登山者和滑雪者就已经造访了白雪覆盖的摩洛哥山地，在60年代的时候，滑雪变得流行起来。摩洛哥主要的也是最有名的滑雪场是欧凯米登（Oukaimeden）滑雪场，40年代、50年代就建成了可供住宿的木屋和酒店，到了60年代，滑雪场安装了第一部提升设备，还修建了餐厅及夜店。现在，该滑雪场一共有5条拖牵、1条吊椅式索道，可以将客人运送到海拔3 200米的顶部（基地海拔2 600米），是非洲海拔最高的滑雪场。雪季从每年的11月到次年的4月。滑雪场在夏季也很受欢迎，因为靠近马拉喀什，所以在炎热夏季是避暑的好去处，山地自行车、攀岩和登山在这里都很流行。

摩洛哥另外一家滑雪场是位于伊夫兰的米奇芬（Mischliffen）滑雪场。这座城市所在的地区气候较冷，是非洲气温最低的地方。山上的气温会更低一些，山上有雪松林，垂直落差不高。滑雪场最高点海拔1 650米，配有2部提升设备和一些食宿设施。这里的雪季较短，从12月到次年2月底。

(二) 南非滑雪旅游发展概况

大断崖是南非内陆高原与沿海及低地地带的分界。大断崖全长3 500千米，海拔在2 000~3 300米之间，顺延中央高原的边缘。在东部，大断崖一直延伸到德拉肯斯山脉，南非的最高峰马法迪山（Mafadi）就在这里，海拔3 450米，在莱索托的边界线上。还有一些山脉位于沿海平原与大断崖之间（有斯瓦特山脉和朗厄山脉）。

南非虽然有很多可以滑雪的山区，但是只有一家商业性质的滑雪场。蒂芬德尔（Tiffindell）滑雪场临近莱索托的边界，位于本麦克杜伊山上，滑雪场最高海拔2 900米。该雪场于1993年开业，当时只适合初级滑雪者，有2条主要的雪道和2条T形拖牵。最近开始投资更新2条T形拖牵，扩建雪道，

第二章 国内外滑雪旅游发展概况

增设雪上公园，提升服务质量，改善雪场面貌。尽管雪场位于本麦克杜伊山的南坡，有足够的自然降雪，但是雪场还是配备了可以覆盖3公顷雪面面积的现代化造雪系统。在这里，无论是成人还是儿童都可以进行日常的娱乐项目。蒂芬德尔滑雪场还有一种吸引人的"滑雪后"娱乐休闲，从雪道上滑雪下来可以到山地主题的酒吧放松。这里的住宿既有淳朴的4~8人住乡村木屋，也有奢华的山地别墅，最多可以容纳12人，还有2人的套房——总共可以提供150多个床位。最受欢迎的套餐产品包含餐饮、缆车票、滑雪装备，以及教练服务。

南非的雪季从5月底开始，一直持续到9月初。在南非滑雪与欧洲相比，当然会是一种完全不同的体验。这里雪道的数量和基础设施有限，雪质也不是很好。南非滑雪组织成立于1990年，名称为南非雪上运动协会（SSSA），隶属于国际滑雪联合会，是南非专门负责管理滑雪相关活动的官方组织，主要协调促进南非滑雪运动的发展。协会每年与蒂芬德尔雪场共同组织南非国家滑雪冠军赛。2014年SSSA还和蒂芬德尔一起主办了在非洲的首届男子FIS障碍滑雪比赛，2015年又举办了首届女子FIS障碍赛。参赛的运动员来自奥地利、瑞典、比利时、冰岛、美国、斯洛文尼亚、意大利和斯洛伐克。当地的一家叫滑雪小狗（Ikhephu Ski Pups）的滑雪俱乐部每年都会对学校周边大约120名孩子进行滑雪培训。度假胜地还有一家冬季运动学院，在雪季的6月至8月，为24名孩子提供学习和竞技滑雪的训练。2014年雪季，南非（及莱索托）基本上没有降雪，但是低温使得蒂芬德尔滑雪场和莱索托的埃夫里（Afriski）滑雪场进行人工造雪。对于蒂芬德尔滑雪场来说，这是有史以来使用造雪系统时间最长的一个雪季。

本章小结

本章通过对世界滑雪旅游发展的概述，使读者从宏观上清晰地了解了世界滑雪旅游产业及市场发展的概况，并了解世界排名前30位的滑雪场。依据地理区域划分，对各大洲滑雪旅游发展较好的国家进行了介绍，从地理资源、气候条件、产业发展、市场发展、变化趋势等多个层面依次剖析，使读者进一步了解全世界的滑雪旅游发展现状。

复习思考题

一、填空题

目前，_____地区是世界上最大的滑雪胜地，吸引了全球 44% 的滑雪者。

二、简答题

1. 简要阐述阿尔卑斯地区滑雪旅游发展概况。
2. 简要阐述中国滑雪旅游发展概况。

参考文献

[1] 阿不拉·玉素甫，胡金明，阿依夏木古丽·吐尔逊. 新疆阿勒泰滑雪运动研究 [J]. 山东体育科技，2015（2）：36-38.

[2] 程蕉. 体育旅游分类的中外比较研究 [J]. 体育科学研究，2014，18（1）：23-30.

[3] 窦家军. 从工具到玩具：滑雪运动的历史溯源 [J]. 文史博览（理论），2008（9）：13-15.

[4] 黄海燕，张林. 体育旅游 [M]. 北京：高等教育出版社，2016.

[5] 伍斌. 中国滑雪产业白皮书（2019 年度报告）[R]. 北京：北京雪帮雪业企业管理有限公司，2020.

[6] 杨千河，伍斌. 从滑雪产业图谱看中国滑雪产业发展路径 [J]. 河北大学学报（哲学社会科学版），2020，45（5）：116-124.

[7] 张凌云，杨晶晶. 滑雪旅游开发与经营 [M]. 天津：南开大学出版社，2007.

[8] 赵敏燕，董锁成，苏腾伟，等. 世界滑雪旅游产业时空格局与发展趋势研究 [J]. 冰雪运动，2016，38（5）：58-64.

第三章　滑雪旅游者

- **本章提要**

1. 滑雪旅游者是指滑雪旅游人群。本章将结合国内外相关研究，给出滑雪旅游者的定义并总结滑雪旅游者的类型。

2. 本章依据滑雪旅游市场需求的特点，对滑雪旅游市场消费人群进行细分，并分析滑雪旅游者的需求与消费行为。

3. 本章介绍了国内主要滑雪旅游社区，包括主流网络社区和线下俱乐部。

第一节　滑雪旅游者的界定

一、滑雪旅游者定义

滑雪旅游者，是从旅游研究的角度，对滑雪相关的旅游人群的称谓。本书对滑雪旅游的定义较为宽泛，可以较为全面地概括目前与滑雪运动相结合的旅游活动行为，包括滑雪旅游行为与滑雪旅游场景。只要滑雪运动作为旅游者出游的吸引物即可，旅游者可以是为了前往异地的滑雪场滑雪，也可以是为了前往异地的滑雪场观看比赛，抑或是为了前往异地的滑雪场度假或是参加会议等。

案例

冰雪旅游持续升温，滑雪、玩雪成为冬季休闲的热门之选

天气越冷，冰雪越热！到冰天雪地里欣赏冰雪风光、在滑雪板上感受冰雪激情、来冰雪之乡体验冰雪文化……进入冬季，人们对冰雪的热情再次被点燃。

"作为一名滑雪运动爱好者，我一直期盼能来新疆滑雪，终于如愿以偿。"近日，在新疆阿勒泰将军山滑雪场，滑雪爱好者张勇说。进入冰雪旅游旺季，该滑雪场根据滑雪爱好者的不同需求，安排滑雪教练为游客提供教学指导服务，便于大家学习滑雪技巧、更好地体验滑雪乐趣。此外，滑雪场还增加了雪地摩托车、雪圈等多种休闲游乐设施，为游客提供一站式滑雪服务。

吉林雾凇、哈尔滨冰雕、川藏雪山日出、阿勒泰可可托海雪山峡谷、伊春冰雪温泉……近年来，我国冰雪旅游保持平稳较快增长态势。美团平台大数据显示，2019年下半年雪季期间，全国冰雪旅游产品订单额同比增长8.29%，订单量同比增长14.15%。2020年虽然受到新冠肺炎疫情影响，但在做好疫情防控工作的同时，冰雪旅游实现快速复苏。进入2020年下半年雪季后，全国冰雪旅游产品订单额和订单量同比分别增长13.61%和23.46%。

2021年初，冰雪旅游持续升温。打开各大旅游类 App 的页面，冰雪旅游产品让人应接不暇。在携程旅游平台，近期用户搜索的前 24 个热搜词中，有 7 个都和"雪"有关。该平台与国家体育总局冬季运动管理中心联合发布的"中国冰雪地图"，收录了全国各地 1000 多个冰雪游项目。

"冰雪运动和冰雪旅游的潜力仍然很大，释放潜力的关键在于提升体验。"中国社科院旅游研究中心特约研究员吴若山认为，要从消费者需求角度出发，提升冰雪旅游的服务品质和产品丰富度，增加冰雪旅游的文化内涵，让更多消费者在参与冰雪运动和冰雪休闲中收获满意，激发冰雪旅游更大的发展动力。

美团研究院发布的报告认为，我国冰雪旅游在规模扩大的同时，还呈现一些新特征：一是消费内容向多业态扩展，冰雪旅游与文化旅游、体育旅游等快速融合；二是冰雪乐园、冰雪世界等旅游项目更受消费者青睐，"80 后"和"90 后"成为冰雪旅游消费主力军；三是消费者在选择冰雪旅游目的地时，更加关注线上评价，对景区服务水平提出更高要求。马蜂窝旅游网发布的数据显示，除了东北、内蒙古、新疆等传统冰雪旅游热门目的地之外，四川、湖南、广东等省份的冰雪旅游项目也广受关注。

(选自《人民日报》2021 年 1 月 27 日第 19 版)

二、滑雪旅游者类型

国外学者从旅游者角度对滑雪产业发展问题进行了大量研究。Greg Richards（1996）分析了英国滑雪市场的"习惯性消费"的旅游动机。David Gilbert（2000）分析了滑雪参与者和非参与者的影响因素。Martin Falk（2008）运用滑雪目的地选择标准对芬兰滑雪旅游者进行细分，运用因子聚类方法分为 6 个不同消费者细分市场（被动滑雪者、越野滑雪者、全能型滑雪者、参与高山滑雪以外其他类型的滑雪者、专业运动滑雪者和度假滑雪者 6 种类型）。

目前国内相关的研究很少，学者谷亚茜（2018）从运动生活方式、品牌态度及行为意向三个方面对崇礼滑雪场进行客户细分，把滑雪旅游者分为 5 个类型，分别是滑雪积极型、非滑雪肯定型、高认可度谨慎型、态度中立好奇型和低认可度怀疑型，每个类型都表现出明显的特征。

从滑雪消费者的基本特征看，滑雪消费者的学历较高，大专、本科学历的消费者占大多数。滑雪消费者主要以青壮年为主，呈现出男多女少现状。滑雪者以本地客源为主，其中以高学历、中等以上收入的未婚人群为主。本书依据国内滑雪旅游市场细分，参照大众滑雪的三个维度——消费情况、滑雪频率和消费动机，将滑雪旅游者细分为：滑雪运动爱好者、滑雪休闲体验者和滑雪文旅周边活动参与者。

（一）滑雪运动爱好者

滑雪运动爱好者是滑雪运动的重度参与者，包括滑雪运动专业人士、滑雪运动发烧友，以及资深滑雪运动参与者。这一群体对滑雪场地、设备设施有较高的需求，属于中高级滑雪旅游市场需求，只有那些具备富有挑战性的中高级雪道、速度较快的拖牵及缆车、具有较高滑雪技能及知识的滑雪教练等要素的滑雪旅游产品才会满足他们的需求。

（二）滑雪休闲体验者

这一类滑雪旅游者属于轻度滑雪者，其消费需求的核心主要是滑雪旅游体验。滑雪旅游体验是指旅游者在进行滑雪相关活动过程中，滑雪者个人因素与滑雪旅游体验过程中相关的其他人、旅行途中、滑雪旅游产品特性等各个方面相互作用的过程，以及得到的各种知识、愉悦和满足感的总和。滑雪旅游体验是游客以追求旅游愉悦为目标，在旅游过程中通过观赏、交往、模仿、消费等方式所感受到的放松、变化、经验、新奇等心理愉悦。

滑雪休闲体验者是指滑雪运动的初次接触者或者初学者，以及不以滑雪运动为目标的冰雪运动的娱乐休闲活动参与者。这一类滑雪旅游者人群，人数相对较多，但参与度不高，一部分人具有转化为滑雪运动爱好者的基础。

滑雪休闲体验者包括滑雪娱乐体验者和滑雪技术体验者。其中娱乐体验者是滑雪初学者，大多以休闲娱乐、放松心情和舒缓压力等为动机参与滑雪运动，每个雪季只参与滑雪1次的居多，部分体验者可达到2~3次。技术体验者熟练掌握滑雪技巧，部分体验者拥有自己的滑雪装备。这类人群不单以消遣娱乐、放松心情为目的，而且还要提高滑雪技术，体验滑雪赛道带来的紧张刺激、突破自我、战胜自我。这部分人群是潜在的滑雪运动爱好者。

（三）滑雪文旅周边活动参与者

滑雪旅游者滑雪体验感受如何，除了本人的个人特性外，还要受到滑雪企业相关服务人员、滑雪旅游地的当地居民及滑雪同伴的影响。随着滑雪旅游的发展，滑雪运动的体验过程和体验方式发展很快，其相关消费人群逐步扩大，休闲体验及参与的方式和领域也在变化。滑雪旅游者中有许多人并不实际参与滑雪运动，但却积极参与相关社交活动，并愿意了解滑雪风情与当地民俗，例如，越来越多的南方游客愿意去北方参与滑雪旅游相关的活动，但不参与滑雪运动，仅限于观赏和交流。这部分人群是滑雪运动的潜在用户群体，也是滑雪旅游的新客群，会消费滑雪纪念品、滑雪文创、动漫影视产品和相关边缘性旅游产品。这一群体需要的服务贯穿滑雪旅游的全过程，旅游企业要注意改变服务观念，全方位地加强与滑雪地的企业、居民的合作，参与指导，以满足滑雪旅游的发展。

第二节　滑雪旅游者的细分人群及行为分析

一、滑雪旅游市场需求的特点

随着世界经济的整体进步和消费者消费能力的增强，滑雪旅游市场也在不断发展。一方面不断有新游客参与，另一方面滑雪运动项目从设备到安全性、娱乐性等方面的进步也保证了滑雪旅游者的项目忠诚度。但制约滑雪旅游市场的因素有很多。国外学者 Mcintosh，Goeldner，Ritchie 认为，影响消费者度假需求的因素包括所在区域的经济收入及其生活消费的变化、闲暇时间与安排、消费者偏好的变化、消费者居住地与目的地的文化差距、经济距离、度假成本、服务质量和季节性因素等。同样，这些因素也限制了消费者对滑雪旅游的需求。

从需求角度来讲，滑雪旅游体验的重要特征就是参与程度高，具有重复到访的属性。具有不同滑雪技能及不同社会人口统计属性的滑雪旅游者对其体验的期望及感知有着不同的要求，体现出不同的文化价值倾向，这一切对其滑雪目的地的到访决策起到决定性作用。滑雪旅游市场区域价值诉求及动机的差异性必然会导致游客市场行为有较大的区别。滑雪运动的技能与滑雪者参与频次有着直接的关系，技能水平又会直接影响滑雪游客的购买决策。

总体来看，滑雪旅游市场经过几十年的发展呈现出一些新的变化，不仅滑雪旅游者的市场行为呈现出多元化的趋势，其市场需求的障碍性因素也变得更加复杂。滑雪旅游产业只有在充分了解这些变化的前提下，通过制定与实施差异化战略才能实现滑雪旅游市场的可持续发展。

（一）非忠诚市场需求的负面影响因素

很多参与滑雪旅游的游客由于各种原因放弃或暂时放弃了持续的滑雪旅游计划，主要原因包括时间障碍、兴趣减退、经济问题、进入性困难、度假类型决策障碍、身体与健康因素、个人偏好等。随着旅游市场的发展，旅游项目间的竞争也不断加剧。滑雪旅游者中的三分之一以上在下一个滑雪假期不会参与滑雪，他们五年内的滑雪次数不会超过两次，滑雪忠诚游客市场正在消失，被其他休闲旅游市场所取代。滑雪旅游项目正变得更具有娱乐功能，一些滑雪旅游者的滑雪习惯和购买态度也发生了转变。因此，滑雪旅游目的地要提供更为多样化的产品，在与更多类型滑雪旅游者沟通的同时，还要把滑雪旅游潜在市场范围扩大到冬季度假市场，参与更为广泛的竞争。

（二）重新参与市场的需求分析

在众多滑雪旅游者中，开始从事滑雪运动的途径有很多种，其中经由朋友鼓励、儿童时代滑雪及学校俱乐部介绍是最主要的渠道。对于滑雪运动参与者来讲，孩子太小、经济压力、可进入性差、个人兴趣转移、滑雪同伴放弃是其放弃滑雪旅游的主要原因。一部分曾经放弃滑雪旅游的游客也会由于上述需求障碍要素的消失重新回到滑雪场。比如，孩子长大了，可以滑雪了，这也促使曾经放弃滑雪的家长回到雪道上来，这也是以家庭为单位的滑雪旅游市场成长较快的重要原因。

（三）非滑雪者市场需求开发影响因素

对于潜在的非滑雪者市场，首先，他们没有滑雪经历，对滑雪运动的认知都是他人影响的结果；其次，滑雪产业市场研究人员也不能近距离接触这

个潜在市场,此类实证研究还较少。因此,在研究中只能从滑雪旅游市场人口统计特点的角度对这一最具潜力的市场做出描绘,为滑雪旅游市场开发提供基本的数据支持。非滑雪者的滑雪旅游意愿会随其年龄以及社会地位的变化而变化。他们多数表示滑雪旅游项目没有吸引力或对此项运动不感兴趣,认为对滑雪旅游的精力、经济投入与从此项体验中得到的收益不相匹配,此外,其对滑雪运动危险性的认知也构成了巨大的需求障碍。

(四)滑雪旅游市场障碍要素与促进要素相互转换

研究表明,少儿时期就接触了滑雪运动或朋友的鼓励是滑雪旅游者参与这项运动的主要原因,而正规的滑雪俱乐部或专业项目的影响与前两种原因相比并不重要;与其他旅游市场相似,经济要素会导致滑雪旅游者放弃或者重新滑雪,许多人重新滑雪也是因为经济状况好转;孩子小对滑雪旅游者尤其是女性游客来讲,是其放弃滑雪的重要原因,而孩子想滑雪又是促使其重新回来滑雪的最为重要的因素;年轻的滑雪游客重新回到滑雪场也多是朋友鼓励的结果。滑雪旅游产业要深入研究这些障碍要素,并通过有效的市场干预降低障碍,推动滑雪旅游产业的持续发展。

旅游需求从根本上决定了旅游购买行为。旅游购买行为是旅游产品购买者在收集旅游产品有关信息的基础上选择、购买、消费、评估旅游产品过程中的各种行为表现。通过分析旅游购买行为,可以把握旅游购买者的行为特征,更好地为他们服务。

二、滑雪旅游者的消费人群细分

滑雪者是滑雪产业发展的重要资源,是滑雪场生存和发展的关键。深入研究滑雪旅游者是实现滑雪市场可持续发展目标的必要前提,而吸引客户、保持客户并充分挖掘客户才是滑雪场提高竞争力的核心。通过分析滑雪客户对滑雪市场的多种需求、消费能力、市场规模等,及时地为不同客户提供多样化的项目和体验,并在此基础上开发符合不同客户群的滑雪项目,对市场更有针对性。由于滑雪客户在年龄、性别、收入和喜爱偏好等方面存在着差异,所以不同的滑雪客户对于服务的需求也存在差异。因此,客户细分就成为企业在竞争激烈的情况下实现目标的关键步骤。

在《市场细分与定位》一书中，作者詹姆斯提出，客户细分又被称作市场细分，这个概念来自市场营销学，它的提出大大地促进了公司企业的发展，做出的贡献是巨大的。只有有效合理地细分客户，公司企业才能最大范围地节省营销成本，为了实现差异化的结果，提供差异化和有针对性的服务，以最大限度地增加客户参与度。

下面详细介绍滑雪旅游市场消费者细分的方法。

(一) 按消费者人文因素进行市场细分

旅游者的人文因素特点可以表现在很多方面，如年龄、性别、收入、职业、受教育程度等。

1. 按年龄

消费者在不同的年龄阶段，由于生理、性格和爱好的变化，对旅游产品的需求往往有很大的差别，因此，可按年龄范围细分出许多各具特色的旅游者市场。

年轻人思想开放，接受新鲜事物能力强，学习能力强，因此，该年龄段的人群参与滑雪娱乐较多。技术体验者和滑雪运动爱好者的消费年龄集中阶段相同，均集中在 36~55 岁。该年龄段的消费者，不论是生活还是家庭、事业都已稳定，在经济上相对宽松，业余时间也比较多。不同的是，25~35 岁这一阶段运动爱好者比技术体验者少，原因是前者需要具有较高的滑雪技术，而较高的滑雪技术需要投入大量的时间和金钱，并且反复练习，因此，不难理解这一年龄段中滑雪运动爱好者的百分比远低于娱乐式体验者和技术型体验者的百分比。56 岁以上的滑雪运动爱好者要比技术体验者多，再次证明前者对于滑雪运动不仅仅是简单的喜欢，更多的是痴迷滑雪这项运动。

2. 按性别

在对产品的需求、购买行为、购买动机、购买角色方面，两性之间有很大差别。例如，参加探险旅游的多为男性，而女性外出旅游时则更注重人身、财产安全；公务旅游以男性为主，家庭旅游时间和旅游目的地的选择也一般由男性决定，在购物方面女性通常有较大的发言权；在购买旅游产品时，男性通常对价格反应较迟钝，而女性则较敏感。

参与滑雪运动的性别特征是男多女少。滑雪运动技术越高、痴迷程度越

深,性别比例差距越大。娱乐体验者刚刚接触滑雪运动,好奇心理占据主导地位,不论男女都想尝试滑雪运动,体验滑雪运动带来的快乐。这种体验一般只是在初级雪道做简单的尝试,难度系数不大,因此,滑雪娱乐体验者的男女性别比例差距最小。技术体验者和滑雪运动爱好者对滑雪技术及雪道有更高的要求,这两类人群中男性在滑雪运动方面的优势凸显。

3. 按收入与消费频率

人们收入水平的不同,不仅决定其购买旅游产品的性质,还会影响其购买行为和购买习惯。大众滑雪消费者的消费动机虽然主要是休闲娱乐、强身健体,但不同消费群体的动机有很大差异。消费动机不同,消费行为也不同。在调查中发现,娱乐体验者以休闲娱乐为主要动机参与滑雪运动,每个雪季参与滑雪1次、一次1天的居多。消费方向以直接消费为主,消费水平相对较低。技术体验者的消费方向是直接消费与相关消费参半,如购买雪票及租借器材、滑雪服装、饮食、住宿、交通等,整体消费水平与娱乐体验者差不多。滑雪运动爱好者大多以个人爱好为主要动机。绝大多数发烧友每个雪季参与滑雪2~3次,每次3~8天,其中4~5天的最多。消费方向除了雪票为必要消费外其余都是相关消费,整体消费水平较高。

(二) 按消费者心理因素进行市场细分

所谓按心理因素细分,就是按照消费者的生活方式、态度、动机等心理因素来细分旅游市场。

1. 按生活方式

生活方式是指人们如何打发时间(活动),他们认为什么比较重要(兴趣),他们对自己及其所处环境的看法(态度)。生活方式是人们生活和花费时间及金钱的模式,是影响旅游者的欲望和需要的一个重要因素。

2. 按态度

它是指根据旅游者对企业及其产品和服务的态度进行分类并采取相应的营销措施。例如,对于"我曾听说过某雪场,但我并不真正了解它"之类持中间态度的旅游者,应通过提供详细资料来大力开展有说服力的促销活动;对于"某雪场是最好的"之类持积极态度的旅游者,应利用持续的促销活动和与旅游者签订合同的办法加以巩固;对"某雪场比另外某处差"之类持消极态度的旅游者，要改变其态度是较困难的，应把促销工作做细，并改进产品质量，提升企业形象。一般来说，企业放弃"消极态度"的细分市场是合适的，因为企业进行市场细分，并不是要企业利用一种营销努力来满足所有旅游者群体的要求。

(三) 按消费动机进行市场细分

消费动机的形成受制于一定的文化、社会传统、社会阶层、地区经济、相关群体、家庭、角色地位等因素。根据滑雪运动的自身特色，消费者参加滑雪运动的一般动机包括强身健体、休闲娱乐、社会交往、冒险刺激、缓解压力、追求时尚、受周围人影响、个人爱好、寻求解脱等。

从可持续发展的视角研究滑雪市场细分问题，通过滑雪旅游消费者细分，滑雪旅游企业可以更好地识别客户群体对企业的价值和需求，有助于争取到更多的客户，减少客户流失率，保持客户并使客户价值最大化，从而降低服务成本、优化服务，制定出精准的市场营销策略。

三、滑雪旅游者的需求和消费行为分析

人们在旅行游览过程中，为了满足其自身发展和感受的需要便要进行旅游消费。旅游消费是旅游需求的现实直接表现。符合了旅游需求的客观主观条件后旅游者便可产生消费行为。旅游需求是人们为了满足旅行游览、休闲度假等需要所引发的对一定量旅游产品的需求。旅游需求的形成，有客观因素，也有主观因素。

研究滑雪旅游者消费需求，对于指导滑雪场的经营有着重要的意义。根据消费者自身需要和外部影响引发的需求，将滑雪旅游消费者需求分为内部需求和外部需求。内部需求有充实生活、休闲娱乐、锻炼身体、结识新朋友、实现自身价值、掌握新技能。外部需求有价格合理、雪场综合条件（饮食和住宿）、雪道质量、广告宣传、优惠力度等。

(一) 滑雪旅游消费行为含义及滑雪者购买行为模式

我们将旅游者（包括个人和团体）收集旅游产品的相关信息进行决策，以及在购买、消费、评估、处理旅游产品时的行为表现，统称为旅游消费

行为。

旅游者购买行为模式有两种：

1. "需求—动机—行为"模式

旅游消费者主动的消费需求形成旅游动机，最终形成购买行为，构成了旅游购买活动的全过程。游客的消费行为取决于其消费动机，而动机源于需求。当旅游者产生旅游需求而未得到满足时，就会引起一定程度的心理紧张。当出现了可以满足需求的目标时，旅游者的这种需求就会转换为内在的动机，动机驱动旅游者产生具体的旅游消费行为。

2. "刺激—反应"模式

人的消费购买行为是人的内在要素在受到外部因素刺激下所做出的相应反应的结果。这种消费者的购买行为过程可以通过建立一个"刺激—反应"模式来表述。在企业未了解旅游者以前，旅游者对企业来说就是一个"黑箱"，对于影响旅游者内在的要素及决策过程的规律一概不知，仅仅知道该"黑箱"在接受来自外部的环境刺激和企业的营销刺激时，会产生相应的反应，表现在旅游者接受外在刺激后所做出的一系列购买决策上。

"体验论"认为，消费者行为是消费者的体验过程，即消费者是在体验中购买、在体验中消费、在体验中处置的一种感性行为。"刺激—反应"模式认为，消费者行为是消费者对刺激的反应，从消费者与刺激的关系中去研究消费者行为。因此我们可以这样定义，滑雪者消费行为是指滑雪人群在内部自我意识的驱动与外部环境的影响下，为了满足滑雪需求，对滑雪有形商品与无形商品的动态选择、购买、使用及评价的消费行为。

（二）影响滑雪旅游者消费行为的主要因素

影响滑雪消费者消费行为的因素很多，不同的专家学者从不同的角度，对消费行为的影响因素进行了分析。消费行为影响因素的二因素论，将影响消费者行为的因素分为内部因素和外部因素，其中内部因素包括性别、年龄、职业、个人收入和消费动机等，外部因素包括国家政策方针、地区经济、地域状况、基础设施、服务质量、安全和雪场宣传力度等。

1. 性别

由于生理因素和社会条件的影响，男性和女性在个性特点与旅游爱好上也有所不同。男性较女性更富有好奇性心理特质，体魄也较女性强健，同时受传统的约束较小。在旅游中，男性旅游者大多选择能发挥体力优势的项目，如爬山、涉水等，更注意旅游参与的过程，而对其他方面不太敏感，旅游花费较女性旅游者多。而女性旅游者由于体力上的原因，更愿意选择观赏型的旅游目的地和项目。女性即使选择参与性项目，项目参与强度也不太大，她们更注意旅游的情境和感受，对旅游地整体环境很敏感。

2. 年龄

年龄的差异使旅游者在生理和心理状况、收入及旅游购买经验等方面产生差别。因此，不同年龄的旅游者会表现出不同的旅游购买行为。例如，大多数青年旅游者喜欢刺激性强、冒险性较强、时尚新潮的旅游产品；中年旅游者则比较理智，讲求实际，重视家庭温暖与和睦，因此更倾向于全家出游，且消费较理性；而老年旅游者则倾向于节奏舒缓、舒适安全且耗费体力较小的旅游活动。

3. 职业

职业在很大程度上决定了旅游消费者的收入水平和闲暇时间，决定了其社会地位，从而影响旅游购买行为。不同职业的旅游者在旅游购买行为方面会有一定的差异。

绝大部分大众滑雪消费者工作稳定，能够有效利用闲暇时间，拥有正确的体育健身观等。除此之外，值得关注的是，娱乐体验者中也有大学生，还有部分无职业者。所谓无职业者大多是退休或临退休人员，有稳定的收入，空闲时间较多，因此参与滑雪运动。

4. 经济状况

旅游消费是一种弹性较大的消费，旅游者的经济状况在很大程度上影响其对旅游产品和服务的价格选择，最终影响其旅游服务。

消费者收入是影响大众滑雪消费者消费行为的重要因素，收入的多寡直接决定消费者的消费水平，影响其消费行为。娱乐体验者的月收入以中等偏下为主；技术体验者的月收入以中高等为主；滑雪运动爱好者群体大多都是俱乐部会员，购买畅滑整个雪季的通票，消费内容主要是餐饮、住宿、购买滑雪装备或雪具保养等相关消费。

5. 消费动机

大众滑雪消费者的消费动机虽然主要是休闲娱乐和强身健体，但不同的消费群体在动机上有很大差异。消费动机的不同所产生的消费行为也不同，大众滑雪消费者的消费动机可以说因人而异。在调查中发现，娱乐体验者以休闲娱乐为主要动机参与滑雪运动，消费方向以直接消费为主，消费水平相对较低。技术体验者的消费方向为直接消费与相关消费参半，如购买雪票及租借器材、滑雪服装，饮食，住宿，交通等，整体消费水平与娱乐体验者差不多。滑雪运动爱好者大多以个人爱好为主要动机，消费方向除了雪票为必要消费外其余都是相关消费，整体消费水平较高。由此可见动机对大众滑雪消费行为的影响。

6. 国家政策方针等外部因素

国家方针政策对大众滑雪消费行为起着导向作用。北京—张家口成功申办2022年冬季奥林匹克运动会，以及习近平总书记提出"让3亿人参与冰雪运动"的宏大目标，使我国滑雪产业迎来了新的发展高潮期。同时，地区经济发展会影响消费者的体育意识和体育消费观念。而优越的地理自然环境、完善的滑雪设施，以及滑雪场的宣传力度深深吸引着广大滑雪爱好者和旅游度假者。此外，安全问题也是大众滑雪消费者考虑的问题。

第三节　滑雪旅游者俱乐部

一、滑雪旅游者常用的网络社区

目前，我国滑雪移动社交平台的发展历史短，发展规模和速度相对较弱，生存和发展相对艰难，用户的增长规模和整体规模偏小。GOSKI（去滑雪）、滑呗、滑雪族是在我国滑雪移动社交产品激烈的竞争中留存下来的，具有一定的知名度。相比国内的其他滑雪社交平台，它们所呈现的评论更具有真实性。这三个移动社交平台的网络评论处于一直更新的状态，滑雪者的评论时效性较强。

（一）GOSKI（去滑雪）

GOSKI 是为滑雪爱好者打造的一站式解决雪友滑雪需求的多功能社区服务平台，提供雪票购买、活动报名、雪友社交、雪场雪具店查询等功能和服务。2015 年 7 月 2 日，GOSKI 宣布获得清流资本天使轮融资。2016 年 7 月 20 日，GOSKI 宣布获得由新动金鼎、体坛传媒领投，伯乐纵横、去玩资本、挚盈资本联投的 3 300 万元人民币 A 轮融资，并与冷山、云动极限、解药旅行三大线下业务板块合并。

产品功能包括：

【滑雪测速】 记录你的速度和公里数，但不负责收集异性投来的羡慕眼光

【教学视频】 单双板体系化教学视频，动作要点讲解，练习雪道推荐

【最惠雪票】 抢票利器再度升级！变身光速买票侠！

【滑雪活动】 参与冬天最燥热的白鸦之旅

【雪友圈】 那些"不滑雪会死症"的病号都在这儿扎堆晒图交流病情

【图文资讯】 你期盼的雪圈深度好文长篇干货来了

【滑雪社区】 大神们说：既然你诚心诚意地问了，我就大发慈悲地告诉你，有关滑雪的一切，是这样的

【视频上传】 真实记录下滑雪时的帅气和糗态　王牌功能非我莫属！

【雪场天气】 联手中国气象局官方独家提供最新 15 天雪场天气预报

【雪场雪具店介绍】 全面详细的全国各大雪场及雪具店的介绍

【品牌装备】 全球各大雪具品牌装备测评尽收眼底

【晒照片】 滑雪生活　美食美女　奇葩逗比　随时随地晒出来

【打标签】 标出品牌、地点、人物以及任何你标新立异的胡说八道。用标签寻找和你相同 DNA 的人群

【炫酷贴纸】 涂鸦就是态度，贴纸就是武器！不需说话，用 N 种奇趣贴纸传达你的脑电波

【奇幻滤镜】 漂亮得不像实力派，十几种专业照片滤镜，成就你职业摄影师的梦想

【找雪友】 向左滑向右滑，志趣相投的朋友，我们立刻开始这段感情吧

【私密聊天】 有一种悄悄话，天知地知你知我知

【热门话题】一大波热门话题汹涌而来,被趣味聚集的你们,志同道合,相见恨晚!

【线上活动】多种多样的线上活动,带你玩转最潮的白色雪季

(二) 滑呗

滑呗是一款基于地理位置信息,为滑雪爱好者提供雪场交友和滑雪影像服务的应用,是中国领先的滑雪领域移动社交、滑雪轨迹记录和滑雪影像服务平台。通过精准的约滑匹配,滑呗可以在雪场发现最有趣的雪友、最知名的达人,并邀约他们一起开心滑雪。智能轨迹算法可精准地记录运动数据,无需手工干预,自动计算滑雪趟数,随时换取属于自己的荣誉,还可与其他雪友比拼能力数据,为自己的滑雪季留下珍贵的档案。

滑呗基于 GPS 地理位置、围绕影像服务的滑雪社交,建立了滑雪爱好者的积分成长体系和滑行等级体系。产品功能包括:

【线上赛事】延展了轨迹记录功能,将轨迹数据与排行榜结合,打造丰富多彩的滑雪马拉松赛事,并将贯穿整个雪季,冬日从此不再寂寞

【影像功能】数百万张国内、国外雪场及雪友高清照片,覆盖俱乐部、赛事、雪圈动态,基于地理位置的摄影大赛,晒出你的精彩

【特色教学】通过视频分析和对比的形式,为雪友提供滑雪动作的专业指导,成为提高滑雪技术必不可少的工具

【照片墙】覆盖国内、国外雪场、俱乐部、赛事的数百万张高清照片全景图片

【申请摄影师】开放照片上传申请,人人成为摄影师,去滑雪秀出自己的精彩照片

【轨迹记录】精确记录滑行里程,留下珍贵的滑行档案,是您必不可少的滑雪助手

【俱乐部】在线申请俱乐部,专属照片墙分享,成员滑行排行榜,大家一起来比拼

【线上赛事】全国雪友滑行排行榜,贯穿雪季的滑雪马拉松赛事,无论您是初级雪友还是滑雪运动达人,都可以参与其中,争取属于自己的荣耀,获得专属勋章

【雪圈动态】雪友可以随时分享图片、小视频，打造滑雪朋友圈，并可以与他人一同参与滑行晋级互动，参加丰富的摄影大赛。

(三) 滑雪族

滑雪族是一个滑雪服务平台。滑雪族整合滑雪场和滑雪俱乐部等企业，在掌握一定量交易数据的基础上，对其进行系统化的分析和应用。2016年7月，滑雪族宣布完成1200万元的Pre-A轮融资，投资方来自梅花创投和北京合聚变科技有限公司等。

滑雪族通过用户画像、交易特征和客流变化等信息为滑雪公司提供配套的优化方案。这在帮助线下企业完成决策优化的同时，为自身的盈利拓展了渠道。

二、滑雪旅游者线下俱乐部

滑雪运动的普及带动了区域滑雪场的发展，滑雪俱乐部也逐渐兴起。线下滑雪俱乐部主要集中在具备滑雪运动先天优势的地区，如东北、华北和华东，气候条件和整体环境都有利于滑雪俱乐部的发展。随着滑雪运动迅速发展，全国滑雪锦标赛、滑雪邀请赛、大众滑雪联赛等众多滑雪赛事相继举行，滑雪俱乐部参与活动的机会越来越多，促进了滑雪俱乐部的扩张和发展，尤其是滑雪运动不断向普及化和职业化多方向发展，也促进了滑雪俱乐部的经营逐步规模化、商业化。

欧洲的体育俱乐部通常有三类：第一类是以参加竞赛为目的的专业性体育俱乐部；第二类是以娱乐健身为目的的商业性俱乐部；第三类是以大众为对象参与多种项目，以健身、锻炼、娱乐为目的的俱乐部。

我国滑雪俱乐部也有类似的分类，但主要是专业俱乐部和业余俱乐部两类，而且目前发展还不够完善。中国滑雪产业仍然处于培养市场化和产业化经营的启蒙阶段，无论是滑雪人口，还是硬件设施和各种软环境，都与发达国家存在着一定差距。

(一) 专业俱乐部

许多专业滑雪俱乐部是以专业滑雪爱好者自发性、自愿性结合为基础，以增进健康、技术交流和促进相互间协调关系为目的，以持续性滑雪运动和其他联谊活动为手段的自主性组织。这类俱乐部成员相对较少，对滑雪技术和运动赛事有较高的需求。

（二）业余俱乐部

俱乐部是中国滑雪发展的核心力量之一，在滑雪基础教育、滑雪文化推广、雪具市场开发和赛事运营中，发挥了巨大的推动作用。业余俱乐部带有明显的旅游休闲和社交倾向，也有很多商业因素介入。合理的组织制度对提高俱乐部发展水平和开展滑雪运动有积极影响。

总体来看，我国滑雪俱乐部尚处于初步成长阶段，其形成的主要因素有：

（1）因相同兴趣和爱好，部分滑雪者自由组建结构松散的组织；

（2）以滑雪用具为媒介，组成类似车友会一类的较为固定的组织；

（3）以滑雪场为目的地的俱乐部，往往有一定的商业因素介入，组织相对规范；

（4）以滑雪技术为条件成立专业组织。

中国目前主流滑雪俱乐部如下（排名不分先后，各有特色）：

（1）北京自由地带滑雪俱乐部

（2）A2club 版类运动联盟

（3）北京雪岭单板滑雪俱乐部

（4）北京雪族 CLUB

（5）沈阳极速单板滑雪俱乐部

（6）沈阳雪线单板滑雪俱乐部

（7）新疆极速俱乐部

（8）新疆新极限俱乐部

（9）西安冰峰滑雪俱乐部

（10）上海白鸦滑雪俱乐部

（11）上海 X-UNITED 联合滑雪俱乐部

（12）哈板帮滑雪俱乐部

（13）顽雪滑雪俱乐部

（14）长春疯滑学苑俱乐部

（15）长春极限运动俱乐部

（16）企鹅滑雪俱乐部

本章小结

本章依据国内滑雪旅游市场细分，参照大众滑雪的三个维度——消费情况、滑雪频率和消费动机，将滑雪旅游者细分为滑雪运动爱好者、滑雪休闲体验者和滑雪文旅周边活动参与者。总体来看，滑雪旅游市场经过几十年的发展呈现出一些新的变化，不仅滑雪旅游者的市场行为呈现出多元化的趋势，其市场需求也变得更加多样化。旅游需求从根本上决定了旅游购买行为。滑雪旅游产业只有在充分了解这些变化的前提下，通过制定与实施差异化战略，才能实现滑雪旅游市场的可持续发展。

复习思考题

简答题

1. 滑雪旅游者的定义和分类是什么？
2. 制约我国滑雪俱乐部发展的因素有哪些？

参考文献

[1] 杜庆臻. 黑龙江省滑雪旅游开发构想 [J]. 学习与探索, 1999（4）：22-28.

[2] 谷亚茜. 冬奥会背景下崇礼滑雪场客户细分的研究 [D]. 石家庄：河北师范大学, 2018.

[3] 贾云凤. 亚布力滑雪场大众滑雪者消费行为研究 [D]. 哈尔滨：哈尔滨师范大学, 2017.

[4] 李毅, 翟羽丽, 邹向东. 对大兴安岭林区发展滑雪旅游的几点建议 [J]. 林业科技情报, 2000, 31（3）：63, 65.

[5] 迈尔斯. 市场细分与定位 [M]. 王炜, 译. 北京：电子工业出版

社，2005.

［6］张德成．浅谈滑雪旅游与人类文化［J］．冰雪运动，2002（1）：78-80.

［7］FALK M. A Hedonic Price Model for Ski Lift Tickets［J］. Tourism Management，2008，29（6）：1172-1184.

［8］GILBERT D，HUDSON S. Tourism Demand Constraints：A Skiing Participation［J］. Annals of Tourism Research，2000，27（4）：906-925.

［9］MCINTOSH R W，GOELDNER C R，RITCHIE J R B. Pleasure travel motivation［M］//Tourism：principles，practices，philosophies. 7th ed. New York：Wiley，1995：167-190.

［10］RICHARDS G. Skilled Consumption and UK Ski Holidays［J］. Tourism Management，1996，17（1）：25-34.

第四章 滑雪旅游资源与产品

- **本章提要**

  1. 滑雪旅游资源是滑雪旅游必不可少的要素，作为旅游资源的一种，有其独特的内涵、特征与价值。本章将参考旅游资源、冰雪旅游资源等概念，对滑雪旅游资源作出定义，并介绍其特征、价值及组成。

  2. 本章将介绍国内外滑雪旅游资源的分布，并以市场需求为导向，以发展滑雪旅游为目的，介绍滑雪旅游资源开发的相关问题，以及对滑雪旅游资源的有效管理与保护。

  3. 滑雪旅游产品作为滑雪旅游目的地的核心内容，具有其自身的特征与价值，并且滑雪旅游产品整体构成及组合也有自身特点。本章将对滑雪旅游产品进行概述，介绍其概念、特征、价值、类型及组合。

  4. 对于滑雪旅游产品的开发也一直在进行当中，其中滑雪旅游产品开发的原则也指导着当下旅游产品开发活动。本章将对旅游产品开发的现状进行梳理。

第四章 滑雪旅游资源与产品

第一节 滑雪旅游资源概述

一、滑雪旅游资源的概念及内涵

(一) 滑雪旅游资源的概念

滑雪旅游资源是旅游资源的一种，要对滑雪旅游资源下定义，可以参考旅游资源、冰雪旅游资源等概念。

我国国家标准《旅游资源分类、调查与评价》（GB/T 18972—2003）将旅游资源定义为："自然界和人类社会凡能对旅游者产生吸引力，可以为旅游开发利用，并可产生经济效益、社会效益和环境效益的各种事物和因素，都可以视为旅游资源。"

在旅游资源分类分级系统（1997）中，冰雪资源是旅游资源的一种，属于自然旅游资源景系、气候景观景类中的冰雪景型。

滑雪旅游资源作为旅游资源的一种，按功能来说，主要是以滑雪旅游为主的各种旅游资源的聚合体，是冰雪旅游资源的一个重要组成部分。狭义的滑雪旅游资源是指以与滑雪运动相关的雪资源和山地资源为主的自然旅游资源。广义的滑雪旅游资源是一个完整的系统，是以雪资源、山地资源为载体，多种旅游资源组合而成的旅游综合体，不仅包括雪和山地本身，还包括与之相关的冰雪景观、森林景观、人文景观等。本书所介绍的滑雪旅游资源的概念及以下内容主要采用广义的概念。

(二) 滑雪旅游资源的内涵

滑雪旅游资源的概念主要由内涵和外延两部分组成。其中，滑雪旅游资源的外延较为宽泛，会随着时代的发展而不断地被丰富和扩大；而滑雪旅游资源的内涵相对明确。本书主要从滑雪旅游资源的本质出发，帮助读者理解滑雪旅游资源的内涵。

1. 滑雪旅游资源必须具有吸引功能

吸引功能是旅游资源的最大特点，也是旅游资源理论的核心，滑雪旅游资源作为旅游资源的组成部分也不例外，其共性就是必须对旅游者具有吸引力，能够激发旅游者产生旅游动机。滑雪旅游资源不仅要向旅游者提供最基础的滑雪活动，还要为旅游者提供一定的滑雪旅游服务及其他审美和阅历，吸引旅游者到异地进行滑雪旅游活动，以此来陶冶自身的情操，丰富自己的精神文化生活。需要注意的是，吸引功能是相对于一定的旅游者而言的，具有定向的吸引力，并且在不同的历史时期，滑雪旅游资源的吸引力也会有一些变化。

2. 滑雪旅游资源必须具有被欣赏、被消遣的功能

随着人类社会的不断发展和科技的不断进步，地球上绝大部分地方都留下了人类的足迹。有些极具特色的地方文化随着人们审美意识的增强，逐渐被人们当作旅游资源加以开发，同理，滑雪旅游资源也是人们在不断进行滑雪活动及旅游活动结合中加以开发出来的。因此，随着旅游者对旅游需求的增加与改变，滑雪旅游资源不应该仅仅局限于满足人们对滑雪活动的需求，还应该具有被欣赏和被消遣的功能。

3. 滑雪旅游资源是一个动态发展的概念

旅游资源是一个不断发展的概念，滑雪旅游资源亦是如此。随着经济的发展、社会的进步和科技水平的提高，人们的滑雪旅游需求变得多样化和个性化，因此对滑雪旅游资源的界定范围也在不断地扩大。那些还未被开发利用的，但对人们存在一定吸引力的事物或现象，一经开发，便会成为滑雪旅游资源。而已经被开发的滑雪旅游资源仍然被旅游者所需要，或是经过进一步的开发和提升，依旧是滑雪旅游资源的一部分。有形的滑雪旅游资源是有限的，随着人们对于资源的开发，物质化的滑雪旅游资源会越来越少，人们将会倾向于无形的滑雪旅游资源的开发，如滑雪文化、滑雪故事、滑雪精神等。

二、滑雪旅游资源的特征及价值

(一) 滑雪旅游资源的特征

在对滑雪旅游资源进行定义的时候，可以看出其中最重要的就是雪资源，这是开展滑雪旅游活动的基础性条件，因此下面介绍的滑雪旅游资源的特征

第四章 滑雪旅游资源与产品

也偏向于雪资源的特征。雪资源是一种属于自然旅游资源中的气象、气候旅游资源,只能在高纬度及高海拔地区的严寒季节才能出现。这类旅游资源与其他旅游资源相比,存在一定的差异性,主要表现在地域性、季节性、雪资源的有限性和一定条件下的可再生性四个方面。

1. 地域性

由于雪资源的形成和存在很大程度上受到地理环境的影响和制约,因此,雪资源主要分布在地球的南北两极和中高纬度地区,具有明显的地域性。也正是因为雪资源的这种地域性,它变成了一种优越的地域资源。以我国为例,雪资源主要分布在东北、华北和西北等地区,特别是在东北地区,雪资源分布十分广泛,因此为东北地区开展滑雪旅游活动创造了很好的资源条件。

2. 季节性

地球上除了南北两极和高山地区之外,其他绝大部分中高纬度地区的气候都具有明显的时间性和周期性变化,其季节规律较强,并且春、夏、秋、冬四个季节呈现出明显的变化。由于雪资源主要分布在中高纬度地区,并且只有在寒冷的冬季才能形成,因此其具有明显的季节性,从而导致了滑雪旅游活动存在着明显的淡旺季。

3. 有限性

就目前的科技水平来说,人类还不能够影响地球大气运行的规律,因此,也就不能改变地球上雪资源赋存的总体状况,包括其地域分布、时间变化、规模总量等。所以,从目前的情况来看,无论是从整体上还是从地域上来讲,雪资源是有限的,其在一定的周期内是不可再生的。

4. 可再生性

由于人们对自然界探索的不断深入,了解了雪资源所形成的特定温度和湿度,因此人们可以借助一定的技术和工具模拟环境条件,小规模、有限地再生一小部分雪资源,但这与大自然本身所形成的雪资源相比可以说是微乎其微。

(二) 滑雪旅游资源的价值

滑雪旅游活动是众多旅游活动的一个重要组成部分,滑雪旅游资源在滑雪旅游产业中有着重要的开发价值,能够使滑雪旅游目的地实现较高的经济效益，促进旅游结构的优化与调整，以及满足旅游者需求等。

1. 实现较高的经济效益

滑雪旅游活动对于拉动滑雪旅游目的地的经济起到了显著的作用。滑雪旅游资源的开发可以极大地促进人流、物流、信息流、资金流的交相融汇，能够拉动内需、刺激消费，带动其他相关产业的发展。滑雪旅游业的迅速发展给当地提供了大量的就业机会，这对缓解就业压力有着重要的意义，进一步带动和促进旅游地区的经济增长。

2. 促进旅游结构的优化与调整

目前，欧美国家的冰雪旅游开发均以高档次的度假旅游为目标，在运动、娱乐、住宿、餐饮、观光等方面提供完备的高端服务，已经形成了较为成熟完整的冰雪产业体系。滑雪旅游活动作为冰雪旅游活动的一种，滑雪旅游资源的开发促进了当地旅游结构的不断优化与调整。例如，在我国东北和西北地区，由于滑雪旅游资源的开发与滑雪旅游活动的开展，出现了冬夏旅游"两头热"的大好局面，有效地突破了旅游业淡季的制约，使其旅游结构得到优化调整，促进了当地旅游业的迅速发展和整体旅游水平的提高。

3. 满足旅游者的需求

旅游开发的目的是给旅游者提供理想的旅游场所，满足旅游者的旅游需求。在社会节奏日益加快、生活压力日渐增加的当下，旅游活动必将走向休闲化，人们将会更多地选择休闲健康的旅游项目，快旅漫游式的深度休息度假将会走进人们的生活。参与滑雪旅游能够满足人们在健身、休息、娱乐等多方面的需求，使人们远离生活的烦恼，产生精神上的愉悦感。

三、滑雪旅游资源的组成

简单来说，滑雪旅游资源的基础性组成部分是雪资源和山水资源。但随着人们对"资源"认识的提升与旅游活动范围的扩展，在系统论思想的指导下来看，滑雪旅游资源是一个完整的系统，是以雪资源、山地资源为载体，多种旅游资源组合而成的旅游综合体，不仅包括雪和山水本身，还包括与之相关的冰雪景观、森林景观、人文景观等。

第四章 滑雪旅游资源与产品

（一）雪资源

一般来讲，滑雪旅游必须依赖一定的降雪，或者具有一定的人工造雪条件。雪资源的重要程度一方面体现在滑雪场对雪资源的依赖，另一方面体现在雪资源对滑雪景区环境的塑造上。通常情况下，我们将雪资源分成天然雪资源和人造雪资源。雪资源是滑雪旅游市场稳定的重要前提，因此在滑雪场上无论是哪种雪资源，前提是要保证有效的雪量和雪期。

1. 天然雪资源

天然雪资源是指天然降雪或自然界常年积雪。天然雪是由大气中的水蒸气形成的，当温度下降时，由于空气中有微小的尘埃作为凝结核，水蒸气凝结成微小的水滴，当温度降低到0℃以下时，水滴会变成微小的冰晶，大量的冰晶集结在一起形成雪花，当雪花的重力大于空气的浮力时就落向地面形成降雪。

2. 人造雪资源

人造雪资源是一种高科技化工产品。人造雪是指人为地通过一定的设备或物理、化学手段，将水（水汽）变成雪花或类似雪花的过程。人造雪可以利用雪炮、造雪机来实现。造雪原理有两种：一种是生产出很小的片冰，然后以片冰为原料造雪；另一种是采用高压水跟氧气混合造雪。从本质上看，人造雪和自然雪是相同的，但人造雪的密度更大，人造雪一般比天然雪更白更硬；因此，在相同条件下，同体积人造雪比天然雪融化慢。

3. 滑雪场雪资源

近年来，由于全球气候的变化，天然降雪量和雪期变得越来越不确定，加之极端天气频发，滑雪旅游市场受到了一定程度的影响。各个滑雪度假中心从当地气候条件及雪资源的丰富程度出发，先后采取了天然雪与人造雪相结合的方法，以弥补降雪量的不足，延长雪期以增加滑雪旅游的收益。

滑雪场上的雪多种多样，天然降雪加上人工造雪，以及现代修理雪面机械的辅助，把不同的雪搅在一起，形成平坦、易滑和完全可以预见的标准的滑雪道。对雪层的厚度也有一定的要求，如单板滑雪道上的压实的雪层厚度不应小于0.15米，不能有裸露的土石，不仅要保证滑雪者的安全，更要使滑雪者在滑雪过程中享受到更多的乐趣。

（二）山水资源

一般来讲，滑雪场都是借助当地的地形和地势，与周围环境融为一体。开展滑雪运动所需要考虑的地形条件包括坡度、坡向和垂直落差，而一定的地形高差、坡度是滑雪、观赏雪景的基本条件，并且滑雪场周围还需要一定的水资源以供需求和服务。因此，滑雪场的修建对高山和水域方面有着一定的要求。

1. 山地资源

山地资源可以简要地分成高山资源和土地资源。其中高山资源是指有一定的丘状山体，有几个以上完整的山坡面，山脚处接缘弧度越大越好，整个面积要足够大，以供修建初级滑雪雪道的厂区和生活区，有修建初级雪道、中级雪道和高级雪道的"联网"组合地形。而土地资源是指该片土地上植被要好，不能有裸露的土地，尽量避免"人造山坡"。如果植被受损，应该尽快想办法恢复。

2. 水域资源

水域资源是指该区域水资源要丰富，无论是地下水还是地表水（河流、湖泊、水库等），都必须保证滑雪场的接待、服务设施和人工造雪的用水需要。水资源缺乏的地方不宜建雪场，特别是中高级雪场。另外，充足的水体可供夏天开展水上运动，以保证夏天能吸引游客，从而提高该场所在无降雪季节作为创收来源的可行性，避免服务设施的闲置期过长。

3. 滑雪场相关资源评估

滑雪场必须具有较大的垂直落差，因此一般选址在起伏变化较大的区域。一般来说，海拔高度 1 000 米以上的山体可以考虑建设高级滑雪场，800～1 000米的建中级滑雪场，500 米左右的建初级滑雪场。山坡起伏变化幅度较大的区域能够带给滑雪者不同的挑战性，能够保证广泛的参与性。滑雪场以建设在坡度 10°～40°的山体，朝北或朝东的阴面或半阴面为佳；最好能够使多条雪道的终端汇集到一个小区域，以保证服务设施和缆车集中布局。

美国土地管理局在滑雪旅游资源的技术性评估中选取了 7 个资源因素：雪季长短、积雪深度、干雪保留时间、海拔、坡度、气温、风力；分四级评分，最后按要素评分总和值将滑雪旅游资源分为三等，见表4-1。

第四章　滑雪旅游资源与产品

表 4-1　滑雪旅游资源的技术性评估（美国）

决定因素	评估标准与计分							
雪季长短	6 个月	(6)	5 个月	(5)	4 个月	(4)	3 个月	(2)
积雪深度	>1.22m	(6)	0.92～1.22m	(4)	0.61～0.92m	(2)	0.61m 以下	(1)
干雪保留时间	3/4 季节时间	(4)	1/2 季节时间	(3)	1/4 季节时间	(2)	0 季节时间	(1)
海拔	>762.5m	(6)	457.5～762m	(4)	152.5～457.5m	(2)	45.75～152.5m	(1)
坡度	很好	(4)	好	(3)	一般	(2)	差	(1)
气温	>10℃	(3)	-17.8～6.7℃	(2)	<-17.8℃	(1)	—	
风力	轻微	(4)	偶尔变动	(3)	偶尔偏高	(2)	易变	(1)

（三）其他滑雪旅游资源

与其他旅游项目一样，滑雪旅游资源除了上述最为基础的雪资源和山水资源之外，还有一些其他相关的滑雪旅游资源，其中包括冰雪景观和森林景观等自然景观旅游资源，以及与滑雪旅游目的地相关的人文景观旅游资源，并且人文景观旅游资源的开发比重在逐步增大。

1. 冰雪景观旅游资源

冰雪景观主要是以冰、雪、雾凇奇景等寒冷季节或高寒气候区才能见到的气候景观为主，以其独特的构景要素，形成各种美的意境，是一种富有特色的气候旅游资源。冰雪景观主要分布在中高纬度地区，如欧洲、美洲南北两端、东亚、北亚、中亚和南极洲，以及陆地高海拔地区。

在适当地形条件下，冰雪景观是开展冬季旅游的重要资源。"千里冰封，万里雪飘"的冰雪美景，从古至今一直以其纯洁而又壮观的特点吸引着诸多游客。

2. 森林景观旅游资源

森林景观是指某一特定区域里的数个异质森林群落或森林类型构成的复合森林生态系统，是在某一时空点上视野范围内以森林植被为主体的一种自然景色。这种自然景色是在一定的位置、气候、土壤、生物和人类活动等多种因素长期综合作用下形成的，并在人脑中加以反映的产物。自然森林可以提供安静舒适的环境,是人们回归大自然、接触大自然的理想环境。

森林景观作为滑雪旅游景区的构景要素,不仅起着供游客观赏的作用,还对滑雪景区保持水土平衡、净化空气、降低噪声等方面起着重要的保护作用;更重要的是,森林景观旅游资源是滑雪旅游景区淡季的重要吸引物,可以开展探险、探幽、科学考察、疗养、生态旅游,以及野生动植物观赏和标本采集等活动。

3. 人文景观旅游资源

滑雪人文景观,主要是指自然界与人类创造力的共同结晶,围绕滑雪运动而展开的、具有滑雪文化内涵的独特景观,主要表现形式有与滑雪旅游相关的文物古迹、节事活动、文学艺术以及饮食购物等。

近年来,滑雪旅游景区在规划与开发中越来越重视对滑雪人文景观旅游资源的开发利用。这些人文要素的加入,使得游客在滑雪运动之外增加了更多的体验内容,旅游者的体验深度得到加强,旅游满意度得到提升。

第二节　滑雪旅游资源开发概况

一、世界主要滑雪旅游资源的分布

全球滑雪旅游资源主要分布在阿尔卑斯山脉、落基山脉、安第斯山脉等世界大型山脉,集中在欧洲、北美、东北亚地区。滑雪旅游资源以雪资源和山水资源为主,加上相关的冰雪景观、森林景观、人文景观。滑雪旅游资源与滑雪旅游目的地的雪资源的雪质、气候、温度、纬度、地质相关。

(一) 欧洲

1. 阿尔卑斯地区

欧洲被称作现代滑雪的发源地,全球有超过三分之一的滑雪场在阿尔卑斯地区。阿尔卑斯山脉是欧洲最高的山脉,很多国家都位于阿尔卑斯地区。阿尔卑斯山景色迷人,是世界著名的风景区和旅游胜地,也是冰雪运动的胜地和探险者的乐园。阿尔卑斯山地处温带和亚热带纬度中间,高峰全年寒冷,海拔高。冬季受西风影响大,空气湿度大,气温低,降雪量大,在阿尔卑斯

山脉西部、北部形成了天然的覆盖时间长的雪资源。阿尔卑斯地区拥有悠久的滑雪历史、丰富的景观及天然的地貌,吸引了全球的滑雪者。

2. 北欧地区

北欧的滑雪活动可追溯到公元前 2000 年,滑雪历史文化底蕴丰厚,现代滑雪就起源于北欧的挪威。北欧的雪质条件一般又冷又硬,由于纬度较高,冬季特别长,常年冰川覆盖。在更靠北的地方,关于圣诞老人的传说、美丽的北极光也吸引着全球的滑雪旅游者。北欧地区海拔最高的山脉是纳维亚山脉,北欧地形多为台地、蚀余山地及丘陵,这为滑雪旅游营造了良好的地形条件。大陆冰川覆盖了整个北欧地区,人们可以观看冰川侵蚀与堆积地貌。因此,人们可一边进行越野滑雪、高山滑雪等活动,一边领略北欧独特的风景。

3. 西欧地区

西欧地区大部分主要以平原和高原为主,与阿尔卑斯地区相比雪期短、海拔低、高山资源较少、中海拔山脉偏多,但阿尔卑斯山脉最高峰勃朗峰在此区域。虽然西欧地区滑雪资源很丰富,但人们还是喜欢去阿尔卑斯地区滑雪。欧洲的工业发达,大部分地区属于发达国家,人们对历史人文、自然景观相关资源的开发也较多。欧洲优质的地理气候使欧洲的山川、丘陵拥有美丽的动植物,这使得滑雪旅游者在滑雪中可以感受到大自然的美丽。

4. 东欧地区

东欧地区拥有高加索山脉、乌拉尔山脉、科帕奥尼克山等。温泉、河流等自然资源丰富,东欧地区也拥有悠久的滑雪历史。东欧相比欧洲其他区域有更长的冬季,积雪时间长,但体感温度较为寒冷。东欧的俄罗斯也是冬奥会的举办国,滑雪旅游资源的开发在近期更为成熟,但俄罗斯的滑雪资源多远离市区,花费较长的时间才能到达,不过随着滑雪旅游活动的普及,越来越多的滑雪旅游者前往。该地区拥有完善的滑雪旅游资源基础设施,乌拉尔山脉也有丰富的地热资源,滑雪旅游者可在滑雪后进行温泉活动。

(二) 北美洲

1. 加拿大

北美地区大型滑雪场的数量是除了阿尔卑斯地区之外最多的。除拥有全球最多的滑雪资源外，滑雪面积大、落差大是北美滑雪场的普遍特点，也形成了成熟的滑雪旅游产业。受极地加拿大气团、墨西哥湾气团、大西洋气团的影响，落基山脉以东的年降水量都在500毫米以上。加拿大西部落基山脉上的雪场垂直落差可以与阿尔卑斯山脉相比，东部滑雪场多分布在海拔相对较低的山上和丘陵上。

2. 美国

在美国的落基山脉上拥有大量的滑雪旅游资源，东部地区受极地季风的影响，海拔较低的区域也有丰富的滑雪资源，西部拥有美国最高的山峰德纳里峰，西部滑雪场位于3 000米以上的高海拔地区。阿拉帕霍盆地拥有世界最长雪季，可长达9个月。北美地区的大部分滑雪旅游目的地也会与国家地质公园相联系，例如，纽约的怀特菲斯普莱西德湖、科罗拉多州的阿斯本山等。

(三) 亚洲

1. 东亚

东亚主要的滑雪旅游资源在日本、韩国和中国。日本是世界上滑雪场数量最多的国家之一。雪场从北海道的北部岛屿一直到九州南部的岛屿，这些滑雪场沿日本岛从北到南分布，纬度跨域很大。日本拥有世界上最多的室内滑雪场，其中世界第一家室内滑雪场也在日本建立。日本岛中部有中央山脉，冬季阻挡从欧亚大陆吹来的湿冷季风，给日本海岸带来大量的雨雪，因此日本也是全球降雪量最多的国家，且大部分都是粉雪。同时，日本拥有复杂多样的山地。日本的温泉文化加上滑雪运动，滑雪之余泡一下温泉，吸引了国际上众多的旅游滑雪者。韩国也是一个多山的国家，山地面积占国土面积超过70%，普遍海拔较低。韩国冬季比较寒冷，雪期较短且紧凑，一般为四个月左右，平均降雪量非常多，雪质好，体感温度不是特别寒冷，非常适合滑雪及其他雪上运动。韩国的滑雪旅游目的地还会举办与雪有关的庆典活动，加上优美的雪景，吸引了大量亚洲滑雪旅游者。例如，阿尔卑斯度假村，积雪量最多、雪质最好，欧式建筑风格，在东南亚非常著名，并且与周边的国立公园一起，滑雪时可欣赏优美的雪景。中国的滑雪资源也十分丰富，在下面章节将会详细介绍，此处不再赘述。

2. 南亚

南亚滑雪旅游资源主要在印度的北部，喜马拉雅山脉分支得天独厚的山脉丘陵为南亚滑雪旅游提供了优良的高山资源。印度洋的暖流遇到高大的喜马拉雅山脉，降雪量可达 8 米，气温却不是很低，该区域的雪质厚实松软，拥有高山内陆雪，且滑雪面积是美国雪场的数倍。印度的寺庙在雪天的风景及高高的雪墙给人以不同的体验，而且这里很适合野外滑雪。喜马偕尔邦的马拉里山谷拥有印度主要的雪场，但滑雪者对该区域的热情并不高。

3. 中亚

中亚拥有较高海拔的山脉，典型温带性气候，在冬季，高山、山丘、丘陵等被积雪覆盖。吉尔吉斯斯坦的高山滑雪资源常常被拿来与阿尔卑斯地区做对比，拥有冬季优良的气候条件及巨大的落差。哈萨克斯坦的山脉海拔最高达到 7 439 米，冬夏温差大，冬天格外寒冷，雪期可从 11 月中旬到来年 4 月中旬。中亚地区的国家也举办过冬季亚运会，在国际上拥有一定的知名度，为滑雪旅游者提供了滑雪目的地选择。

4. 西亚

西亚的滑雪资源多分布在海拔较低的地区，如山地及丘陵地区，冬季为主要的滑雪季节。高加索山脉为亚欧大陆的交界处，加之海洋性气候影响，西亚的雪质相比阿尔卑斯地区的雪质较差。西亚的滑雪场依水资源而建立，拥有壮阔的山地及湖泊资源景观，当地人在冬季会进行滑雪活动。

（四）南半球

1. 大洋洲

在澳大利亚的阿尔卑斯地区，人们可徒步欣赏美丽的山景，在白雪覆盖的桉树群里滑雪穿行，也可以进行更多的户外挑战。澳大利亚整个季节都有高质量的降雪，为雪季提供了良好的滑雪条件。新西兰是南半球滑雪旅游度假目的地的热点，南岛山地资源丰富，滑雪旅游设施完善，雪况良好，但因海洋性气候的影响，粉雪没有美国及阿尔卑斯地区好。虽然滑雪旅游资源较少，但人们对体验滑雪充满热情，旅游者在进行完滑雪运动后可以在山下小镇的餐厅酒吧进行丰富的夜生活。

2. 南美洲

南美地区的滑雪旅游资源在南半球最为丰富。南美洲西岸的安第斯山脉全长约 8 900 千米，是世界上最长的山脉，其中拥有 40 多座活火山。山脉中有许多海拔超 6 000 米的山峰，山顶终年积雪。南美洲的雪场拥有丰富的自然雪、优质的粉雪，雪质好。受到大洋及亚马孙河流的影响，加之海拔高，安第斯山脉的气候复杂多样，雪期比北半球要短。不同的纬度和不同的高度带让动植物及风景多种多样。但随着全球气候的变化，山顶的冰川正在消融，引起了专家的注意。安第斯山脉上的滑雪旅游目的地，地形丰富，加之雪质干燥，与北半球的滑雪季节相反，成为阿尔卑斯及北美地区反季节滑雪的滑雪旅游者的最佳目的地。

（五）其他地区

除了以上总结的几个国家和地区之外，在中东、非洲等一些拥有山地的国家存在永久或者暂时性的积雪，这些地区与世界其他地区相比，滑雪旅游热度较小。依据复杂的地形及冬季的雪资源，给人们带来丰富的滑雪体验。摩洛哥拥有里夫山脉、大阿特拉斯山、安迪阿特拉斯山等高海拔山脉，南非的大断崖，全长 3 500 米，海拔 2 000~3 300 米，德拉肯斯山脉、斯瓦特山脉、朗厄山脉在其间，水资源多在靠近海岸线的区域，雪期短，雪质一般，加之非洲经济原因，滑雪资源的开发还远远落后。

二、中国主要滑雪旅游资源分布

我国境内山地较多，在东北、西北、西南等地区，海拔高度在 1 000~6 000米，从缓坡到陡坡的山地应有尽有，有各式各样的适合建设滑雪旅游目的地的山脉。我国南北跨越纬度广，滑雪旅游资源有明显的区域分布。我国地质资源丰富，各地区的冰雪景观、森林景观、人文景观各有特点，吸引了大量滑雪旅游者。

（一）东北地区

东北三省大部分地区属于温带季风气候，冬季寒冷而漫长，拥有丰富的冰雪旅游资源。东北有大量适合滑雪的山脉，长白山、大兴安岭、小兴安岭

第四章　滑雪旅游资源与产品

等支脉众多。东北滑雪周期长，最长可达 150 天，雪期平均温度在-10℃左右。东北地区雪期从 9、10 月开始到第二年 4、5 月。长白山地区雪质好，黏度高，平均积雪厚度可达两米。大兴安岭地区，冬季受西伯利亚寒流控制，受山脉和森林的遮挡，风速较小，雪质晶莹、剔透、柔润。东北地区滑雪场基础设施完善，拥有深厚的滑雪文化和丰富的冰雪景观、森林景观。东北地区也有许多国家级的滑雪运动训练基地，培养出了很多与滑雪运动相关的运动员。

（二）华北地区

华北大部分地区相对东北地区雪期较短，雪资源质量不如东北地区的雪资源质量。辽东半岛、山东半岛的山地丘陵大部分海拔在 500 米左右。冀北山地和太行山脉海拔 600～1 000 米，阻挡了海洋湿润气流，冬季形成大量降雪。随着北京冬奥会的举办，崇礼区滑雪旅游进入大家视野。崇礼区冬季平均降雪量为 1 米，山地坡度多在 5°～35°，海拔在 1 500～2 000 米，森林茂密，风景优美。源于特殊的地形，崇礼地区的雪质好，颗粒硬度、黏度符合滑雪标准，是滑雪旅游最适宜的地方。华北地区的人文景观丰富，与滑雪旅游资源结合，吸引了大量滑雪旅游者。

（三）西北地区

西北地区拥有天山山脉、阿尔泰山脉、横断山脉，迎风山地较多，新疆也拥有丰富的雪资源，北疆气温低，雪期一般在 110～140 天，天山山脉部分地区可达 6 个月，积雪最大深度可达 60 厘米以上。与东北地区相比气温暖、雪期长。新疆地区 11 月就进入雪季，比东北地区略晚，加之原始的天然环境，成为国内第二大适合进行滑雪旅游的地区。新疆的阿勒泰地区，被认为是人类滑雪的发源地，滑雪文化历史悠久。虽然该地区滑雪资源丰富，但受经济、交通、客源等因素的影响，滑雪资源开发不充分。

（四）西南地区

西南地区具有低纬度、高海拔的亚高原特征，加之属于亚热带季风气候，提供了发展滑雪旅游的环境。西南地区拥有喜马拉雅山脉、秦岭山脉、玉龙

· 121 ·

雪山等，高山雪资源纯净，其中玉龙雪山东麓的雪期长达 8 个月。四川峨眉山，海拔 2 500 米，积雪可以达到 1 米。西南地区普遍雪期短，滑雪目的地的雪资源以天然雪与人造雪相结合为主。基于这一特征，西南地区的室内滑雪场大量存在。在冬季旅游者体验滑雪运动之余，赏雪、戏雪等活动也可以增加旅行的乐趣。

（五）其他地区

除去以上国内热门滑雪资源地区，其他地区滑雪资源也不可忽视。北方地区冬季寒冷，天然雪加上人工造雪的室外滑雪场普遍存在。景区内也会设置小型的滑雪道供旅游者娱乐。南方地区气候相对温暖，资源较为贫乏，室内滑雪场成为滑雪的主要场所。一些以滑雪为主题的大型乐园也提供儿童娱乐的简单滑雪设施，让人们在四季都可以参与滑雪运动。

三、滑雪旅游资源开发的相关问题

滑雪旅游资源是滑雪旅游活动开展的物质基础。滑雪旅游资源经过开发成为滑雪旅游产品，才能产生社会、经济和环境效益。狭义的滑雪旅游资源开发是指滑雪旅游资源开发运用的技术。广义的滑雪旅游资源开发是通过对滑雪旅游资源的调查评价，以市场需求为导向，以发展滑雪旅游为目的，有计划地对滑雪旅游资源进行整合、规划、利用，提高对滑雪旅游者的吸引力的综合技术性工作。本书主要是围绕广义的滑雪旅游资源开发来进行论述的。

（一）滑雪旅游资源开发的必要性

滑雪资源是滑雪旅游活动的客体，是滑雪旅游目的地吸引旅游者来访的基础条件。首先，滑雪旅游目的地要根据自身的接待能力和现状，对滑雪资源进行初始的开发和建设，使得该地区可以进行滑雪旅游活动。其次，对于已经开发的滑雪旅游资源项目，也有必要根据自身的状况和市场的变化进行再次开发。再次开发的目的则是提高自身滑雪旅游资源的吸引力。滑雪场受季节性波动的影响较大，且游客在雪场的停留时间会影响滑雪旅游活动所产生的效益。任何一个滑雪旅游目的地都会受到环境的影响，如体育赛事和文化活动的增多会提高对滑雪者的吸引力，使得到访量增加。相应地，滑雪地

出现污染或服务下降，就会降低滑雪目的地的吸引力。

对于滑雪旅游目的地的开发，分为两条路线。对于滑雪旅游目的地的初始开发，运用现有适宜发展的滑雪旅游资源进行开发，使其已有的资源转换为效益。对已有滑雪目的地的再开发，随着环境的改变，对滑雪旅游者的吸引力发生变化，进而开发调整，是滑雪旅游目的地的吸引力巩固、改善和提高的过程。

(二) 滑雪旅游资源开发的原则

1. 市场需求原则

对于滑雪旅游资源目的地来说，要将自身滑雪特色与主要目标人群结合起来。不同的滑雪旅游者对旅游资源的追求不同，例如，年龄段不同的滑雪旅游者、专业滑雪旅游者与大众滑雪旅游者的追求肯定不同。因此，在决定滑雪旅游资源项目的开发方向时，要以滑雪旅游者这一目标受众的导向为主，满足滑雪旅游者的兴趣与市场需求。

2. 特殊多样原则

滑雪旅游资源非常稀有，且受季节性影响较大。某一滑雪旅游资源的价值，在根本上取决于它与其他旅游资源相比较的特殊性，这也是滑雪旅游的吸引力所在。在同类滑雪旅游带中，有的滑雪旅游目的地人流量大，有的热度一般，原因就是在滑雪旅游资源开发上有没有突出并利用好其特殊性。

3. 经济效益原则

滑雪旅游资源的开发要服从社会经济发展的需要。如果目的地在开发时付出的成本高于它所带来的效益，这种不经济的行为容易造成开发的浪费。在决定开发滑雪旅游资源时，要对项目进行预测，分期分批开发，不宜盲目开发。在开发过程中，提高对目的地本身资源的利用，使用本国或当地的劳动力、设备等。大量使用国外资源、国外技术和人员，容易造成外汇的流出。

4. 保护环境原则

在进行滑雪旅游资源的开发与建设时，不可避免地会对目的地的环境造成压力。如何把对环境的影响力降到最小，是一个必须注意的问题。在开发时要注意避免水质污染、空气污染和对地质的破坏。总之，滑雪旅游资源的开发要因地制宜,与环境保护联系起来,不能破坏当地的环境。

(三) 滑雪旅游资源开发的参与者

1. 政府角色

在市场经济的背景下,政府不应强制决定滑雪旅游资源的开发,而应在滑雪旅游资源开发中担任指导者的角色。政府一般通过三种途径进行干预和介入,即政策指导、适度示范、必要补充,政府需要确保滑雪旅游资源的开发工作不违背目的地的相关政策与发展规划。有些旅游项目可能不会产生巨大的经济效益,但会取得良好的社会效益和环境效益,可能有些滑雪旅游活动经营者很难有这样的认识高度,在这个时候政府就有责任和义务去指导、鼓励、带动开发。

2. 民间角色

在滑雪旅游资源开发的过程中,民间角色主要是指商业性滑雪旅游的开发者及经营者。其主要活动为获取民间资金支持,提出相关的滑雪资源开发设想,执行开发内容,提供开发资金及承担风险,对滑雪旅游项目日常管理和经营等。

(四) 滑雪旅游资源开发的策略

1. 提升目的地的可进入性

滑雪旅游资源目的地大都分布在离市中心较远的地方,交通便利条件和保障条件格外重要。如果交通不便,无论目的地滑雪旅游资源多么丰富,滑雪旅游者也不会选择此地进行滑雪活动。因此,提升目的地的可进入性显得尤为重要,其中不仅需要建设必要的交通基础设施,包括道路、铁路、机场等,还要有众多交通运营手段,使得目的地的可进入性多样且可以灵活选择。

2. 建设和完善基础设施

滑雪旅游目的地的滑雪运动设施及生活保障设施的建设很有必要。滑雪运动设施的完备情况,是吸引滑雪旅游者体验滑雪旅游活动的基础。滑雪旅游目的地的基础设施包括很多,如酒店、银行、公园、购物中心、治安管理机构等,以及公共事业设施,如供水系统、道路系统、照明设施、机场、车站、停车场等。这些设施的完备完善,是满足滑雪旅游者需求的重要基础。

对于滑雪旅游经营者来说，如宾馆酒店、餐饮服务、游客中心、纪念品商店、体育用品等专门的服务供给，要根据滑雪者需求和自身能力来扩建完善。

3. 优化滑雪旅游项目及服务

除了滑雪旅游基础设施的建设完善，还要对滑雪旅游资源项目的开发、滑雪旅游者的活动项目、游览路线等项目进行更新和完善。对于专业滑雪旅游服务人员，服务工作水平的质量也会影响滑雪旅游目的地的吸引力。对于同类别滑雪旅游目的地，员工的业务水平和服务质量也会形成竞争力。培养专门的服务人员、管理人员、教练员是滑雪旅游资源开发中不可或缺的一环。

四、滑雪旅游资源的管理与保护

（一）滑雪旅游资源的管理

滑雪旅游资源的管理不仅包括对滑雪旅游资源本体的管理，还包括对其开发的管理。

1. 对滑雪旅游资源本体的管理

滑雪旅游资源既包括自然景观旅游资源，又包括人文景观旅游资源，其属性都是国有资源。在市场经济条件下，要注意树立可持续发展的理念，把旅游资源看作国有资产的重要组成部分，并且实行资产化管理，这是促进滑雪旅游资源合理配置、与市场经济相适应的重要手段。

2. 对滑雪旅游资源开发的管理

对滑雪旅游资源开发的管理是对滑雪旅游资源开发、利用与保护的过程，是进行一切组织、协调、规划、建设、立法、监督、经营、保障等活动的总称。对某一具体区域而言，滑雪旅游资源的开发管理应包括：滑雪旅游资源开发、利用与保护政策和法规的制定与实施监督，滑雪旅游资源开发利用规划编制和实施管理，管理机构与体制的建立健全，滑雪旅游开发活动的业务管理，以及滑雪旅游资源开发保护的技术管理等。

（二）滑雪旅游资源的保护

滑雪旅游资源的保护同样包括两个方面：一是滑雪旅游资源本体的保护，二是滑雪旅游资源所赋存的滑雪旅游环境的保护。

从造成滑雪旅游资源和滑雪旅游环境被破坏的原因出发,保护工作可以从以下几个方面展开。

1. 加强立法,严格执法

滑雪旅游资源和滑雪旅游环境保护方面的立法是给滑雪旅游区的管理者、经营者和旅游者制定的行为规范,其主要内容应该包括滑雪旅游区建设项目的审批办法和权限,滑雪旅游资源保护的范围和内容,对违反保护条款者的处罚办法等。只有加强相关立法,并且执行者要严格执法,才能使得滑雪旅游资源的保护有法可依。

2. 重视研究,合理规划

滑雪旅游资源开发与管理的研究成果是滑雪旅游资源开发的依据,也为滑雪旅游资源和滑雪旅游资源保护与管理提供技术指导,是滑雪旅游规划都必须遵循的原则和方法。只有重视滑雪旅游相关的科学研究,合理编制滑雪旅游资源开发与管理规划,才能规范滑雪旅游资源开发与保护的行为。

3. 有效管理,理性引导

首先,要根据具体的景区资源和环境特点,慎重确定滑雪旅游活动项目;其次,针对滑雪旅游旺季的实际情况,要采取有效措施对游客进行疏导或分流;最后,要加强对游客行为的管理和引导,加强对游客的宣传教育,对环境友好及损害环境的游客分别给予必要的奖励和惩罚。

第三节 滑雪旅游产品概述

一、滑雪旅游产品的概念及内涵

(一) 滑雪旅游产品的概念

旅游产品是指旅游市场上由旅游经营者向旅游者提供并满足其一次旅游活动所需各种物品和服务的总和。

滑雪旅游产品是指满足滑雪旅游者在旅游过程中不同需要的综合产品和服务。旅游者的需求是多种多样的,这必然导致滑雪旅游产品的构成内容及组合方式的多样化。从滑雪旅游中的雪资源、山水资源、冰雪景观资源、森

林景观资源和人文景观资源来看,滑雪旅游产品依托的资源品质及相关组合结构都会在很大程度上影响到滑雪游客的旅游体验。

(二) 滑雪旅游产品的内涵

在李天元所编著的《旅游学概论》一书中,对"旅游产品"这一概念在不同的语境下有不同的理解,需要从两个层次上去理解和认识:一个层次是基于旅游消费者认识和理解的整体旅游产品;另一个层次是基于旅游企业认识的单项旅游产品。本书也沿着这一思路进一步理解"滑雪旅游产品"。

1. 整体滑雪旅游产品

从供给者的角度来看,整体滑雪旅游产品是指滑雪旅游经营者凭借一定的滑雪旅游资源和滑雪旅游设施,向滑雪旅游者提供的满足其在滑雪旅游活动中所需要的综合性服务。滑雪旅游服务是与具有一定使用价值的有形物结合在一起的服务,只有借助一定的资源、设施、设备,滑雪旅游服务才能得以完成。

从需求者的角度来看,整体滑雪旅游产品是指滑雪旅游者支付一定的金钱并花费时间和精力所获得的满足其滑雪旅游欲望的经历。滑雪旅游者通过对滑雪旅游产品的购买与消费,获得身体上的放松和精神上的满足。

2. 单项滑雪旅游产品

与整体滑雪旅游产品相比较,单项滑雪旅游产品这一概念是从旅游企业的立场提出来的,是指各类滑雪旅游企业借助一定的滑雪旅游设施和设备,面向滑雪旅游消费者市场提供的服务项目。

对于旅游消费者来说,这些滑雪旅游企业提供的滑雪旅游产品或滑雪旅游服务项目,并不能独自构成一次完整的旅游经历,而只是后者中的组成部分。正由于这一原因,也为了区别于整体滑雪旅游产品,我们在旅游研究中将这类滑雪旅游企业所提供的滑雪旅游产品或滑雪旅游服务称为单项滑雪旅游产品。

二、滑雪旅游产品的特征及价值

（一）滑雪旅游产品的特征

从旅游产品的共性来看，滑雪旅游产品同样具有无形性、不可转移性、不可存储性、生产和消费的同步性等特点。但从滑雪旅游产品的体育活动及其所依托的相关资源属性来看，又具有许多其他旅游产品所不具备的差异化特征。

1. 地域季节性

滑雪旅游这一活动对地域和季节有很强的依赖性，地域的资源和季节是滑雪旅游活动开展的基础性条件，因此滑雪旅游产品的开发也呈现出明显的周期性和地域特征。但由于科学技术的飞速发展和滑雪旅游的不断普及，滑雪旅游产品的季节性和地域性特征也在淡化，例如，室内滑雪场的建设就在逐渐打破季节和地域的限制。

2. 健身运动性

滑雪旅游本身就起源于滑雪运动，参加滑雪活动，不仅可以锻炼身体、消除疲劳、增进健康，还可以放松身心，调节快节奏的工作，摆脱烦躁的生活，保持心理愉悦。旅游者还可以通过观赏滑雪运动赛事，体会竞技体育的魅力。

3. 参与体验性

滑雪运动作为一项体育运动，有着极强的参与体验性。不管是儿童还是成人，都可以在各种各样的滑雪运动中找到适合自己的活动，亲身体验，挑战自我。而且滑雪旅游与普通观光旅游不同的是，它不是一次性的旅游，而是可以重复体验参与的，有的旅游者根据自己的兴趣多次参与，甚至成为终身的爱好体验者。

4. 休闲娱乐性

除了滑雪运动这类刺激的体育运动产品外，滑雪旅游活动中还有一系列的观光、休闲类放松性质的滑雪旅游产品。作为旅游者，可以观赏奇特的冰雪景观，以及一些独具特色的与滑雪相关的冰雕、雪雕等，或者参加滑雪乐园等相关活动，感受当地独特的滑雪旅游文化。

第四章　滑雪旅游资源与产品

（二）滑雪旅游产品的价值

滑雪旅游产品不仅对滑雪旅游目的地有着重要的价值，对在市场中满足不同旅游者需求也起到了重要的作用。

1. 滑雪旅游产品是旅游地竞争的核心

滑雪旅游产品是滑雪旅游资源开发后的体现，是吸引旅游者的重要载体。独特的滑雪旅游产品既可以树立旅游目的地滑雪旅游的品牌与形象，也可以激发广大旅游者去感受当地的滑雪旅游文化。滑雪旅游产品会提升当地旅游的竞争力与知名度，从而推动当地旅游业的进一步发展。

2. 滑雪旅游产品是旅游地经济发展的契机与商机

滑雪旅游产品的开发，不仅可以带动旅游业的收入和发展，也可以增加就业机会。例如，举办大型的滑雪体育旅游盛会，不仅给主办地带来大规模的旅游者群体，还可以吸引广大的企业单位对主办地进行投资与建设。

3. 滑雪旅游产品可以满足旅游者多种需求

作为独具特色的旅游产品，滑雪旅游产品的开发能够满足市场多种多样的、复杂的需求。例如，滑雪体育活动的举办，既可以吸引不同年龄层的旅游者的参与，还能吸引其他不参加但乐于观看滑雪赛事的旅游者前来观看，满足旅游者不同层面的需求。

三、滑雪旅游产品的类型

各种滑雪旅游要素的组合内容及组合方式决定着滑雪游客的体验质量。滑雪旅游产品组合既包括有形的物质产品，也包括无形的服务；既包括人类劳动创造的社会产品，又包括大自然的创造物；既涉及物质资料生产部门生产的物质产品，还涉及文教、卫生、金融、海关等非物质资料生产部门提供的服务。

本书主要结合冰雪旅游产品相关的类型及滑雪旅游产品自身的特点，将滑雪旅游产品分为以下五大类型。

（一）滑雪赛事类产品

滑雪赛事类产品主要是指围绕滑雪运动而展开的一系列滑雪体育赛事，供游客观赏或亲身体验。滑雪旅游本身就起源于滑雪运动，并围绕各项滑雪体育运动而展开一系列旅游活动。随着滑雪旅游的大众化,在滑雪旅游体育赛事类产品中,游客不仅可以观赏相关的比赛,也可以亲自参与其中,切身地感受到滑雪赛事的乐趣。如即将举办的 2022 年北京冬奥会,就有类似于越野滑雪、跳台滑雪、高山滑雪、自由式滑雪等多项滑雪体育赛事,给人们带来更多的滑雪观感与体验。

(二)滑雪节庆类产品

滑雪节庆类产品以滑雪运动为载体,以冰雪资源为依托,是具有知名度和影响力的地方性滑雪节庆活动。如国际上有名的瓦萨国际滑雪节,起源于瑞典,2003 年,瓦萨滑雪节正式落户我国长春净月潭国家级风景名胜区,中国成为继瑞典、美国和日本之后第四个举办瓦萨滑雪赛的国家。此外还有崇礼国际滑雪节,从 2001 年开展至今,每一届滑雪节都是向京津乃至全国展示崇礼滑雪旅游发展的进程和成果。"崇礼滑雪"已经成为张家口市的一张名片,正逐步走出国内,并走向世界。

(三)滑雪艺术类产品

滑雪艺术类产品是指围绕滑雪运动而进行创造的一些以冰雪为原材料的艺术作品,主要以冰灯、雪雕观赏为主。在滑雪旅游目的地,为了增添旅游者的观赏乐趣,旅游开发商在当地都设置了各式各样的冰灯和雪雕,以供游客观赏,但随着旅游者多样性的需求,旅游者也能参与冰灯、雪雕相关的制作,增强体验性。

(四)滑雪休闲类产品

滑雪休闲类产品主要是指滑雪旅游活动中一系列观光、休闲类的放松性质的旅游产品。通过这类休闲度假类产品,不仅能体验滑雪运动的魅力,还能享受一系列休闲产品,如街头音乐或泡温泉,还可以参加一些滑雪乐园等活动,不仅可以感受大自然的奇特,还能休闲娱乐、放松身心。

(五)滑雪民俗类产品

滑雪民俗类产品主要是依据滑雪旅游目的地当地的民俗风情而产生的一

系列旅游产品,具有浓厚的民族特色,是地域性、民族性、历史性的文化传承,体现了当地人的生活习惯、民风民俗等。比如,在哈尔滨参加滑雪旅游活动时,可以感受黑龙江独特的民俗文化。在饮食上,品尝以炖菜、干菜、冻品为代表的地方美食,如铁锅炖、黄瓜钱、冻梨等;在民俗特色文化上,体验以二人转、扭秧歌、踩高跷、黑土戏剧等为代表的特色文化。

四、整体滑雪旅游产品的构成及组合

这里所说的"整体滑雪旅游产品"主要是从供给者的角度出发,提出整体滑雪旅游产品的构成与如何更好地组合,以满足滑雪旅游者多方面需求,向需求者提供更为成熟、有吸引力的滑雪旅游产品。

(一)整体滑雪旅游产品的构成

整体滑雪旅游产品一般由三个部分组成:滑雪旅游产品的核心部分、滑雪旅游产品的外形部分、滑雪旅游产品的延伸或附加部分。滑雪旅游的经营者在进行滑雪旅游产品的营销时,应注重滑雪旅游产品的整体效能,从满足滑雪旅游者需求的角度出发,提供整体概念上的滑雪旅游产品,并在外形部分和延伸部分形成自身产品的差异化,以赢得在滑雪旅游市场中的竞争优势。

1. 滑雪旅游产品的核心部分

滑雪旅游产品的核心部分是指滑雪旅游经营者向滑雪旅游者提供的基本旅游服务或核心利益,如滑雪场提供给滑雪旅游者的相关服务,这是每个滑雪场都必须做到的。它通常是一个抽象的概念,但把它销售给旅游者必须通过一定的具体形式。

2. 滑雪旅游产品的外形部分

滑雪旅游产品的外形部分是指滑雪旅游产品的质量、风格、声誉、品牌等外在因素,如滑雪场的建筑、周围的环境、滑雪运动的价格等。通过这些因素,滑雪场提供给旅游者的核心利益才更能被其认识,并借此来体现自身的特色。

3. 滑雪旅游产品的延伸部分或附加部分

滑雪旅游产品的延伸部分或附加部分就是提供给滑雪旅游者的附加利益或优惠条件。例如,针对不同滑雪旅游者提供免费接送服务、不同滑雪包价

产品、更有针对性的滑雪信息咨询或滑雪教练等。

滑雪旅游产品的延伸部分通过为滑雪游客提供多种附加利益，形成吸引滑雪旅游者的独特因素，创造滑雪旅游者对滑雪产品和滑雪旅游景区的忠诚，有助于滑雪旅游业经营者保持和扩大自身的市场。

（二）整体滑雪旅游产品的组合

滑雪旅游经营者对自身滑雪旅游产品的组合技巧，主要包括滑雪旅游时间安排的合理性、空间安排的科学性、适应需求的针对性、所选择交通工具的适当性、滑雪旅游活动的参与性五个方面。

1. 时间安排的合理性

滑雪旅游企业在设计滑雪旅游产品组合的时候要考虑时间安排的合理性。滑雪旅游包价产品是开发初级滑雪旅游市场的重要手段，不仅要设计不同时间长度的滑雪旅游产品，考虑滑雪要素的安排时间，还要考虑其他要素在整个行程中的时间安排。在产品设计中尽量做到切实可行、松弛结合、衔接紧密；尤其是在滑雪旅途中的交通和景区内的交通安排，时间点要适中，不宜太早或太晚。

2. 空间安排的科学性

在滑雪旅游产品的空间设计方面，由于滑雪旅游涉及滑雪场、餐饮、住宿，以及其他娱乐要素的安排，其空间范围较广，因此在产品安排上尽量不要让旅游者在各个地点之间疲于奔命，要做出较为科学的安排，尤其是在滑雪旅游景区的缆车系统设计上要充分考虑这一要素。

3. 适应需求的针对性

对于不同年龄段的人群或是不同滑雪水平的滑雪游客，其滑雪旅游产品的需求就有不同。在滑雪旅游产品的设计中，应针对不同细分市场设计相应的产品。例如，初级滑雪旅游者只需要坡度不大的初级雪道，中高级滑雪旅游者就需要坡度大、具体挑战性的雪道；针对以家庭为单位出游的滑雪旅游者，应更多地考虑娱乐活动的安排或是适合儿童玩耍的区域等。

4. 交通工具的适当性

在滑雪旅游过程中，滑雪旅游经营者应该为旅游者选择适当的交通工具，即在尽可能保证旅游者安全、便捷和舒适的前提下，选择节省时间和交通费

用支出合理的交通工具。需要注意的是,对于滑雪旅游来讲,不仅要考虑滑雪景区外的交通工具选择,还要关注滑雪景区内的旅游交通,要在安全性得到保障的同时,尽量为旅游者带来更多的便捷性和舒适性。

5. 滑雪活动的参与性

滑雪旅游者对于滑雪旅游活动的参与形式多种多样,而且参与程度也不同。例如,对于中高级滑雪游客来讲,高山滑雪、单板滑雪、雪地摩托、越野滑雪等都是可以参与的项目,滑雪道的选择也可以适当调整;对于初级滑雪旅游者来讲,更多的滑雪相关娱乐活动安排应该是科学的选择,适当调整相关活动的参与度,激发其参与热情。

第四节 滑雪旅游产品开发概况

一、滑雪旅游产品开发概述

(一) 滑雪旅游产品开发概念

滑雪旅游产品开发是滑雪目的地管理者根据市场需求,对滑雪旅游资源、滑雪资源设施、滑雪相关人力资源及滑雪目的地等进行规划、设计、开发、组合,对滑雪旅游者的服务不断完善的活动。滑雪旅游产品的开发并不仅仅是向市场供应新的滑雪旅游产品,也是对当前已有的滑雪旅游产品的完善过程,是为了使滑雪旅游产品满足市场需求及效益积累,实现滑雪旅游资源的高效利用。

(二) 滑雪旅游产品的生命周期

产品生命周期是指一个产品从进入市场到被市场淘汰并退出市场的全部过程。

滑雪旅游产品的生命周期受季节性的影响,根据当地的雪期呈现阶段的周期性变化。这个过程经历早期投入、前期成长、中期成熟、晚期衰退的过程。在投入期,滑雪旅游产品还没有被消费者了解和接受,对滑雪旅游者的接待量少、投入大、经营成本较高。这一时期需要做促销和广告,加之同行竞争，利润小。在成长期，滑雪旅游产品的开发初具规模，设施服务逐渐完善，在市场上拥有一定知名度，广告成本降低，可吸引复购的人群。在成熟期，同类滑雪旅游产品的需求达到饱和，潜在客户数量下降，利润销售量达到最高点。在衰退期，新的滑雪旅游产品进入市场，老产品被逐步替代，滑雪旅游者对老产品的兴趣开始降低，利润迅速减少，甚至出现亏损。

滑雪旅游产品会有一个有限的生命，类似一个 S 形的生命周期。时间长短根据滑雪旅游产品的不同而有不同。在不同的生命周期阶段中，利润高低也不同。在不同阶段的滑雪旅游产品，需要采用不同产品组合的营销策略组合，根据市场需求及时对滑雪旅游产品进行更新换代，以免在开发和改造时受到极大的损失。

（三）滑雪旅游目的地形象

滑雪旅游目的地形象是滑雪旅游目的地对本身的滑雪旅游资源等各种要素进行整合提炼，选择性地向滑雪旅游者传播、对外宣传的代表性形象。从滑雪旅游者的角度，滑雪旅游目的地形象是通过游玩形成的意念集合在心中的反映。在对滑雪旅游目的地形象进行构建时，要充分考虑到目的地形象的资源、个性、文化、价值、利益、特征，提高目的地的知名度，让滑雪旅游者知晓；增加形象美誉度，提高旅游者的好感度；营造情感氛围，让消费者产生旅游冲动。滑雪旅游目的地形象的建设，重在培养滑雪旅游者的忠诚度，吸引旅游者多次进行滑雪旅游活动，达到效益效果。

（四）滑雪旅游产品开发的原则

1. 资源配置，因地制宜，深度开发

以重点滑雪旅游产品为核心，培育滑雪旅游产业链，应充分突出滑雪、避暑资源，针对雪场所在地区文化、历史、环境、娱乐等类型旅游供给，丰富滑雪旅游产品，实现滑雪资源与自然景观、人文景观结合起来，与历史文化、民俗文化、异域风情、节事活动结合起来。在滑雪旅游资源产品开发的过程中，要善于整合资源，充分发挥本地特色资源优势。开发滑雪旅游产品，应根据本地不同的主题、功能、风格，联合周边旅游产品，与当地独特的节庆文化结合，增强产品深度开发。大众对于滑雪旅游还停留在基础阶段，还

要对同类产品项目多样化进行深度开发。

2. 定位精准，明晰需求，特性开发

滑雪旅游产品应以人为本，开发人性化产品，找准定位人群。没有市场需求的滑雪旅游产品会造成资源的浪费和生态环境的破坏。滑雪旅游活动是一项专门性较强的旅游活动，根据不同人群开发不同种类的产品，因此市场定位、明晰市场需求及竞争十分重要。要调查分析市场需求及供给，把握市场需求规模、特点、档次、水平及变化趋势，以高质量、高品位、高适合打造旅游精品，实现市场高占有率、高效益。滑雪旅游产品开发，以市场需求为导向，针对滑雪旅游产品，以体验滑雪或专门滑雪的人群为主。对滑雪旅游产品进行筛选、加工、再创造，可形成有竞争力的旅游产品。

3. 效益原则，整体评估，四季开发

滑雪旅游产品在追求经济效益的同时还需要兼顾社会效益和环境效益。树立效益观念，在设计滑雪旅游产品时评估可行性，认真做投资效益分析，不断提高滑雪目的地和滑雪旅游项目的经济效益、社会效益和环境效益。冬季是滑雪场的高收益期，滑雪旅游季节性明显，冬季滑雪设备在夏季闲置，造成资源浪费。为实现收益的最大化，滑雪旅游目的地的四季旅游是未来的探索方向，开发夏季避暑、山地自行车骑行等休闲度假产品，针对季节的变化，避免旅游淡季，使得滑雪旅游目的地一年四季都具有吸引力。

二、滑雪旅游产品开发的现状

（一）滑雪运动是滑雪旅游产品的主要部分

滑雪旅游中常见的滑雪运动主要有高山滑雪、越野滑雪、单板滑雪、跳台滑雪、自由滑雪等。滑雪旅游产品的开发依据滑雪旅游资源及丰富的滑雪活动文化，逐渐进入大众的视野，并不断吸引体验滑雪、喜爱滑雪的人们投身到滑雪旅游活动中。并且，随着滑雪赛事逐渐进入大家的视野，观看滑雪运动也成为一类独特的滑雪旅游产品。

除了滑雪运动之外，滑雪场会提供雪场救护功能、雪具租赁、滑雪教练员、纪念品购物、专用停车场等产品服务。3S级以上滑雪场还会提供星级以上功能齐全的住宿酒店，拥有大型购物场所，提供生活用品、体育用品、特色旅游产品和纪念品。5S级雪场产品更加丰富，拥有拖挂式观光索道，提供不同级别的滑雪教练员，设有多语言咨询处等。

（二）戏雪、赏雪成为滑雪旅游中常见的娱乐

戏雪项目主要以儿童滑雪乐园、雪圈滑行、雪地摩托、狗拉雪橇等为主，这类戏雪产品针对特定的滑雪旅游目标人群。儿童乐园和雪圈滑行占地面积小、安全系数高、技术容易掌握、设备简单、速度激情与滑雪相类似，深受人们的喜欢。雪地摩托、狗拉雪橇等项目，需要专门的滑雪道，因此，提供此类活动项目的滑雪场较少。很多消费者体验雪中风驰电掣的感觉，成为戏雪的娱乐特色。

赏雪项目主要以步行或缆车观光为主，都市的人们远离喧嚣、寻求安静，在舒适的雪场进行赏雪以陶冶情操、愉悦心情，结伴步行或在缆车上可观赏雪景、雾凇等优美景色。呼吸着寒冷的空气，体验雪景寒冷的魅力，赏雪项目的开发，对增加消费者的停留时间能够起到促进作用。

（三）滑雪旅游产品创新不足

大多数滑雪旅游目的地没有属于自己特色的滑雪旅游产品，产品数量少且形式单一，容易导致自身的吸引力下降。滑雪旅游的季节性决定了滑雪旅游产品开发的周期问题。在度假型产品开发方面的问题主要是：滑雪资源开发不充分，未能达到滑雪旅游者的期待，滑雪旅游者停留时间较短。滑雪者在进行完滑雪活动后，没有其他服务型产品，这些都会影响滑雪旅游者的体验。因此，应增强滑雪旅游目的地的产品创新能力，适应滑雪旅游者的审美及需求，进而提高滑雪旅游目的地的竞争力。

（四）滑雪旅游服务从业人员专业性差异大

滑雪旅游活动是一项体验感特别强的活动。随着2022年北京冬奥会的举办，我国越来越多的人开始了解滑雪，滑雪服务教育主要是指滑雪场提供的教练服务，帮助新体验滑雪的人们快速上雪。服务质量的优劣直接影响到滑雪旅游者的心理，当前从事滑雪旅游服务的人员素质参差不齐，专业化服务缺口较大，滑雪旅游者往往找不到专业的滑雪教练。滑雪旅游服务未达到标

准，滑雪旅游者在活动中，对服务质量的评价也参差不齐。

(五) 配套设施的设计建设不完善

基础配套设施对滑雪旅游者在活动中的体验质量有很大影响。雪道的标准、滑雪旅游目的地客容量管理、缆车安全网等的标准规范、功能区的划分、雪场缆车速度等基础设施的设计合理性、建设完善程度、维护周期，都需要在滑雪旅游产品开发过程中予以考虑。加强基础配套设施的完善，不仅可以提高滑雪旅游目的地的品牌张力，也会提高滑雪旅游者的重游率。

三、滑雪旅游产品开发的内容

滑雪旅游产品的开发一般包括两方面：一是对滑雪旅游目的地的规划与开发；二是对滑雪旅游产品的设计和组合。

(一) 滑雪旅游目的地的规划与开发

1. 滑雪旅游目的地规划概述

在对滑雪旅游目的地进行策划与开发时，要考虑到规划的特点，考虑到滑雪旅游的所有要素，包括供给、需求、营销等。在策划滑雪旅游目的地时，应以目的地为主体对象，再对系统内各相关要素及系统进行调查、评价、分析和研究，制定出全面的、适应性高的、易操作的滑雪旅游目的地开发策略，使系统内各要素相互配合，与外部环境适应，实现目的地开发的效益和可持续发展。

滑雪旅游目的地的规划是具有依赖性的经济活动，需要很多行业系统的支持，这些支持行业除了满足滑雪旅游目的地系统的需要，还要满足自身和其他行业的需求。滑雪旅游目的地的规划不是一成不变的，而是一个动态规划的过程，需要充分掌握市场变化的信息，随着滑雪旅游市场的需求变化，滑雪旅游目的地规划也要适时调整。滑雪旅游目的地规划与开发需要不同层次的系统来进行配合，主要包括滑雪旅游吸引物规划、滑雪旅游基础设施规划及滑雪旅游服务规划等。

2. 滑雪旅游目的地开发概述

滑雪旅游目的地的开发是在促进经济发展的基础上，根据滑雪旅游市场需求及滑雪旅游产品的特征，对滑雪旅游目的地的资源进行整合规划，建设基础设施、完善服务，在一定的地域空间上开展滑雪旅游及相关建设，与其他人文景观、森林景观、冰雪景观等结合，吸引滑雪旅游者停留、活动。

在对滑雪旅游目的地进行开发时，要本着可持续发展的原则，对出色的冰雪景观、森林景观要完整地保护和维护性开发。滑雪旅游目的地在保存原有风光的基础上，因地制宜修筑滑雪、赏雪设施，设置雪道要合理利用天然的坡度。通过采用人工手段来优化雪资源，创造不同的功能分区与景观空间，以吸引滑雪旅游者。

（二）滑雪旅游产品的设计和组合

滑雪旅游产品是滑雪旅游目的地的核心，根据滑雪旅游产品的地域季节性、健身运动性、参与体验性、休闲娱乐性等特点，设计不同规格、不同类型的滑雪旅游产品。要依据滑雪者旅游体验，设计合理性、科学性、针对性、参与性、便捷性和舒适性的滑雪旅游产品。在滑雪旅游产品组合时，要对不同的滑雪旅游产品进行科学的整合，使滑雪旅游产品的结构合理，适应市场需求，以较小的投入获取较大的收益。

1. 滑雪旅游产品的设计

滑雪旅游新产品是滑雪旅游经营者或开发者初次设计生产，或者在原有的产品上进行创新改善，使滑雪旅游产品内容更为丰富，结构更为合理，服务方式更为完善，与原有产品具有差异的产品。滑雪旅游产品一般分为改进型产品、换代型产品、创新型产品、仿制型产品四类。在进行产品开发时，必须对市场需求、环境、风险、政策等进行总结分析，设计出一系列的方案和产品项目。

由于滑雪旅游者的需求复杂多变，滑雪旅游市场的竞争激烈，因此要想保证旺盛的市场活力，必须不断开发新产品以适应市场需求。为了减少滑雪旅游产品开发的风险，必须遵循科学的程序：旅游产品的构思—对大量构思进行筛选—对产品构思的发展及测试—进行商业化分析—将构思转化成产品实体—对产品进行试销—实现产品商品化。构思最主要的是体现独创性，区别于其他产品，产生竞争性。留下具有吸引力的、切实可行的构思，避免时间及成本的浪费，通过评估选出符合目标、投资风险低、经营效果更好的最

第四章 滑雪旅游资源与产品

佳构思。通过对市场进行调研，了解旅游者的期待来印证产品的吸引力。对产品进行商业分析，预测产品在市场中的发展能力及适应能力。在转化为实体产品过程中，进行反复的测试，使产品更加完善。接下来进行小范围的试运营，在产品正式投入市场后，进行标准制定、最终评价并进行适应性调整。

2. 滑雪旅游产品的组合

任何滑雪旅游企业都不可能凭借单一的旅游产品获得稳固的竞争优势，科学、合理地对产品进行组合开发成为滑雪旅游目的地生存和发展的重要一环。通过对不同规格、不同档次和不同类型的滑雪旅游产品进行科学整合，使结构更加合理、适应市场需求，以较小的成本获得较大的收益。滑雪旅游产品组合要遵循有效利用资源、极大满足市场需要、利于行业竞争的原则。

在开发滑雪旅游产品组合时，多样化的需求使组合方式也多种多样，滑雪旅游者的需求变化，也会使组合方式发生变化。旅游产品组合的目标是能够形成竞争力，迅速占领目标市场。因此，市场的信息掌握及定位，对滑雪旅游产品组合具有重要影响。产品组合开发不能停留在当下市场，要有长远的眼光，与滑雪目的地的发展战略相结合，使产品结构科学合理。在产品组合开发时要考虑产品组合的深度、广度和关联度。滑雪旅游产品所包含的项目越多，产品组合程度越深，市场便可以进行细分，满足各类滑雪旅游者的需求。滑雪旅游产品组合越多，广度越广，相对于组合少的滑雪项目，滑雪旅游者的体验越充分。在产品组合时，还要考虑到饮食、交通、景色、娱乐、购物等的一致性。一致性越高，滑雪旅游目的地的形象定位就会越清晰。滑雪旅游产品组合的策略就是对这些产品的广度、深度和差异化进行选择，使组合达到最优的过程。要想提高组合的效益，就要不断优化分析组合结构。通过分析市场占有率和销售状况，适时调整滑雪旅游产品的组合。

本章小结

本章共分为两个部分。第一部分概述滑雪旅游资源，使读者对滑雪旅游资源的概念、内涵、特征、价值、组成有一个全面的认识，随后介绍了国内外滑雪旅游资源开发的相关状况及资源的管理与保护的相关问题。第二部分主要介绍滑雪旅游产品，首先概述了滑雪旅游产品的概念、内涵、特征、价值、分类与构成，之后对滑雪旅游产品开发进行了详细的阐述，其中包括滑雪旅游产品开发的概念及原则、开发现状与内容等。

复习思考题

一、简答题

1. 什么是滑雪旅游资源？如何对滑雪旅游资源进行管理与保护？
2. 简要阐述滑雪旅游资源开发的必要性及其原则。
3. 简要阐述整体滑雪旅游产品与单项滑雪旅游产品之间的关系。
4. 简要阐述滑雪旅游产品开发的概念及其内容。

二、讨论题

结合当前滑雪旅游产品开发的典型案例，阐述该地区滑雪旅游产品开发的现状，并且结合滑雪旅游产品的开发原则提出优化策略。

参考文献

［1］保继刚，楚义芳．旅游地理学（修订版）［M］．北京：高等教育出版社，1999．

［2］刘家明，刘爱利，陈田．滑雪旅游开发布局影响因素与对策研究：以内蒙古自治区滑雪旅游开发为例［J］．地理科学进展，2005（5）：107-114．

［3］王玲．内蒙古冰雪旅游开发研究［D］．上海：上海师范大学，2007．

第五章　滑雪旅游市场营销

- **本章提要**

1. 对滑雪场而言，市场营销是关乎其生存和发展的一项关键性工作。本章将全面介绍滑雪旅游市场营销。

2. 本章将分别对滑雪旅游市场营销的管理、战略、策略、价格策略、分销渠道策略、促销策略这六个方面进行阐述。

第一节　滑雪旅游市场营销管理

对滑雪场而言，市场营销是关乎其生存和发展的一项关键性工作。滑雪旅游市场营销的成功，取决于滑雪场管理者对目标市场的理解和把握。这必然要求滑雪场管理者秉承以消费者为中心的现代营销理念，在充分了解顾客的基础上，制定富有针对性的营销战略和策略，通过达到客户满意来实现自身的营销目标。为此，本节首先就滑雪旅游市场营销管理进行阐述，以明确开展滑雪旅游市场营销的内容及其相互关系；其次，强调以滑雪旅游市场营销环境为基础，讨论如何根据滑雪场实际来制定营销战略和策略。

一、滑雪旅游市场营销管理概念

滑雪旅游市场营销管理是指滑雪场为实现自身经营目标，通过创造、提供高品质的滑雪体验，建立、维持和发展与目标市场之间的互利交换关系，而进行的分析、计划、执行与控制过程。

中国滑雪旅游市场的发展历程及其阶段表明，滑雪旅游市场购买行为，尤其是游客的滑雪需求及游客的期望产品愿景的提高，对滑雪旅游市场发展具有重要影响。因此，应充分认识"需求管理"这一滑雪旅游市场营销管理的本质。由于游客是需求的载体，因此，滑雪旅游市场营销管理实际上就是对游客关系的管理。

诚然，滑雪旅游市场需求的改变必然会引起新一轮的滑雪场竞争，继而导致全国滑雪场行业的重新洗牌。因此，要赢取更多的市场，滑雪场必须建立和维系与游客之间的互惠关系，这既是滑雪旅游市场营销管理的基本目标，也是滑雪旅游市场管理的主要内容。

二、滑雪旅游市场营销管理哲学

滑雪旅游市场营销管理哲学是指滑雪场开展营销活动及其管理的指导思想，表现为一种理念、态度或思维方式，会影响滑雪场对自身、游客和社会三者利益关系的处理能力。

第五章 滑雪旅游市场营销

考虑到滑雪场的经营特点及其对周围环境产生的巨大效应，企业必须在以消费者为中心的现代市场营销观念和社会营销观念之间实现一种"协调"型的平衡。从创造社会财富这一企业根本使命出发，坚持以游客满意度为核心、追求较高营利的现代营销观念是无可非议的。要想赢得宽松的经营环境和实现滑雪场的长期发展，滑雪场也不能忽视对利益相关者和社会整体利益的维护。

三、滑雪旅游市场营销管理流程

要实现营销目标，必须对营销活动进行有效的管理。如图5-1所示，滑雪旅游市场营销活动包括滑雪旅游市场营销环境分析、设定滑雪旅游市场营销目标、制定滑雪旅游市场营销战略、制定滑雪旅游市场营销策略、形成滑雪旅游市场营销计划、实施与控制、评估与修正七个环节。需要说明的是，该图所反映的滑雪旅游市场营销管理流程并不是单次循环，当所处的营销环境发生重大变动时，简单的调控无法解决问题，必须根据变化后的营销环境重启该流程。对这些环节的管理就是滑雪旅游市场营销管理。所有的后续决策必须依据滑雪旅游市场所处的营销环境来制定，尤其是依据市场环境来制定。

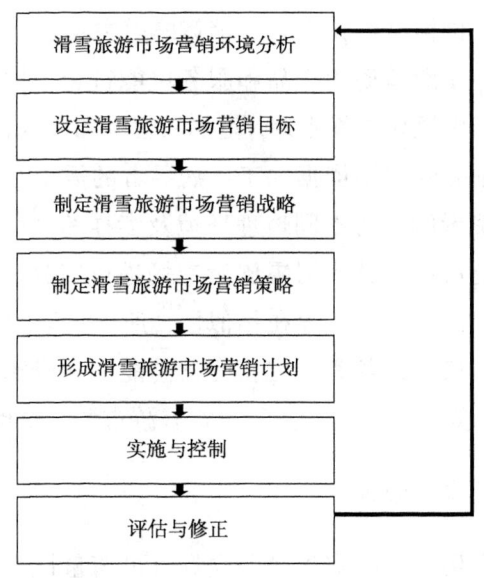

图5-1 滑雪旅游市场营销管理流程

第二节　滑雪旅游市场营销战略

在了解影响游客滑雪动机和目的地选择的因素之后，滑雪场管理者应根据自身的实际情况来制定相应的营销战略。滑雪旅游市场营销战略的制定，关键是准确地找到适合的目标市场和明确的市场定位。

一、滑雪旅游市场细分

市场细分是滑雪旅游市场营销战略制定的前提条件，下面先介绍滑雪旅游市场细分的概念，然后阐明有效市场细分的条件，最后详细列举一些进行滑雪旅游市场细分的方法。

（一）滑雪旅游市场细分的概念

滑雪旅游市场细分是指根据滑雪旅游市场不同消费者的需求特点、购买行为和习惯，将其细分为若干相似的消费群体的过程。即根据影响滑雪需求的明显特征，把滑雪这一产品的整体市场细分为一个个细分市场。然后从产品计划、分销渠道、价格策略，直至促销策略等方面对细分市场采取相应的整套市场营销策略，使滑雪场的产品和服务更能符合不同消费者的需求，从而在各个细分的市场中提高竞争能力，增加销售额和占据较大市场份额。

滑雪旅游市场细分的主要依据在于：购买者的需求和欲望存在广泛的差异，这些差异由消费者所处的不同地理环境及多样的文化、社会、个人和心理特征而形成，因此可以将整个滑雪旅游市场进行细分。同时，不同消费者的需求在具有差异的前提下，还存在相似性，所以可以聚集为不同的具有一定规模的细分市场。最后，各家滑雪场的营销能力和资源是有限的，不可能满足所有细分市场的需求，因此，进行滑雪旅游市场定位也是必要的。

（二）有效市场细分的条件

有效滑雪旅游市场细分的实现，必须具备可衡量性、足量性、可接近性和独特性四个特征，如此才能充分发挥市场细分这一策略对实现滑雪场营销

目标的作用和意义。

1. 可衡量性

可衡量性是指用以细分市场的变量必须是可衡量的,或者说为了将消费者分门别类,滑雪场必须能对购买者的特点和需求加以衡量。如果某些细分变量或购买者的特点很难衡量,这个细分市场的大小就很难测定。一些客观性的变量,如年龄、性别、收入、教育程度、地理位置、民族等,这些易于确定,并且与之相关的信息和统计数据可通过各级统计部门比较容易地获取。相反,一些带有主观性的变量,如心理和性格等方面的细分变量,就相对难以确定。

2. 足量性

足量性是指细分市场的大小和利润值得单独营销的程度,即划分出来的细分市场必须是值得采取单独营销方案的最小单位。这一最小单位应能使滑雪场产生一定的销售额,顺利实现营销目标,且具有一定的可开拓的潜力,以保障滑雪场能按计划获得理想的经济社会效益。

3. 可接近性

可接近性是指滑雪场对细分出来的市场能进行有效促销和分销的程度,或获得该细分市场有关资料的难易程度。这些细分市场的购买者,必须在易于接触和沟通方面具有充分的相似性,以便滑雪场管理者能与这些潜在客户进行有效的接触和沟通。

4. 独特性

独特性是指细分出来的市场必须对市场营销计划具有独特的反应,即用某种特定方法细分出来的各个细分市场,其消费者对滑雪旅游市场营销计划的反应是不同的。如果各个细分市场对滑雪旅游市场的某种营销策略的反应是相同的,也就没有了细分的必要性,自然也不需要在不同的细分市场中实行有差异的市场营销计划。

(三) 滑雪旅游市场细分的方法

如前所述,有效的市场细分不是随便根据什么标准来进行的,也不能按所有影响滑雪需求的因素来划分。我们讨论的是滑雪旅游服务的购买者这一整体市场的细分,因此,这里介绍一些滑雪旅游市场细分的细则及方法,详见表 5-1。

表 5-1 滑雪旅游市场细分的细则及方法

方法	标准	细则
按人口统计变量细分	年龄	儿童市场、青年市场、中年市场、老年市场
	性别	男性市场、女性市场
	收入	高收入市场、中收入市场、低收入市场
	民族	各民族呈现出不同的需求特征
	职业及受教育程度	职业及受教育程度的不同，引发需求差异
按地理状况细分	地理位置	反映为文化和社会价值观的差异
	人口多寡及密度	该地区的人口多寡及密度，决定了营销活动的成本和策略的选择
	气候	影响对滑雪运动的态度和接受能力
按心理特征细分	生活方式	影响人们对娱乐方式的选择
	态度	对持消极、积极和中间态度的滑雪者，滑雪场管理者需要采取不同的营销策略
	利益追求	体现为滑雪动机的不同
按行为细分	使用率	滑雪发烧友、滑雪爱好者、初次滑雪者
	使用情况	经常滑雪者、中断滑雪者、初次滑雪者、潜在滑雪者
	忠诚度	使用者、支持者、倡导者

需要说明的是，在实际运用中，往往不是只采用一种标准进行单层次的细分，更多的是采用多种标准逐级进行多层次的细分，直至达到实行有效细分的条件，充分挖掘有价值和有潜力的细分市场，继而为评价细分市场和选择最有价值的目标市场奠定基础。

二、滑雪目标市场选择

在对滑雪旅游市场进行细分后，我们需要对各个细分市场进行评价，并结合滑雪场的实际情况来选择其中的一个或多个作为自己的目标市场。为此，我们首先介绍滑雪细分市场的评估，接着详细说明滑雪目标市场的选择策略。

（一）滑雪细分市场的评估

评估滑雪细分市场的目的，在于弄清每个细分市场是否具有值得滑雪场进入的各种条件及其程度。因此，在评估旅游滑雪细分市场时，必须采用一套具体的标准。一般来讲，至少应包括以下几点。

1. 规模

细分市场的预期规模是滑雪场决定是否进入的主要因素。若所选择的细分市场过窄，滑雪场就可能达不到预期的销售额和利润；若细分市场过宽，滑雪场就会因营销力量过于分散而不利于有效竞争，有可能导致新增加的销售额和利润不足以弥补增加了的开支。至于什么是适当的规模，这对不同的滑雪场而言是不同的。大型滑雪场一般应选择销售量大的细分市场，小型滑雪场则通常选择一些小的细分市场。

2. 预期增长速度

评价一个滑雪细分市场，不仅要看它现有的规模，还要看它未来的发展状况，一个重要的衡量标准是其预期增长速度。有的市场现在虽然不大，但未来可能会迅速增长。比如，目前我国的家庭滑雪旅游市场的规模较小，中国滑雪爱好者中有一大批消费者，其很可能会成为中国未来滑雪旅游市场的重要组成部分和开展形式。

3. 结构吸引力

所谓结构吸引力，是指评估滑雪细分市场时，不仅要考虑一个细分市场的现有规模和增长速度，还要考虑可能使该细分市场失去利润吸引力的其他因素。目前，这种评估细分市场吸引力的模型是迈克尔·波特的五因素模型，该模型认为影响细分市场盈利有五个主要因素，分别为行业竞争和细分市场内竞争的威胁、潜在进入者和转行的威胁、替代品的威胁、购买者及其相对力量、供应商及其相对力量。

4. 与滑雪场的目标和资源的一致性

这一标准是指滑雪场在对各个细分市场的规模、增长速度、结构吸引力做出评估后，还应逐一将它们与滑雪场的目标和资源背景进行对比检验，明确细分市场与滑雪场长期目标的一致程度。比如，滑雪场常常遇到这样的情况，对于一个似乎很有吸引力的细分市场，如果它不能推动滑雪场朝着既定的长期目标迈进，或滑雪场无法承担开拓成本，或过度分散资源导致现有目标市场的利润额下降，那么这个细分市场也会被管理者放弃。

(二) 滑雪目标市场的选择策略

在对滑雪旅游市场整体进行细分后，可能会得出许多可进入的细分市场。此时，滑雪场管理者需要进一步做出最后的细分决策，即决定选择其中的哪个或哪几个作为自己的目标市场。在实际工作中，一般有以下五种目标市场的选择策略。

1. 密集单一市场

密集单一市场，即滑雪场在众多的细分市场中选择其中的一个作为目标市场。这种策略有较大的潜在风险，如滑雪者的偏好突然发生转变，或有强大的潜在竞争者进入该细分市场，滑雪场可能很容易在短时间内失去市场份额。

但无可争议的是，大量的事实表明，对那些资金有限的小型旅游滑雪场来说，密集单一市场却是一种非常有吸引力的且有效的目标市场选择策略。一般来说，那些选择密集单一市场的滑雪场，可通过建立较强的市场地位、树立鲜明的形象来获取超越行业平均利润的收益。

2. 有选择的专门化

滑雪场管理者也可以选择其中的若干个细分市场作为目标市场来分散风险。所选择的几个细分市场虽然都与滑雪场的目标和资源相适应，但它们之间不必有必然的联系。

比如一些顶级的滑雪场可以同时选择竞技滑雪者、散客滑雪者、家庭滑雪者和滑雪俱乐部作为目标市场，但前提是这些不同的细分市场对滑雪场而言都是有前景和经济效益的市场。

3. 市场专业化

市场专业化，即滑雪场集中提供某一细分市场所需要的各种服务的策略。例如，儿童室内滑雪场只提供少儿滑雪所需要的滑雪设备、装备和趣味性的雪道等，以培养他们对滑雪运动的兴趣和爱好。滑雪场提供一系列专门为这一顾客群体服务的产品，不仅可以获得良好的声誉，还可以打开产品的销路。

第五章　滑雪旅游市场营销

4. 产品专门化

产品专门化，即滑雪场提供适合各类滑雪者需要的产品和服务的策略。例如，一些较大的滑雪场提供初级、中级和高级雪道以及趣味性的雪道，用以满足各类滑雪者的需求。

5. 完全市场覆盖

完全市场覆盖，即滑雪场想用各种产品满足各类顾客群体需要的策略。一个典型的例子就是大型的滑雪度假区，其提供的产品和服务不仅包括滑雪，还包括住宿、餐饮、购物、娱乐活动（游泳馆、棋牌室、夜间篝火等），甚至还包括滑雪服、滑雪机械等装备设施的定制、定做和销售。

三、滑雪旅游市场定位

在确定目标市场后，接下来就面临着市场定位问题。市场定位的关键是树立有别于竞争者的产品或服务形象，并通过有效的宣传和推广使其在目标市场的消费者心中生根发芽，从而获取良好的竞争优势。为此，我们首先给出市场定位的概念，然后介绍滑雪场进行市场定位的一般策略，最后结合不同滑雪场阐述市场定位的宣传和推广。

（一）滑雪旅游市场定位的概念

在选定某一细分市场作为目标市场后，滑雪场应考虑如何为自己的产品在所欲进入的市场中进行有效定位的问题。欲进入的市场往往存在一些捷足先登的竞争者，甚至有的滑雪场已经树立了独特的品牌形象，如此一来，新进入的滑雪场就面临如何使自己的滑雪产品与现有竞争者的产品在市场形象上相区别的问题，这就是市场定位问题。反过来讲，市场定位的实质就是差异化，即有计划地树立本滑雪场有别于竞争者的产品和服务形象，以便目标市场了解和认同本滑雪场的产品与服务。

在信息爆炸的今天，消费者大都被过量的产品和服务信息迷惑，他们不可能在做滑雪目的地选择时对各家滑雪场重新进行评价，为此滑雪者往往会对滑雪场及其产品、进行分类，即将滑雪场及其产品和服务在他们心目中"定个位置"，这种位置是消费者将某家滑雪场及其产品、服务与其他滑雪场相比较而得出的复杂的印象。当然，这一印象的形成过程，也是各家滑雪场应重视和加以引导的过程。滑雪场一旦有了有效的定位，就可使消费者产生深刻的、独特的印象和好感，对滑雪场产品和品牌形成习惯性购买，从而不断巩固和发展滑雪场的市场份额。

(二) 滑雪旅游市场定位的策略

在进行市场定位时，大致有以下六种策略可供选择。到底选择哪一种，滑雪场管理者需要根据所处的市场结构、营销资源和能力、经济社会文化等营销环境进行综合考虑。

(1) 比附定位。比附定位又名攀附名牌，比拟名牌给自己的产品定位，以借助名牌效应来宣传自己的品牌。实际操作中，具体的比附定位方法有三种：其一，甘居"第二"。即明确承认同类滑雪场中另有最负盛名的品牌，自己不过是第二或第三而已。这种策略会使人们对该滑雪场产生一种谦虚诚恳的印象，从而自然而然地记住这个通常不易为人所重视和熟悉的序位。其二，攀龙附凤。该策略首先承认同类滑雪场产品中已存在卓有成就的品牌，本品牌自愧不如，但在本地区或某一个方面却能与这些最受滑雪者欢迎和信赖的品牌并驾齐驱。其三，奉行"高级俱乐部策略"。即借助群体的声望和模糊数字的手段，打出入会限制严格的俱乐部式的高级群体的牌子，强调自己是这一高级群体的一员，从而提高自己的定位形象。

(2) 属性定位。属性定位即根据特定的产品属性来定位。例如，亚布力阳光度假村就把自己的滑雪场定位为"滑雪爱好者的天堂"，以突出对滑雪爱好者尤其是高端滑雪人士的吸引力。

(3) 利益定位。这是根据滑雪场产品所能满足的需求或所提供的利益、解决问题的程度来定位的。例如，趣味性滑雪场定位为"在游戏中滑雪"，越野性滑雪场定位为"体验滑雪的原始魅力"，室内滑雪场定位为"在夏季依然可以享受滑雪乐趣"等。

(4) 与竞争者划定界限的定位。与竞争者划定界限即与某些知名而又司空见惯的产品做出明显的区分，给自己的产品定一个相对的位置。例如，一些滑雪场为了延长经营时间而开发的"滑草"项目，即在非滑雪的季节里，采用特制的工具在草坪上"滑雪"。这种做法，既有利于滑雪场经营范围的扩大，也有利于打造自身独特的形象。

(5) 市场空档定位。市场空档定位即企业寻找市场上尚无人重视或未被竞争者控制的位置,推出的滑雪产品和服务能适应这一潜在目标市场需求的做法。滑雪场管理者在做出该决策时,必须对以下三个方面有足够的把握:其一,提供这种新产品或服务在技术上是可行的;其二,按既定的价格水平,在经济上是可行的;其三,有足够数量的喜欢这种新产品的潜在购买者。比如,在我国东北、西北和西南地区大力发展室外滑雪场、人们的滑雪热情兴起之时,在上海等地却出现了室内滑雪场,虽然规模较小且设施简单,却在当时的市场条件下取得了良好的经济效益。

(6) 质量/价格定位。质量/价格定位即结合质量和价格来定位。滑雪产品和服务的质量及其价格是滑雪者在选择滑雪场时最关注的两个要素,且往往是综合考虑,这与人们经常强调的"物有所值""一分价钱一分货"有相通之处。例如,近郊的小型滑雪场或著名滑雪场周围的小型滑雪场经常采取较低的价格来"分食"客源。

(三) 滑雪旅游市场定位的宣传与推广

在确定产品定位后,只有将这一定位准确地传递给目标市场并使其接受,滑雪旅游市场定位策略的作用才能得以实现。

为有效地宣传和推广市场定位,首先,滑雪场应制作能充分体现并能被滑雪者准确理解的广告标语、广告词、广告片等;其次,结合目标市场的媒体接触习惯和自身的预算情况,选择合适的传媒载体将宣传材料传递给目标客户;再次,对宣传的效果进行评估,发现存在的问题,为后续的调整奠定基础。

需要特别说明的是,上述宣传和推广市场定位的"三步法"不是单行的,需要根据内外部营销环境的变化和具体的传播效果来做出调整,根据需要重复"三步法",直到实现满意的效果。

提出一个好的定位策略远比宣传和推广这一策略要容易得多。因为在滑雪者心中树立一种定位需要旷日持久的努力,而花费多年时间经营起来的定位却可能被毁于一旦。因此,在宣传和推广市场定位的过程中,滑雪场应在产品、销售、服务、促销、人员等方面做好配合和协调,尤其应注意"公关危机"的正确处理。

第三节　滑雪旅游市场营销策略

确定滑雪旅游市场营销战略之后，滑雪场需要制定相应的营销策略，以便贯彻和实现已确定的市场定位。因此，以下从产品组合、价格、分销渠道和促销（即 4P 策略）四个角度，对滑雪旅游市场营销策略进行论述。在实际的运用中，滑雪场管理者应根据实际情况灵活运用这四种策略，即采取营销组合 4P 策略，以达到更好的营销效果。

随着大众滑雪旅游的兴起，市场结构发生了转变，滑雪者的需求在不断提高，非滑雪者也开始成为关注的焦点，所有这些都要求滑雪场必须在产品组合上做出相应的调整，以便使顾客满意。为此，我们先介绍滑雪产品组合的定义和相关概念，然后介绍北美和欧洲等滑雪产业发达地区的产品组合现状，最后对我国滑雪场未来的产品组合新趋势进行展望。

一、滑雪产品组合及相关概念

一个滑雪场不只经营滑雪道，但也不可能提供所有的产品，同时，滑雪场管理者还需要考虑所经营产品之间的相互协调。滑雪产品组合是指滑雪场经营的各种产品，因此，滑雪场要确定经营产品的宽度、深度和产品之间的结构等问题。要研究产品组合，首先须弄清楚以下几个相关的概念。

1. 产品项目

产品项目是指产品目录中列出的每一个明确的产品单位，如一种产品的型号、品种、尺寸、价格、外观等都是产品项目。

2. 产品线

产品线是指一组密切相关的产品项目，用于满足同类需求，如不同等级的滑雪道。

3. 产品组合

产品组合是指滑雪场经营的全部产品线、产品项目的结构及其结合方式，包括宽度、深度和关联性三个变化因素。我们选取某家滑雪场的部分产品组合来进行说明，如图 5-2 所示。

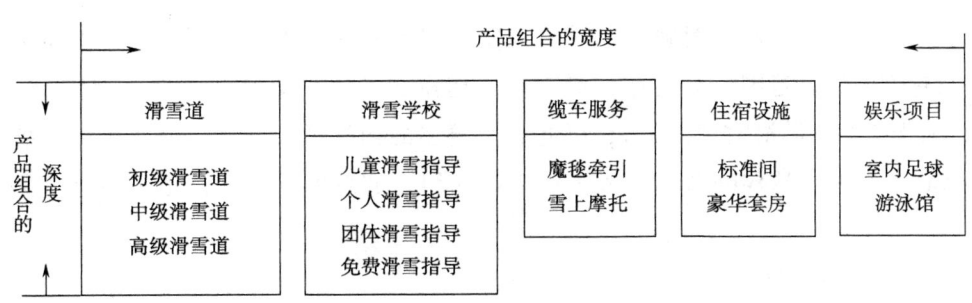

图 5-2 某家滑雪场的部分产品组合

（1）产品组合的宽度。产品组合的宽度是指一个滑雪场所拥有的产品线的数量。如图 5-2 所示，该滑雪场有 5 条产品线，这些产品线反映了该滑雪场产品组合的宽度。

（2）产品组合的深度。产品组合的深度是指每条产品线所含有的产品项目的数量。如图 5-2 所示，滑雪学校这一产品线的产品组合深度是 4，滑雪道的产品组合深度是 3。

（3）产品组合的关联性。产品组合的关联性是一个滑雪场所有产品线之间的相互关联程度。如图 5-2 所示，滑雪道和滑雪学校的关联性较高，滑雪道和住宿设施的关联性较低。

二、北美和欧洲滑雪产品组合现状

以下结合北美和欧洲等滑雪产业发达地区的情况，对滑雪场可能拥有的产品项目、产品线及其组合进行介绍。

1. 滑雪项目

得益于良好的地理位置和气候条件，北美的冬季运动集中于寒冷的美国北部和加拿大。北美大陆的北部可以开展各项冬季运动，包括滑雪和滑冰，但滑雪仍是冬季运动的主要内容。这里的滑雪有很多形式，包括高山滑雪、越野滑雪（在北美也被称为北欧式滑雪）、单板滑雪等。

对各类型的滑雪场而言，滑雪项目是其产品组合的核心，也是滑雪者前来旅游和度假所追求的核心价值。因此，滑雪场管理者应根据前面的市场定位，打造具有独特魅力的滑雪项目。

2. 娱乐滑雪项目

北美的很多连锁度假地为了成为发展完善的冬季主题公园，正在不断扩大它们的经营范围，如滑冰、滑雪橇、狗拉爬犁、雪上汽车、雪上"漂流"（乘坐卡车内胎沿雪坡而下），以此吸引更多的初学者和家庭，进而培育和扩大市场规模。这样的做法扩大了滑雪产品组合的宽度和深度，是一种有意义的尝试。

3. 滑雪学校

要充分体验滑雪运动的魅力，就必须具备相应的滑雪技能，这也是滑雪者实现锻炼身体、获取成就感的必要条件。正因为如此，滑雪指导服务成为大众滑雪旅游者的一项重要需求。如今，北美和欧洲的各滑雪场都联合滑雪学校提供免费的必要指导和收费的专业化培训。

4. 滑雪道及缆车

滑雪运动需要借助地势来完成，缆车自然成为必要的设施，借助它可将滑雪者运往滑雪道的高处。在欧洲，最早创立滑雪公司的是一些缆车运营商。滑雪道是滑雪场为游客提供的重要产品，可以围绕滑雪道来设计多种收入途径，如缆车门票、滑雪器械及其租赁、休息场所及附带的饮食收入等。

5. 饭店、公寓等食宿设施

滑雪度假地多分布在山区或林区，远离城镇，因此饮食和住宿的需求应运而生。众多滑雪场尤其是滑雪度假村纷纷行动起来，在产品组合上拓展宽度，开始建设饭店、公寓等食宿设施。

6. 购物场所

同其他旅游一样，滑雪者需要必要的物资补给，如购买食物、药品、滑雪服装、滑雪设备等，也会对当地的特色产品产生浓厚的兴趣。这些需求自然也就潜藏着巨大的商机。

很多滑雪场在提供必要的物资补给的同时，还会充分利用当地的文化和资源背景，打造独特的产品，如纪念品、文化体验、地方特色产品等，各种购物场所也就应运而生。

7. 房地产项目

北美和欧洲的很多滑雪度假地同时在做房地产项目，中国的部分滑雪场也迈出了这一步。例如，西域置业公司（Intrawest）和拉尔公司不仅销售连排

别墅和公寓,还帮助购买者把他们的房产出租给游客,他们收取一定比例的租金作为管理费。

8. 夏季项目

摆脱对雪季的依赖,提高全年的设施使用率,以实现良性循环,这些一直是滑雪场经营者追逐的目标。为此,很多滑雪场开发了许多适合非滑雪者的夏季项目。比如,美国一些滑雪公司拥有会议中心,开设高尔夫球课程,为游客提供丰富的夏季项目,包括山地自行车、远足和缆椅观景等。

三、中国滑雪产品组合新趋势

无论提供什么样的产品项目,采取什么样的产品组合结构,根本目的都在于追求顾客满意度,使其在滑雪场多做停留,并充分消费。结合中国滑雪产业的现状,未来的滑雪产品组合会呈现以下新趋势,这应引起滑雪场管理者的重视。

1. 对质量和服务的要求不断提高

身在滑雪产业相对落后地区的中国游客,可以很方便地选择去国外的滑雪场体验滑雪运动的独特魅力。相比之下,以国内游客为主要客户的中国滑雪场应想办法把本土游客留住。显然,最重要的一个方法就是缩小与国外优秀滑雪场或度假村的差距,这必然要求国内各类滑雪场不断提高滑雪产品的质量和服务水平。

2. 产品组合的宽度扩大

纵观北美和欧洲滑雪产品组合的现状可以发现,随着我国大众滑雪旅游市场和滑雪产业的日益成熟,中国滑雪场的产品组合也呈现出多样化的趋势,产品组合的宽度不断扩大。

这一趋势要求有实力的滑雪场或度假地率先行动起来,努力成为某些方面的市场开拓者,从而获得良好的经济效益和社会效益。比如,亚布力阳光度假村几年前就开始了自己的房地产项目,做出了有益的尝试。

3. 产品组合的深度加大

产品线中产品项目的数量在增加,这是中国滑雪旅游市场进一步发展的必然结果。随着需求的增加和市场的不断细分,自然会要求滑雪场提供更加人性化、有针对性的产品项目,这会加大产品组合的深度。

4. 品牌扩展时应重视关联度

我国滑雪场在发展的过程中,不能一味地模仿滑雪产业发达地区的产品组合演变历程。一个有益的方向是充分将滑雪运动与地域特色结合起来,努力打造自身独特的市场定位。在这一过程中,滑雪场可以尝试将滑雪运动和地域特色相结合作为品牌扩展时衡量关联度的一个重要标准。

第四节 滑雪旅游市场价格策略

在确定产品组合后,应给予其以相应的价格,为后续的销售奠定基础,同时也作为运用价格策略的前提。结合旅游滑雪产品的特点,这里介绍几种常用的价格策略。

一、价格折扣

为刺激和鼓励一些消费行为,如批量购买、淡季购买等,滑雪场可以对基本价格进行调整,这些方法被称为折扣。

1. 数量折扣

数量折扣是指对那些大批量购买产品的买主降价。比如,当数量达到一定规模的团队旅游,可以在单人价格上予以降价处理。这种数量折扣必须提供给所有顾客,但是不能超过滑雪场大量销售所节省的相应成本。

2. 功能折扣

功能折扣也称为贸易折扣,是由滑雪场提供给那些执行一定贸易职能的分销渠道成员的。滑雪场向旅游公司、酒店、旅行社、航空公司等分销渠道成员提供的功能折扣是不同的,因为他们提供的服务不同。因此,滑雪场必须提供每一类渠道成员相同的功能折扣。

3. 季节折扣

季节折扣是指对淡季购买商品或服务的顾客降低价格。需要说明的是,淡旺季是相对而言的,针对不同滑雪者的滑雪时间长度要求,滑雪场可以根据情况灵活确定淡季与旺季。比如,周末、工作日和法定节日期间,滑雪场可以对价格进行不同的折扣。

二、差别定价

滑雪场应考虑到顾客、产品的不同,进而调整其基本价格。在采用差别定价时,滑雪场通常会使用两种或多种价格销售一项产品或服务,常用的有以下两种形式。

1. 顾客细分定价

即对同一产品或服务,不同的顾客收取不同的价钱。例如,一些滑雪场对滑雪俱乐部收取较低的价格,以鼓励其在本雪场长期滑雪,并带动普通滑雪者参与进来,营造良好的氛围。

2. 产品种类定价

即对同一产品的不同规格、种类制定不同的价格,而不是根据它们的不同成本按比例制定。比如,滑雪场会对不同的滑雪服、滑雪帽、滑雪镜收取不同的价格,而其价格差低于这些产品本身的成本差,即以较小的成本差获取较大的价格收益。

三、促销定价

滑雪场采用促销定价时,常将促销价格定得低于目录价格,甚至低于成本或免费提供。

1. 牺牲品定价

即把少数产品作为牺牲品来定价,以吸引顾客消费,并希望他们能同时购买另外的正常价格的商品。滑雪运动的实现需要很多商品和服务,它们之间具有很强的互补性,所以适时采取这样的定价策略是可行的。比如,在雪季开始时,滑雪场可以将滑雪服、滑雪杖、滑雪板等作为牺牲品来定价(即不收取租赁费用),以此来吸引滑雪者。

2. 大特卖定价

即在某些特定的时间和场合、某种特定的节日或某个重大的社会活动日,将价格做大幅度的削减,以吸引大量的顾客。需要提醒的是,这种特别重大的事件必须是一种难得的机会,否则就会失去效果,甚至会影响正常的业务。

比如,很多滑雪场都有自己的滑雪节,此时采用大特卖定价策略是可行的,它可以帮助滑雪场营造良好的节日气氛,树立回馈顾客的形象,实现较好的宣传效果，并获取不错的经济收益。

第五节　滑雪旅游市场分销渠道策略

滑雪场在有了产品组合、确立了价格之后，要通过一定的销售渠道将其产品卖出去。这要求滑雪场建立高效的销售渠道，从而实现滑雪场产品的有效分销。为此，我们首先介绍滑雪旅游市场分销渠道的定义及相关概念，然后探讨分销渠道类型的选择和建设。

一、滑雪旅游市场分销渠道的定义及相关概念

1. 滑雪旅游市场分销渠道的定义

滑雪旅游市场分销渠道是指滑雪产品从滑雪场流通到消费者手上的全过程中所经历的各个环节之和，也是分销过程中各项功能的承担者的集合。滑雪场和消费者分别处于分销渠道的两个端点，是产品的提供者和接收者。

2. 滑雪旅游市场分销渠道的中间商

滑雪产品在向消费者流通的过程中，大多需要经历批发、零售等环节，参与其中的中间力量是批发商、零售商、代理商等。这些机构处于流通流域，帮助滑雪场实现产品从滑雪场到消费者之间的信息沟通、所有权转移和实物转移等功能，因此，又被称为中间商。就滑雪产业而言，滑雪旅游市场分销渠道的中间商通常包括旅行社、酒店、航空公司或其他被委托的销售代理机构等。

3. 滑雪旅游市场分销渠道的类型

按照中间商数量的多少，可以将滑雪旅游市场分销渠道分为直接渠道和间接渠道两种。直接渠道，即不假中间商之手，由滑雪场直接面向消费者来实现产品和服务的销售；间接渠道，即滑雪场借助中间商来分担销售功能，从而实现产品的分销。

二、滑雪旅游市场分销渠道类型的选择与建设

中国的滑雪产业尚处于初级发展阶段，成熟的规模市场尚未形成。在整个滑雪旅游市场中，初级滑雪者占主要部分，所以，滑雪场在建设自己的滑

雪旅游市场分销渠道时，应充分考虑这一市场背景，可从以下方面做一些尝试。

1. 以间接销售渠道为主

我国的滑雪场在建设销售渠道时，应以间接渠道为主，这是由初级滑雪者占主体的市场结构决定的。为此，各家滑雪场应充分发挥旅行社、酒店、住宿机构、交通运输机构的分销功能，必要时可以在重点地区委托或设立专门的销售机构。

2. 建立针对高端市场的销售渠道

我国的滑雪场虽然处于相对落后的阶段，但一部分滑雪者有充分的机会且已领略到了高端滑雪场的优质服务，这一细分市场是中国滑雪产业的风向标和重要的利润来源。滑雪场可以通过关系营销来建立长久的互惠互利联系，一个可行的方法是成立专门的俱乐部性质的机构来对这一重点市场进行管理。

3. 充分发挥滑雪俱乐部的营销作用

除了高端市场外，在我国滑雪旅游市场不断成熟的过程中，产生了规模可观的滑雪者群体。他们实现了从初学者到爱好者的转变，并自发形成了一个个小型俱乐部。虽然目前全国各地的滑雪俱乐部的个体规模小且分散，但是若滑雪场对其加以引导，在价格、活动支持等方面给予助力，我们相信这些"星星之火"必有"燎原"的时候。

4. 重视学生市场

现阶段，培育市场仍然是我国滑雪旅游市场营销管理中的一项重要活动。考虑到学生，尤其是大中专院校学生的生理心理特点、时间安排和经济状况，滑雪场可以从这一细分市场切入。为此，可以成立针对性的机构，或者在销售过程中给予特殊的政策来鼓励和引导这一细分市场。这既是对市场空档的填补，也是为未来滑雪旅游市场的扩大培育忠实的顾客。

第六节　滑雪旅游市场促销策略

滑雪旅游市场促销是滑雪场向人们传递自己的产品、服务、形象和理念，说服和提醒他们信任、支持和关注滑雪场的一种沟通形式，可采用的方式一般包括广告、人员推销、营业推广和公关关系等。下面我们分别对各种方式的运用策略进行说明。为充分实现促销的目的，滑雪场应采取促销组合策略，即将广告、人员推销、营业推广和公关关系中的多种方式结合起来，共同促进某一产品的销售。

一、滑雪旅游市场广告策略

广告是滑雪场作为广告节目资助人，通过大众媒体将自己的产品、服务、形象和理念与目标市场进行付费的、非人员的一种单向沟通形式，包括信息和媒体两个组成部分。从传播学的角度来看，广告要取得良好的效果，必须在信息制作和媒体选择两方面做精心设计和策划。

1. 滑雪旅游市场广告信息的确定

滑雪的核心价值是令人愉快、令人着迷、独立和自由的感觉，是山脉的壮观和滑雪过后回味到的难以置信的高度和由此产生的成就感等。这只有通过滑雪产生的兴奋感来体现，然而，滑雪产业各部门似乎很难在营销过程中还原滑雪所带来的兴奋感，所以滑雪场在确定广告信息前，面临着如何塑造滑雪本质形象的问题。显然，为实现促销效果，滑雪场需要创造出滑雪的"神奇"，并通过符合信息时代的语言和形象把这种神奇传递给目标市场。

当下，中国旅游滑雪的广告信息，既不强调滑雪的危险性，也不重视它给人们带来的精神上的感受。尤其是对于广大的潜在滑雪者，当提到滑雪时他们会感到不安，体会不到滑雪能带来的激励性的鼓舞，而学习滑雪的困难也使他们感受不到滑雪水平提高后的成就感，这是一个急需解决的问题。

花费问题也是一个重要的阻碍性因素。实际上，有一种比降低滑雪花费更有效的方法，即在广告信息中同时传递两个方面的内容：其一，要声明滑雪运动是一项相对较昂贵的运动；其二，它所带来的感受是与花费相对应的。当然，制作广告时，应结合滑雪场的实际情况来体现滑雪这一运动的核心价值，并打上本身的独特烙印。

另外，滑雪场还应在信息的传播工具和方法上精心选择。其一，充分借助多媒体时代特点，采用视频作为传播工具来展现滑雪的核心价值；其二，将滑雪与其他产品联系起来，以体现滑雪带来的兴奋感。以迪士尼为例，当其尝试塑造一个兴奋、冒险和危险的形象时，它选择了滑雪。在佛罗里达州

第五章 滑雪旅游市场营销

迪士尼的暴风雪滩上,有山峰、白雪、暖和的小屋和缆椅,所有这些都是为了营造氛围,同时也体现了滑雪的魅力。当然,中国的滑雪场管理者在运用这种表现方法时,可以尝试跟当地的地域文化相结合,借用一些当地独特的事物来表现滑雪的魅力。

2. 滑雪旅游市场广告媒体的选择

在确定广告信息后,滑雪场应选择合适的传播媒介将其传递出去。常用的广告媒体有报纸、杂志、电视、广播、互联网、户外媒介等,滑雪场可以根据目标市场的媒体选择习惯来进行决策。

滑雪场应充分利用电视来传递广告信息。消费者对滑雪场的兴趣很大程度上源于滑雪比赛,尤其是电视节目中的偶像和明星会激起滑雪爱好者的滑雪欲望。虽然滑雪不是一项全民运动,但是英国滑雪企业依然在尽力掌控电视媒体。一定要把滑雪运动的最好形象展示给英国的潜在滑雪者,以克服他们所认为的障碍性因素。比如,英国的非滑雪者认为滑雪是一项危险的运动。英国滑雪企业通过播放英国滑雪与滑雪板联合会首席医学家米歇尔·特纳博士的研究成果,向人们证明他们的担心是错误的。最危险的运动项目是橄榄球,受伤率是 9.57%,而滑雪的受伤率仅为 0.26%,与乒乓球运动员的受伤率差不多。

互联网是一个重要的传播媒介。国外滑雪产业发达地区的滑雪场都有自己的网站,人们可以在上面获取翔实的信息,包括滑雪场开放时间、多种形式的视频,并能与滑雪场实现及时沟通和预订等相关服务。

我国在滑雪专项电视节目和滑雪场网站的打造和建立方面还有很长的路要走。当下,我国数字电视和节目定制服务的日益普及,已经提供了必要的外在基础。

二、滑雪旅游市场人员推销策略

滑雪旅游市场人员推销主要是为了实现交易。滑雪场派人员通过口头介绍的方式向一个或多个潜在顾客进行面对面的沟通,一般包括上门推销、柜台推销和会议推销三种形式。

根据我国滑雪产业发展现状,现阶段一种比较高效的人员推销方式是采用会议推销的形式,可以通过各种专业性的展会来实现与消费者和中间商的沟通。北美每年都有很多专业的和公众的展会,介绍滑雪、造雪设备和宣传滑雪区,如每年举办的多伦多滑雪展、单板滑雪及旅行展。每年都有超过200家冬季运动设备制造企业和服务供应商参展,同时参展的还有100多家滑雪场和滑雪度假区。我国目前还缺乏专门性的有显著影响力的滑雪展会,有待进一步发挥该推销形式的作用。

三、滑雪旅游市场营业推广策略

滑雪旅游市场营业推广是指滑雪场利用某些短期的诱导利益来刺激人们购买商品或服务的一整套方法和手段,刺激的对象包括消费者、中间商和销售人员三类。与广告和人员推销相配合,营业推广既能给最终的滑雪者带来价值,也能给中间商和滑雪场销售人员提供某些额外价值,以刺激他们采取行动来更加卖力地帮助滑雪场实现市场营销目标。

对滑雪产品而言,常采用的营业推广方式有免费体验、优惠券以及前面介绍过的促销定价,当然还有刺激销售人员常采用的培训机会、职位提升和物质奖励等。其优点是短期效果明显,因此只能作为一种辅助性的手段,若长期使用也就失去了刺激效果,甚至会使顾客对滑雪场产品的价值和质量产生怀疑。

四、滑雪旅游市场公共关系策略

滑雪场的经营活动会对所在地的土壤、地表植被、地下水和大气环境产生负面的影响,这已是被证实的一个事实,相关的污染也日益受到公众和政府的注意。虽然目前它并不是妨碍人们滑雪的主要因素,但滑雪场管理者有理由也有必要与所在社区或地区居民、社会团体、地区政府、媒体等利益相关者建立良好的、宽松的沟通和传播关系。为实现这一目的,滑雪场管理者可以采用公共关系活动这一促销策略。

所谓公共关系,是指滑雪场为了改善与社会公众的关系,促进公众对滑雪场的认识、理解和支持,达到树立组织形象、促进产品销售目的的一系列公共活动。常用的公共关系活动形式包括新闻发布会、庆典型公关活动、展示型公关活动、交际型公关活动等。

第五章　滑雪旅游市场营销

本章小结

本章重点介绍了滑雪旅游市场营销相关内容，结合营销组合理论，分别从滑雪旅游市场营销的管理、战略、策略、价格策略、分销渠道策略、促销策略这六个方面进行了相关阐述。

复习思考题

简答题

1. 简述滑雪旅游市场营销与旅游市场营销的联系与区别。
2. 试举例说明滑雪旅游市场营销具有哪些独特之处。
3. 移动互联网时代，滑雪旅游市场营销有哪些显著的变化？

◆ 参考文献 ◆

［1］郭国庆.市场营销学通论［M］.北京：中国人民大学出版社，2011.

［2］海燕.基于消费者行为的乌鲁木齐滑雪旅游市场营销策略研究［D］.乌鲁木齐：新疆大学，2020.

［3］李雅平.基于游客体验的滑雪旅游市场营销策略研究［D］.北京：中央民族大学，2019.

［4］刘惟.滑雪体育产业整合营销传播策略的实证研究［D］.北京：北京体育大学，2013.

［5］裴艳琳.滑雪体育旅游市场营销策略的实证研究［D］.上海：复旦大学，2010.

［6］张玉.基于消费者行为的济南滑雪旅游市场营销策略研究［D］.济南：山东师范大学，2014.

第六章　滑雪旅游目的地

- **本章提要**

1. 本章介绍了滑雪旅游目的地，包括滑雪旅游目的地的基本概念、滑雪旅游目的地形象、滑雪旅游目的地生命周期的划分和各阶段特点，以及影响滑雪旅游目的地的三类因素。

2. 本章对滑雪旅游目的地类型进行了划分，以便更全面地认识和了解滑雪旅游目的地。

3. 本章对滑雪旅游目的地的产品和服务进行梳理，介绍滑雪旅游目的地产品的概念、特点和种类，以及滑雪旅游目的地服务的概念和种类。

第六章 滑雪旅游目的地

第一节 滑雪旅游目的地概述

一、滑雪旅游目的地的基本概念

Cooper 等（2007）认为目的地是提供设施和服务的集中地，能够满足旅游者的需求。Pearce（2001）提出旅游目的地是一个地方所有产品和服务的集合体。魏小安（2002）提出旅游目的地是能够使旅游者产生旅游动机，并追求旅游动机实现的各类空间要素的总和。空间是地域的概念，没有空间概念的事物只能称之为旅游吸引物。能够称为旅游目的地的空间至少是一个中尺度的空间，成为旅游目的地必须具有三个层次的要素：各类吸引物组成的有形和无形的、物质的和非物质的旅游吸引要素，旅游综合服务要素，作为旅游目的地发展条件的环境要素。旅游目的地一般以城市或相对独立的大规模景区或接待区形式出现。

滑雪旅游目的地是指在一定的空间地理范围内，各类滑雪旅游吸引物（包括作为核心旅游资源的滑雪场、滑雪专用设施、旅游服务设施、基础设施，以及其他条件）的有机结合，能够满足旅游者的滑雪旅游需求及其在目的地停留期间的休闲、度假、生活等各种其他需要。

滑雪旅游目的地的存在必须满足一定条件：①具备滑雪场地这一能使游客产生滑雪旅游动机的核心吸引物，吸引游客并最终做出出游决定；②具备健全的服务设施、专业的服务人员、良好的目的地环境等，包括食、住、行、游、购、娱等，从而能够满足游客个性出行的需求以及在停留时间内的生活所需；③具有区域管理和协调机构，能对旅游目的地的发展规划做出决策，维系目的地持续发展的旅游环境；④经过营销和推广，能形成一定的滑雪旅游市场形象。

二、滑雪旅游目的地形象

(一) 滑雪旅游目的地形象表述

1. 文字表述

从狭义来说，滑雪旅游目的地的形象就是消费者对滑雪区域的直观认知和印象，有别于其他类型的旅游目的地，是包括视觉感知、知觉感知、听觉感知、触觉感知的信息总和。从广义来说，滑雪旅游目的地的形象是大众对滑雪旅游目的地的综合感知的体现。滑雪旅游目的地形象不仅包括滑雪旅游间接要素，如住宿、交通、基础设施、公共服务等，还包括可以用文字、语言和形态等表达的多种要素。塑造、设计独特的滑雪旅游目的地形象是目的地营销的核心，并且有一定的指标相对应，见表6-1。

表6-1 滑雪旅游目的地形象的指标

序号	指标
1	自然风光（四季、主冬季）
2	冰雪资源（雪质、雪量）
3	山地形态（多变）
4	气候天气（温度适宜并非寒冷、能见度、夏避暑）
5	基础设施（雪道、索道缆车、滑雪器材）
6	交通便利度（离市区较近，到达雪场便利）
7	项目丰富程度（冬季项目）
8	价格（门票、雪具、项目、住宿、餐饮）
9	住宿条件（酒店、民宿）
10	餐饮（滑雪场及附近）
11	附近景点（互补、交通）
12	服务人员素质（官网、现场）
13	夏季经营（避暑、四季项目）
14	安全救援保障（设施、人员）
15	教练员专业度（专业知识、服务）

第六章 滑雪旅游目的地

续表

序号	指标
16	商业生活（购物便利）
17	清洁卫生（场地环境）
18	节庆活动（赛事、民俗节庆、创新活动）
19	网上预订（票务信息）
20	其他

2. 图像表述

滑雪旅游目的地形象可以通过标识以视觉传达，在旅游者脑海形成直观印象，从而激发旅游者的兴趣。通过滑雪旅游目的地的形象标识设计和推广，将滑雪旅游目的地的自然人文、产业形态、独特旅游资源等地域特色元素和发展定位以鲜明的形象展现在游客面前。我国几大主要滑雪旅游目的地的标识以具象或抽象的图示和文字构成体现滑雪特色的基本形象，见表6-2。

表6-2 我国主要滑雪旅游目的地形象的标识

标识	说　　明
	2022年北京冬奥会雪上项目举办地崇礼的城市标识：以崇礼春赏花、夏避暑、秋观景、冬滑雪的四大特点为重心，以雪山、雪绒花、长城、绿野和雪道为设计元素。标识整体呈现了崇礼四季分明的风貌特色，既是滑雪旅游的理想之地，也是夏季户外休闲的旅游胜地
	张家口崇礼万龙度假天堂的标识：简洁，直接体现了龙、雪花、雪道的元素
	哈尔滨亚布力滑雪旅游度假区的标识：绿山、雪道、雪花、缆车、双板的元素结合
	新疆阿勒泰将军山旅游滑雪场的标识：将军的头盔和雪道的元素组合

· 167 ·

续表

标识	说 明
BDH	北大壶滑雪场的标识：拼音首字母和雪山元素的结合
丝绸之路国际度假区 Silkroad Resort	新疆丝绸之路国际度假区的标识：主要以文字表明了景区定位

(二) 滑雪旅游目的地形象的类型

1. 自然形象

从广义来说，自然资源是滑雪旅游目的地的自然形象，由山地状况和生态环境、气象特征构成，是目的地旅游竞争力存在和发展的最基本保障因素。

(1) 旅游资源。从宏观来看，由气候和地形两大要素构成滑雪旅游目的地的旅游资源。对于滑雪旅游资源的技术性评估，美国土地管理局选取七个资源因素表述，见表4-1。海拔高度和坡度是地形因子的两个要素，气候资源的因素有雪季时长、积雪深度、干雪保留时间，以及温度和风力。滑雪旅游目的地的旅游时间取决于雪季长短，积雪深度、温度和风力决定了滑雪旅游目的地的雪资源规模和丰度，适中的海拔和坡度适合大众滑雪旅游，吸引更多游客。生态环境也是重要指标，对区域内的景观和气象有一定的影响，容易形成小气候。我国对滑雪旅游目的地的宏观定位是"四个标度"，即纬度、海拔高度、气象温度和雪丰度；微观定位"六个度"分别是雪道坡度、长度、宽度、梯度、弧度（弯度）和舒适度。

(2) 区位资源。滑雪旅游目的地的区位资源一般包含所在区域的经济发展情况、交通状况和地理位置。区域经济发展情况包括居民的生活消费水平、消费价格、收入支配等因素；交通状况和地理位置是指滑雪旅游目的地本身与客源输出地的距离、方式以及内部交通便捷度。现在的滑雪旅游目的地分为浅山资源和深山资源，主要以山地与人类居住区的距离进行分界。

2. 人工形象

滑雪旅游目的地的人工形象主要体现在人造资源、设施资源、人文资源

第六章 滑雪旅游目的地

和市场资源等方面。

（1）人造资源。建设滑雪旅游目的地必然要开发滑雪场，其中涉及扩建场地砍伐树木，利用水资源人工造雪，对土地的使用、道路建设、水电保障、配套产业和基础设施等方面的规划与发展都需要人工修建工程实现。比如，造型独特的服务大楼、特殊的雪道、跳台等人工建设的建筑物或痕迹形成新的资源形态。

（2）设施资源。滑雪旅游目的地要有水电、住宿、餐饮、交通等先进完备的基础设施设备，满足旅游者的生活和旅游需求，全面成为一个有接待能力和吸引能力的空间，以此有别于其他目的地吸引人们。比如，山顶餐厅，观光索道，造雪、滑雪设备及传媒技术等高新技术。

（3）人文资源。影响滑雪旅游目的地的人文资源包括目的地当地历史性人文资源、民族性人文资源、民俗性人文资源、时尚性人文资源或者多种资源的组合，可以对游客展示体验，如地方餐饮、地方戏曲、传说等。

（4）市场资源。市场资源包括营销能力、接待能力和承载力。营销能力体现了滑雪旅游目的地扩大市场和销售的能力；接待能力决定着滑雪旅游目的地的容量和承载力；滑雪者在目的地选择和体验各类滑雪设施时，雪道的安全区域是构成滑雪目的地安全容量和承载力的核心所在。

（三）滑雪旅游目的地形象的设计

1. 设计原则

滑雪旅游目的地形象的设计应当遵循以下原则。

（1）突出独特性的原则。突出滑雪旅游目的地本身原有的特征，并有意识地保护和增强。例如，突出民族和地方特点，也是突出了自身的独特性。

（2）综合设计的原则。注重自身形象的同时，对其他旅游资源进行开发，多方面充分挖掘旅游目的地，通过对滑雪旅游目的地本身及社会公众心理需要的了解，开发、设计鲜明特色的目的地形象，更好地向社会公众展示和宣传。

（3）符合经济性的原则。滑雪旅游目的地形象的设计要符合当地社会经济的发展需要。根据目的地的经济实力和投资效益，不盲目跟风设计。

（4）注重环境与生态保护的原则。为配合滑雪旅游目的地形象的建立，要在自然资源的基础上再次开发，注重对旅游资源环境的保护，对今后的旅游目的地的发展有重大意义。

2. 设计目的

全面分析滑雪旅游目的地进行针对性形象设计，发掘最佳定位，细分市场，识别出自身的优势，提高竞争力。把握滑雪旅游目的地竞争力影响因素，设计良好的目的地形象，对提高滑雪旅游目的地的吸引力、影响潜在旅客的决策、增加旅客数量、促进冰雪体育旅游发展具有重要的意义。

3. 设计方式

从滑雪旅游目的地自身情况出发，对目的地形象塑造进行深入研究。通过分析滑雪旅游目的地的滑雪旅游客户群定位、消费需求倾向、旅游发展态势等相关的消费市场需求，进行滑雪市场细分定位，根据服务特色、市场资源、竞争策略等定位，制定目标市场策略方案，定位切入点形象设计，制定形象组合方案，设计挖掘创新针对性的形象，并进行市场营销和推广，吸引更多人参与目的地滑雪旅游。

三、滑雪旅游目的地生命周期

旅游目的地生命周期理论是由巴特勒（Butler）于1980年率先提出的，这一理论详细描述了旅游目的地从开始、发展、成熟到衰退的生命周期变化规律。巴特勒认为旅游目的地发展演化经过六个阶段：探索阶段、起步阶段、发展阶段、巩固阶段、停滞阶段、衰落或复苏阶段。滑雪旅游目的地的生命周期同样经过这六个阶段的变化。

（一）探索阶段

探索阶段是滑雪旅游目的地发展的初始阶段，此时的旅游目的地只有零散的游客或滑雪爱好者在有天然积雪的山坡上开展滑雪活动，很少或几乎没有可供旅游服务的基础设施，自然环境和社会环境还没有因旅游的产生而发生变化。1997年，我国位于张家口崇礼区的第一家民营滑雪场——塞北滑雪场开业，初建成时的塞北滑雪场规模较小，只有300米长的滑雪道，没有缆车和拖牵，滑雪者靠的是徒步、马拉爬犁或皮卡车爬升至山坡上，没有造雪设备，也没有旅游服务设施。

第六章 滑雪旅游目的地

(二) 起步阶段

随着滑雪旅游者人数增加和滑雪旅游活动逐渐变得有规律，旅游市场范围可以被初步界定出来。旅游接待量迅速增长，有组织的旅游开始出现，对旅游服务的投资开始出现，滑雪场、旅馆等旅游机构增加。当地公共部门开始建设一些简单的设施，旅游设施和交通状况得到改善，旅游地开始进行宣传营销活动。以塞北滑雪场为例，随着滑雪游客的增加，塞北滑雪场增加投资，扩大规模，增加滑雪和旅游服务设施，开辟多条适于初、中、高级不同滑雪者水平的滑雪道，总长度近 7 000 米，另外还建有儿童滑雪区、灯光滑雪区、跳台滑雪区，以及滑雪圈道、雪橇道、越野滑雪道等，配备了滑雪索道、造雪机、雪地摩托车、扬雪机等雪场设备。在接待设施方面，建有旅社、餐厅，可供 300 余人住宿和就餐，配有歌舞厅、棋牌室、录像厅等为游客提供休闲娱乐活动。

(三) 发展阶段

在大量广告和滑雪旅游者的宣传下，成熟的滑雪旅游市场已经形成，外来投资骤增，当地居民提供的简陋食宿设施逐渐被那些规模大、现代化的设施取代，滑雪旅游目的地的自然面貌已有比较显著的改变。继塞北滑雪场之后，2003 年，北京好利来与崇礼签订了 16 亿元的滑雪旅游建设项目，随后万龙旅游运动有限公司、多乐美地、密苑云顶等滑雪度假区项目相继开始投资兴建。截至 2018 年，崇礼境内总计有 133 条雪道，雪道总长度 136.6 公里，在 2019 年的春节旅游高峰期，全区滑雪旅游总计 17 494 人次，崇礼滑雪旅游进入高速发展阶段。

(四) 巩固阶段

游客增长速度明显减缓，但游客量仍将继续增加并超过当地常住居民数量。旅游目的地的大部分经济活动与旅游业紧密联系在一起，为了扩大市场范围，要开展广泛的广告宣传，不断探索滑雪旅游目的地的四季经营策略。

(五) 停滞阶段

在这个阶段游客量达到最大值，旅游环境容量已趋饱和，环境、社会和经济问题随之而来。旅游目的地在游客中建立起的良好形象已不再显著，滑雪旅游市场很大程度上依赖于重游游客、滑雪者、会议游客等。接待设施不足，客房出租率降低，保持游客规模需要付出大量的努力和成本。根据《2019全球滑雪市场报告》可知，近年来欧洲、北美、日韩等传统的滑雪旅游目的地的游客接待量几乎停滞不前，即使是2018年的冬奥会也没有给韩国的滑雪旅游业带来积极的推动，滑雪度假区的游客数量仍在持续下降。

（六）衰落或复苏阶段

在衰落阶段，滑雪旅游目的地市场无论是吸引范围还是游客量都已不能和新的对手相竞争。随着旅游业的衰退，房地产转卖率很高，旅游设施逐渐被其他设施取代。滑雪旅游目的地良好的设施和优美的环境无疑对常住居民尤其是老年人有着吸引力，宾馆可能成为公寓、疗养院或老年人的退休居所，原来的旅游目的地最终可能会完全丧失旅游功能。与此同时，滑雪旅游目的地也可能进入复苏阶段，但必须要通过增加旅游吸引物或开发新的自然资源来使旅游目的地的旅游吸引物发生根本的变化。

四、滑雪旅游目的地竞争力

滑雪旅游目的地竞争力是指不同区域或者不同雪场，在滑雪场的资源核心要素、相关基础设施和环境支持等竞争对象上呈现出的优于其他区域或雪场的综合优势，其表现形式为具有共同目标市场的滑雪旅游目的地之间市场占有率的大小和旅游收入的高低。

滑雪旅游目的地竞争力的构成可以从三个层次来分析：首先是决定因素，包括旅游核心资源、旅游目的地设施设备、旅游服务质量，以及旅游目的地形象和地理位置等起决定性作用的因素；其次是辅助因素，包括资金条件、人力资源条件、市场营销水平和行业因素，这些因素是辅助、支持决定因素发挥效用；最后是保障因素，即自然环境、政府政策、区域经济及社区居民态度等外在环境支持和保障。

（一）决定因素

1. 旅游核心资源

旅游核心资源是旅游地（包括滑雪旅游目的地）赖以生存和发展的首要

第六章 滑雪旅游目的地

条件,是旅游业发展的本源和依托。滑雪旅游资源有以下特征:

(1) 季节性。地球上大部分中高纬度地区气候的时间性、周期性变化都较明显。由于雪资源主要分布在中高纬度地区严寒的冬季,具有明显的季节性,因而导致了滑雪旅游存在明显的淡旺季。

(2) 地域性。由于雪资源的形成和存在受地理环境的制约和影响,因此雪资源主要分布在地球两极及中高纬度地区,具有明显的地域性。在我国,雪资源主要分布在东北、华北和西北地区,特别是在东北地区分布较广泛,为开发冰雪旅游创造了有利的资源条件。

(3) 资源规模的限定性。在目前的科学技术水平下,人类还不能够影响地球大气运行规律,也就不能够影响地球上冰雪资源的总体状况,包括地域分布、时间变化、规模总量等。所以,无论从总体上还是从地域上讲,冰雪资源都是有限的,在一定的周期内是不可再生的。

(4) 有限的可再生性。由于雪资源在特定的温度、湿度条件下才能形成,因此在现有的科学技术水平下,人类可以通过模拟环境条件实现小规模、有限地再生一部分雪资源,但同大自然形成的资源规模相比微乎其微。雪资源总体规模是有限的,虽可再生,也只是有条件的、有限的再生。

这几大特点使得滑雪旅游目的地自身的旅游资源在其竞争力构成要素中占有更为突出和重要的地位。滑雪旅游目的地核心资源主要是指滑雪场地,评价指标包括雪质、降雪量、雪道面积、雪道总数、雪道总长、高级雪道数量等。

2. 旅游目的地设施设备

良好的设施设备是滑雪旅游目的地形成竞争力的重要因素。即便一个滑雪旅游目的地资源再好,如果附属设施不健全或者落后,也会给旅游者带来不便和遗憾。滑雪旅游目的地的设施设备包括造雪机、架空索道、魔毯和拖牵等滑雪服务设施,以及停车泊位、住宿接待、教练员、可租赁雪板和雪服、商业街等相关配套设施。目前,国内许多滑雪场的基础设施、雪道及相关配套设施还不完善,滑雪设备比较落后。有相当一部分大众滑雪场资源配置单一、设施陈旧、功能不全、经费短缺,滑雪器材都是靠进口,索道太少,缺乏造雪、压雪设备及雪上摩托等现代化工具,影响了大众滑雪运动的发展。因此,先进的设备设施是提高滑雪旅游目的地竞争力的必要因素。

· 173 ·

3. 旅游服务质量

旅游服务质量对旅游目的地的发展起着举足轻重的作用。旅游产品的一个典型特点是其生产和消费的同时性，也就是说旅游目的地在向旅游者提供产品的同时，旅游者也在同步消费，这一特性决定了旅游服务的重要性，尤其是服务中的"关键时刻"。例如，某滑雪场提出了"提质不提价"的服务承诺，打造滑雪场"十秒钟扶起"与"首问负责制"服务品牌，当游客穿着雪鞋备感吃力时，在游客滑雪跌倒时，服务人员都会在最短时间内出现在游客身边，帮助游客顺利完成滑雪旅程。好的服务可以让旅游者感到亲切温馨，玩得也开心舒心，甚至有时好的服务可以弥补旅游地资源、设施的不足；而服务差则会影响旅游目的地的形象，削弱目的地的竞争力。

4. 旅游目的地形象和地理位置

旅游目的地的区位条件主要是指其所在区域的地理位置、交通条件及与周边旅游地的相互关系。旅游产品生产和消费的同时性及旅游资源的不可转移性决定了旅游者必须到目的地才能消费旅游产品，而不是像制造业那样可以将产品输送到消费者手中，所以，旅游目的地区位的重要性显而易见。雪资源的区域特性决定了滑雪旅游目的地与其目标市场、主要客源地之间的距离，可达性对其竞争力的影响较大。如果滑雪旅游目的地地处偏僻、交通不便、可进入性差，那么即使资源再好、设施设备再先进，其竞争力也难免会大打折扣。

(二) 辅助因素

1. 资金条件

资金投入对于旅游目的地竞争力的形成具有重要意义。目前，中国的滑雪场90%左右的投资形式为民营和股份制。据统计，目前滑雪场开一条高级雪道一般需要400万元左右。一台国外进口的造雪机至少要30万元，一个滑雪场一般要有2~6台造雪机，再加上造雪的费用，其投入是相当惊人的。因此，若有雄厚的资金保证，就可以聘请高水平专家对滑雪场进行整体规划和开发，就可以拥有先进的设备设施和完善的安全保护措施；当市场需求发生改变时也有足够的资金进行功能转化、项目完善和重建，从而在市场竞争中保持竞争优势。

2. 人力资源条件

人力资源已成为现代社会发展的核心力量。专业人才是滑雪旅游目的地

发展的重要基础,滑雪旅游产业是以人的服务为中心的产业,需要一大批懂滑雪场经营、管理、营销、场地维护、器材维修的专业技术人才与滑雪技术指导人员等。这些资源运用得好可以促进其他生产效率的提高,从而提高滑雪旅游目的地的竞争力。

3. 市场营销水平

在激烈的市场竞争中,不仅需要优质的旅游资源、产品和服务,还要进行有效的市场营销以扩大知名度,引导旅游需求。滑雪旅游目的地需要依托自身条件寻求合适的市场定位,满足不同区域、不同层次、不同类别滑雪旅游者的不同需求。在宣传促销中要首先考虑针对性强、号召力大的事件营销模式,如举办滑雪节,承办大型的国际、国内滑雪比赛来促进竞技滑雪运动的开展,从而带动大众滑雪的发展,增强新闻媒体的宣传力度,招徕更多的滑雪爱好者,开拓潜在市场,以此实现和提升旅游产品价值,为发挥、保持和增强旅游竞争力创造有利条件。

4. 行业因素

行业因素包括滑雪旅游本行业因素、旅游业中其他分支行业因素,以及社会其他相关行业因素,这些是滑雪旅游目的地竞争力形成的重要条件。在滑雪旅游本行业内,各个滑雪旅游目的地之间只有遵循资源的有效配置和科学规划,进行公平有序的竞争与合作,才能够实现双赢。旅游业中其他分支行业主要是旅行社业和饭店业,它们使得客源市场和食宿有保障。社会其他行业主要体现在交通、水、电力、电信等基础设施上,这也是滑雪旅游目的地竞争力形成和发展的基本保证。

(三) 保障因素

1. 自然环境

自然环境是滑雪旅游目的地竞争力存在和发展的最基本的保障因素。世界滑雪产业未来的发展趋势就是滑雪场将逐步摆脱现有的单一功能,与人们的户外活动、野外生存、定向活动、回归大自然融为一体,成为人们四季健身、养心的"世外桃源",使人们能在空气清新、视野开阔的"绿色环境"中尽情地去享受大自然赋予的无穷快乐。然而,由于滑雪对资源与环境的严格要求,滑雪场的开发必然要砍伐林木、破坏植被,人工造雪必然会耗费大量的水资源,而且会产生大量的垃圾。因此，必须在保障旅游者滑雪旅游体验的同时，在滑雪旅游与自然环境之间寻求一个平衡点，从而提高其旅游竞争力。

2. 政府政策

各级政府的政策支持也是旅游目的地竞争力形成和发展的重要保障因素。我国滑雪旅游目的地的发展多采取政府主导型的管理模式，政府扮演的角色一般为宏观行政管理和政策管理、宏观调控等。例如，黑龙江省委、省政府邀请了世界旅游组织专家编制全省滑雪旅游专项规划，提出了滑雪旅游产业中远期发展目标。在雪场管理方面，在全国率先开展了旅游滑雪场等级评定工作，并不断对评定标准进行修订提高，对滑雪旅游目的地的硬件设施建设和软件服务进行标准化管理，引导消费，促进目的地之间的良性竞争。

3. 区域经济

区域经济发展水平是旅游目的地竞争力的第三个保障因素。具备一定的区域经济发展水平是滑雪旅游目的地资金筹措、人力资源、区域旅游能力、区域环境保护意识与能力等多方面因素的重要保障，因而也是滑雪旅游目的地竞争力的重要保障。

4. 社区居民态度

旅游目的地竞争力保障因素中一个比较特殊的因素是社区居民的态度。社区是在日常生活中形成的、聚居在某一区域的居民群体及其相关社会组织和环境的总和，是一个地域概念，也是一个社会团体概念。社区居民已经成为旅游发展中的一股重要力量，社区居民的认同及支持是滑雪旅游可持续发展的重要基础，社区的支持是旅游区包括滑雪旅游目的地开发、旅游竞争力形成和提升的重要保障因素。

第二节 滑雪旅游目的地分类

传统旅游理论更多的是从空间上对旅游目的地的范围进行划分，如大到一个洲、一个国家，小到一个城市、一座岛屿，甚至具体的景点。霍洛韦在《论旅游业》中对旅游目的地的范畴进行了界定，认为"旅游目的地可以是一个具体的风景胜地，或者是一个城镇，一个国家的某个地区，整个国家，甚

第六章 滑雪旅游目的地

至是地球上一片更大的地方"。根据空间地理分布，滑雪旅游目的地可以有滑雪场、滑雪旅游度假区、滑雪旅游小镇、滑雪旅游带等多种形态。

一、滑雪场

在滑雪旅游目的地的诸多类型中，最重要的一类就是滑雪场。滑雪场是按国家相关行业标准和要求，向社会开放的能够满足人们进行滑雪训练、竞赛、健身娱乐等活动并有管理的场所。

（一）滑雪场的分类

1. 户外天然滑雪场

户外天然滑雪场是以天然雪为基础，辅之以人造雪形成的滑雪场，如图6-1所示。户外天然雪场主要在冬季营业，多为单一滑雪场、综合滑雪度假区、全年型度假胜地。除了具有滑雪坡，餐饮、娱乐等基础配套设施也较完善。户外天然滑雪场具有大型造雪设备、滑雪运动娱乐设施，提供滑雪相关服务等。

图6-1 户外天然滑雪场

2. 室内造雪滑雪场

室内造雪滑雪场是以人造雪为主的室内滑雪场，一般用造雪机在有坡度的平台人工造雪，使用制冷技术在室内保持一定的温度，保持适合滑雪的雪质，四季都可用来滑雪。室内造雪滑雪场内具有滑雪配套的设施，部分滑雪场除了提供滑雪项目，还有餐厅、客房、娱乐等设施，如图6-2所示。

图 6-2 室内造雪滑雪场

3. 旱雪滑雪场

旱雪滑雪场是指为了模拟滑雪场地设施，用特殊的塑料制成旱雪雪道，加以坚固的底座制作成旱雪毯，如图 6-3 所示。旱雪雪道的承受力惊人，带给人们体验滑雪的感觉。另外，旱雪毯安装简易，比人造雪场省时省力，给非雪期体验滑雪的人们提供了新的选择。

图 6-3 旱雪滑雪场

(二) 滑雪场基础设施

1. 造雪机和压雪机

造雪机和压雪机是滑雪场常见的基础设施之一，造雪机将低于 5℃ 的水通

过蒸发器结成冰，再通过冷却的空气输送到滑雪道，压雪机再将造雪机制造的人造雪压成雪道。造雪机制造的雪有干燥、不易融化的优点，随着造雪技术的提高，人造雪可达到自然雪的效果。利用造雪机和压雪机可以大大缩短雪道的制作时间，使没有降雪也可以滑雪成为可能。

2. 雪具

（1）滑雪鞋。滑雪旅游中最常见的有高山滑雪鞋、越野滑雪鞋、跳台滑雪鞋等。依据功能不同，滑雪鞋材料也不同。高山滑雪鞋外层壳和鞋底由坚硬的塑料或 ABS 材质注塑而成，起到防水、抗碰撞的作用，内层由化纤织物及松软材质的材料构成，起到保暖、裹紧、缓冲的作用。越野滑雪鞋一般由维尼龙、皮革制成，鞋靿较矮，松软轻便。跳台滑雪鞋一般由皮革制成，为适应运动员跳跃和空中飞翔而设计。

（2）滑雪板。滑雪板的种类很多，根据不同的性能需要，滑雪板的长度、宽度、刀刃及材料的硬度会不相同。市场上一般有标准滑雪板、中级滑雪板、综合性滑雪板，适用于不同水平的滑雪者。标准滑雪板适合转弯，适用于初中级的滑雪者；中级滑雪板容易保持平衡，适用于中高级滑雪者；综合性滑雪板适合转弯和保持平衡，适用于高级和专业级的滑雪者。

（3）滑雪杖。滑雪杖有辅助滑雪者控制平衡、身体前进、引导变向、支撑身体等作用。滑雪杖一般有高山滑雪杖、自由滑雪杖及雪上芭蕾杖。滑雪杖用天然皮革和合成材料制成，具有轻柔、耐磨的特性。

（4）滑雪服。滑雪服有竞技滑雪服和旅游滑雪服两种。滑雪服由亮丽、防风、防水、透气、保暖的材质制成，具有美观、舒适、保暖、安全、实用等特点。在人的关节部位添加保护缓冲物，起到安全保护作用。

3. 吊索、魔毯和安全网

吊索和魔毯是滑雪场输送人员的主要机械设备。吊索索道适用于高山滑雪、自由式滑雪、跳台滑雪等项目。常见的索道有拖牵式索道、吊椅式索道、空中客车式索道。魔毯常用于初学者滑雪及体验滑雪区，滑雪者可站立在魔毯上低速向上运行。安全网设置在雪道周边，防止滑雪者冲出雪道受到伤害，起到缓冲保护的作用。

(三) 滑雪场配套设施

除滑雪场基础设施之外,还有与滑雪运动相关的环境设施、住宿设施、休闲娱乐设施。

1. 环境设施

滑雪场一般建立在景色优美的地方,与高尔夫球场、温泉水疗等设施一起设立,夏季游客可以呼吸新鲜的空气,冬天领略冰雪的风光,是休闲娱乐、健身、观光的优秀目的地。在雪具大厅中会有滑雪接待处、雪具租赁处、贵宾服务处、滑雪装备专卖店、医疗救护处、更衣室及咖啡厅等设施,人们可以在此处租赁雪具及寄存物品等。滑雪场规模不同,提供的服务规模也不同。

2. 住宿设施

大型滑雪场会配有度假酒店,酒店会设置客房、宴会厅、餐厅、桑拿及温泉水疗等设施。酒店拥有不同规格的房间,设置完善的餐饮服务,承接各种宴会,满足不同人士的需求。

3. 休闲娱乐设施

滑雪旅游胜地通常按照度假的标准设计,配套设施完善,拥有不同规格的宾馆、饭店、度假公寓或别墅,还有齐全的游玩娱乐设施和购物场所、大型接待中心,配备有保障滑雪活动的医院和急救中心、为滑雪者提供训练的滑雪培训服务等。

休闲娱乐设施中最具特色与吸引力的就是温泉设施。温泉是泉水的一种,是从地下自然涌出的、泉口温度显著地高于当地年平均气温的地下天然泉水,含有对人体健康有益的微量元素。在滑雪运动之后再泡一泡温泉,似乎成了滑雪旅游活动的"标配",这也在一定程度上延长了滑雪旅游者旅游时间,使得滑雪旅游目的地具有多重吸引力。

二、滑雪旅游度假区

(一) 滑雪旅游度假区的定义

旅游度假区是一个相对自给自足的目的地,是为满足游客娱乐、放松需

求而提供的可以广泛选择的旅游设施与服务。世界旅游组织（UNWTO）将度假区定义为：度假区是为旅游者较长期的住留而设计的住宅群，在其全包价格中，除了住宿费用之外，还有公共设备、体育及娱乐设施的使用费。按照背景及主要设施分类，也就是按照旅游度假区的位置和娱乐性来分类，分为海洋度假区、湖泊/河流度假区、山川/滑雪度假区和高尔夫度假区。

滑雪旅游度假区是依托一定的优质雪资源，具有一定规模的滑雪旅游场地和设施，拥有完备的娱乐和商业设施，集滑雪、旅游与度假功能于一体的综合性的、高质量的滑雪综合体。滑雪旅游度假区处于滑雪产业的核心地位，前向关联滑雪装备制造、滑雪用品、滑雪建筑等产业，后向关联滑雪培训、滑雪餐饮酒店、滑雪休闲业等产业。

滑雪旅游度假区最早发端于瑞士、奥地利、法国、德国，以及意大利所在的阿尔卑斯山的滑雪中心，属于冬季型旅游度假区。20 世纪 70 年代之后，滑雪旅游度假区迅速在欧洲和北美洲成长起来，成为当今极为重要的旅游度假区类型。随着人工造雪技术的进步，人工雪大面积覆盖，也形成了很多人工性的滑雪旅游度假区。

（二）滑雪旅游度假区的特点

滑雪旅游度假区的主要项目就是滑雪运动，因此滑雪旅游度假区也具备滑雪运动的一些基本特点。

1. 参与性强

与其他类型的旅游度假区相比，滑雪旅游度假区更加具有体验性。滑雪运动作为主动性较强的旅游项目，需要游客的全身心投入，凭借勇气和体力，运用技巧，利用特定的场地和器具，完成运动过程，获得旅游体验。

2. 消费周期长

相比其他参与性较差的旅游度假区，在滑雪旅游度假区，游客的停留时间相对较长，同时产生更多的旅游消费，消费周期更长且消费额度更高。除了滑雪耗时外，闲余时间也会产生更多消费需求。滑雪旅游度假区是一种综合性的旅游度假区，满足运动、休闲、商业、康养等各种业态需求。

3. 项目业态多样性

滑雪旅游度假区拥有多种项目业态，"旅游+农业+体育+康养"等产业链条,以滑雪项目为主,并且四季项目丰富,例如,滑雪道、儿童戏雪区、广场及高空索道、综合服务雪具大厅、温泉度假酒店、会议中心、滑雪培训学院、综合户外山地运动中心等各项运营服务设施项目。

4. 客源市场相对稳定

滑雪旅游度假区的经营主要依靠滑雪运动,其产品与其他运动类型的旅游产品一样,游客学会后会形成相对的身体记忆,以及持续深入的兴趣,产生的黏性相对较高。游客在具备适合消费条件的情况下,会再次或者多次体验与消费,因此滑雪旅游度假区的客源市场也更加稳定。

(三) 滑雪旅游度假区的分类

1. 按滑雪设施专业程度,分为竞技型、目的地度假型和体验型

竞技型滑雪旅游度假区与其他类型滑雪度假区相比更具有专业性,雪道建设更为严格,具有承办各种大型赛事的实力。大多数竞技型滑雪旅游度假区的前身为国际赛事投入建设,后来转变为滑雪旅游度假区。这些滑雪旅游度假区基本以开发赛事的后续效益为主要建设思路,往往在赛场规划、赛场建设、赛事筹办和产业发展等方面更具经验。因其大多为比赛用地,所以雪道、索道等硬件设施配备较高,也更受高水平滑雪爱好者和发烧友的青睐。例如,瓦尔迪赛荷作为曾经的冬奥会场地,经过两次升级改造,现在已经成为滑雪者心目中具有"朝圣"地位的滑雪旅游胜地。

目的地度假型滑雪旅游度假区的规模较大,有齐全的雪道产品和住宿、餐饮、休闲娱乐等服务配套设施,主要服务于度假人群,目标客源包括国内度假市场和国际度假市场。目的地度假型滑雪旅游度假区运营方式丰富多元,其收入不仅来自出租滑雪器具和索道门票,还来自餐饮服务、购物中心、酒店住宿、休闲娱乐活动等高附加值项目。

体验型滑雪旅游度假区设施简单,只有初级雪道,雪道坡度较缓、长度适中,雪场承载能力弱,经营形态单一,雪票收入和滑雪培训收入是其主要的收入来源。体验型滑雪旅游度假区多位于城市郊区,以为附近城市居民提供滑雪体验服务和初级滑雪培训为主要目标。接待的滑雪人群包括附近城市居民、中小学冰雪课程学生、旅行团观光体验客等城郊学习型滑雪者,多为一日游游客,过夜游客比例低。

2. 按度假区距离城市的远近，分为近郊型和远郊型

近郊型滑雪旅游度假区主要集中在城市附近，交通便利，可以驱车前往，当天往返，其定位以本地游客为主，且以初级滑雪者为主体。

远郊型滑雪旅游度假区距离城市较远，公路、铁路交通体系完整，交通便利，有些远郊型滑雪旅游度假区距离机场较近，方便世界各地的游客前来度假。远郊型滑雪旅游度假区规模往往较大，滑雪场地接待能力较强，配备有初、中、高级雪道，以及地形公园和娱雪乐园等滑雪设施，还有餐饮、住宿、购物等接待服务设施。

3. 按经营的季节性，分为单季运营和四季运营

由于滑雪运动季节性特征明显，因此大部分滑雪旅游度假区都是单季运营的，游客集中于雪季。由于缺乏夏季运营项目，在非雪季时游客数量非常少，甚至运营收入无法覆盖运营成本，因此度假区在非雪季时会选择暂时关闭度假区，待次年雪季开始时再开门营业。单季运营导致此类滑雪旅游度假区面临人才流失、投资回收期长、抗风险能力差等问题。目前，我国大部分滑雪旅游度假区是单季运营，如位于黑龙江省的亚布力阳光度假区，非雪季为每年的4月初至11月中旬，长达200余天，在此期间度假区游客接待数量远远少于雪季，仅接待少量的团体游客，主要进行雪具维护、缆车检修等设施设备的日常养护工作，如图6-4所示。

图6-4　夏季的亚布力阳光度假区

四季运营的滑雪旅游度假区注重四季的运营与管理，以大自然承载力为出发点，合理利用开发夏季旅游项目，建立起了集滑雪运动、度假、购物、住宿、餐饮等多功能于一体的滑雪及相关服务，开发了集体育旅游、人文旅游、冬季项目和夏季运动于一体的多元旅游产品。冬季滑雪、泡温泉，夏季徒步、骑马、攀岩、打高尔夫，一年四季都是旅游旺季。加拿大班夫国家公园滑雪场、韩国大明维瓦尔第滑雪场、美国北康威克莱默滑雪场、日本长野野泽滑雪场等都属于这一类型。

（四）滑雪旅游度假区发展现状

1. 全球情况

截至2019年，全球共有2084家滑雪旅游度假区。其中，阿尔卑斯地区占37%，数量超过全球滑雪度假区的三分之一，名列第一；其次是美洲，占21%；再次是亚太地区，占19%；西欧地区占比11%，东欧和中亚占比11%。从国家层面看，滑雪旅游度假区超过100个的国家有6个。其中，美国的滑雪旅游度假区最多，有354个，之后是日本280个、法国233个、意大利216个、奥地利199个、瑞士102个。

从滑雪旅游度假区的接待规模来看，全球接待人次达百万以上的滑雪旅游度假区共有51家，80%以上位于阿尔卑斯地区。虽然百万人次滑雪旅游度假区数量只占全球滑雪旅游度假区总数的20%，但它们的游客接待量占所有滑雪人次的80%。全球大型滑雪旅游度假区在主要国家的分布情况如图6-5所示。

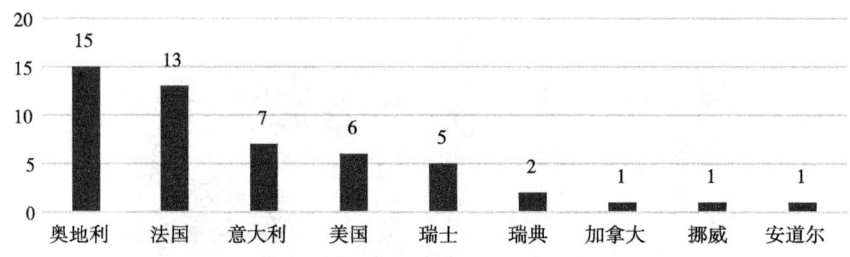

图6-5　全球超过一百万滑雪人次的大型滑雪旅游度假区分布

资料来源：VANAT L. 2014 international report on mountain tourism ［R］. VSKI Research，2017.

2. 中国情况

2011年开始，部分大型滑雪场向滑雪度假区转型，如万科松花湖度假区、万达长白山滑雪度假区、万龙滑雪场、密苑云顶乐园等。五个冰雪类的旅游度假区分批入选国家级旅游度假区，分别是长白山旅游度假区、亚布力滑雪旅游度假区、崇礼冰雪旅游度假区、野玉海山地旅游度假区、重庆丰都南天湖旅游度假区。当前我国具有旅游度假功能的滑雪旅游度假区有100余家，相对成熟的滑雪旅游度假区主要集中在黑龙江、吉林、河北及新疆，表6-3列出了一些国内主要冰雪类旅游度假区的所在地和雪场。

表6-3 中国主要冰雪类旅游度假区的滑雪场

度假区名称	所在地	滑雪场
长白山旅游度假区	吉林省	万达长白山国际滑雪场
吉林北大壶滑雪度假区	吉林省	北大壶滑雪场
万科松花湖滑雪度假区	吉林省	松花湖滑雪场
亚布力滑雪旅游度假区	黑龙江省	大青山滑雪场、交通山庄滑雪场、好汉泊滑雪场、国家体委滑雪场、风车山滑雪场
崇礼冰雪旅游度假区	河北省	万龙滑雪场、密苑云顶乐园、太舞滑雪场、长城岭滑雪场、富龙滑雪场、多乐美地、翠云山银河滑雪场
野玉海山地旅游度假区	贵州省	玉舍雪山滑雪场
重庆丰都南天湖旅游度假区	重庆市	南天湖国际滑雪场

《冰雪旅游发展行动计划（2021—2023年）》中提出："到2023年，推动冰雪旅游形成较为合理的空间布局和较为均衡的产业结构，打造一批高品质的冰雪主题旅游度假区。""建设一批冰雪主题A级旅游景区，引导以冰雪旅游为主的度假区和A级旅游景区探索发展夏季服务业态。""鼓励冰雪资源富集、基础设施和公共服务完善、冰雪产品和服务一流的地方打造冰雪主题的国家级和世界级旅游度假区和景区。""推出国家级、省级滑雪旅游度假地。引导各地加大冰雪旅游设施建设力度，提升产品服务水平，推动建设健身休闲、竞赛表演、运动培训、文化体验一体化的滑雪旅游度假地。"这些规划的

推进和实施，必定会推动滑雪旅游度假区的快速发展。

三、滑雪旅游小镇

（一）滑雪旅游小镇的定义

滑雪旅游小镇是以滑雪旅游产业为核心产业，以冰雪文化为基础，同时融合旅游、文化和社区等功能的"产、城、人、文"四位一体有机结合的发展空间平台，是产业旅游区、运动区、文化区与居民区的统一体，小镇具有城镇功能、社区功能与产业功能。

在滑雪旅游小镇，滑雪服务由滑雪场提供，而滑雪之外的消费需求及冰雪相关产业的发展则由雪场附近的城镇来完成。滑雪旅游小镇紧密连接和服务于滑雪场地，通常为历史社区、街区（以欧洲历史悠久的滑雪旅游目的地为代表）或服务设施集群（以北美、日韩等较新的滑雪旅游目的地为代表）形态。城镇服务于滑雪旅游，为滑雪场提供了高效率、大容量、文化氛围浓郁、设施舒适便利的服务基地，更为重要的是提供了滑雪之外休闲活动的机会，满足了大量非专业滑雪爱好者和伴游者的活动需求，同时为住宿、餐饮、休闲娱乐、文创、商贸等伴生产业提供了发展平台。同时，城镇在服务于滑雪旅游过程中实现发展，滑雪场在推动城镇发展中壮大，冰雪旅游的发展带动了位于山区的小城镇发展，扩大了冰雪小镇的经济收益，丰富了当地的产业类型，并解决了大量当地人口的就业问题，两者相辅相成。法国夏蒙尼、意大利巴多内基亚、挪威利勒哈默尔、加拿大惠斯勒等都是世界知名的滑雪旅游小镇。

这些滑雪小镇自然条件优越，冰雪资源丰富，从旅游城镇发展驱动力的角度划分，滑雪旅游小镇属于资源导向型。资源导向型旅游城镇拥有丰富的旅游资源，具有吸引游客前来旅游的吸引物，依靠旅游发展而成为旅游目的地，可分为自然资源主导型小镇和人文资源主导型小镇。自然资源主导型小镇是指具有高质量的自然资源和环境条件，或毗邻风景优美地区，与城镇开发建设和风景名胜区紧密结合，以风景名胜区开发为主。人文资源主导型小镇主要指以具有特色人文资源，以国家历史文化名城（镇），以其独有的特色建筑、风情民俗、文化内涵等，构成小镇旅游发展的核心要素。

第六章　滑雪旅游目的地

(二) 滑雪旅游小镇的特点

滑雪旅游小镇依托丰富的冰雪产业资源，结合当地特色的历史文化、体育文化、民俗文化，形成合理的功能分区，配备较完备的基础设施、完善的医疗保障等配套体系、全面的旅游服务设施，形成较完整的产业链和丰富的消费业态。

滑雪旅游小镇一般通过大型赛事提升小镇的影响力和知名度，为小镇吸引大量的游客及运动员。例如法国的霞慕尼小镇，通过举办第一届冬季奥运会而闻名于世，此后小镇每年均会举办世界级的登山、滑雪特色赛事，不断突出小镇冰雪产业优势地位，逐渐建设成为国际级冰雪小镇。瑞士的达沃斯小镇因举办享誉国际的达沃斯论坛而受到世界的关注，借此契机，达沃斯小镇开始着重发展冰雪运动休闲产业，每年除了世界经济论坛在此举办，还有丰富的冰雪体育运动赛事也在不间断地进行。

滑雪旅游小镇融合其他的运动项目，如登山、自行车等，打造丰富的运动项目资源，形成特色的活动。这些项目和活动带动了餐饮、住宿、购物等其他产业的发展，吸引数量众多的滑雪装备制造及创新的运营商。滑雪旅游小镇通过举办滑雪嘉年华、冰湖赛马、雪上高尔夫、越野单车、四季旅游等丰富多彩的体验活动，构成了完整、成熟、多元化的滑雪产业链。例如，法国霞慕尼小镇建立形成完善的休闲产业链配套设施：专业的向导公司拥有超过150名注册职业登山向导，为游客提供霞慕尼地区的全方位攀登、滑雪服务；星级酒店、青年旅舍、家庭旅馆、公寓、露营营地共有50余家，并有房屋租赁、度假中心等物业接待服务；共有登山、滑雪及纪念品等40余家体育用品商店。

(三) 滑雪旅游小镇的类型

作为一个城镇生存与发展的基础，产业在区域经济发展和小城镇建设过程中发挥了不可替代的作用。产业的形成和聚集是小城镇形成、发展的主要因素，根据主导产业的不同，可以将滑雪旅游小镇分为赛事型、装备制造型、文化型、会展型、康养型和综合型六类。

1. 赛事型滑雪旅游小镇

赛事型滑雪旅游小镇是指以举办有影响力的滑雪体育赛事为核心、以赛事相关的服务产业为延伸、以体验式的其他休闲活动为补充而形成的滑雪旅游小镇。其具有区位和自然资源的优势，拥有完全符合国际滑雪联合会技术要求的主雪道和各级别赛事的专业雪道。以成为国际顶级赛事以及各类赛事的举办地作为小镇的重要目标和运营发展方向，通过举办国际、国内多项专业赛事的直播和转播，宣传并发展滑雪旅游。

在所有体育活动中，体育赛事在影响力和关注度方面都是第一位的，特别是全球范围的大型赛事，不仅可以给小镇带来可观的经济利润，还能够增强小镇知名度，得到政府的扶持，改善基础设施。发展赛事型滑雪旅游小镇的核心要素是要有知名度高的滑雪赛事、专业的体育场地、优良的赛事建筑以及一流的赛事服务水平。赛事型滑雪旅游小镇通常拥有一项或者多项品牌赛事，这类小镇周期性举办品牌赛事，并不定期举办延伸赛事。

赛事型滑雪旅游小镇以滑雪赛事为中心，逐步发展滑雪赛事相关产业，发展起了各种相应的配套设施，聚集滑雪人才，不断打造特色赛事，使项目、产品品牌化，吸引了爱好滑雪运动的广大群众。除了做好赛事本身的运营，赛事型滑雪旅游小镇还会通过赛事项目延伸的多元业态进行补充，例如建设滑雪学校、开展滑雪培训等。

据统计，2018—2019年雪季，崇礼各雪场接待游客近百万人次，全区共接待游客252万人次，实现旅游收入18.4亿元。品牌体育赛事活动成为新亮点，赛事经济已成为带动崇礼地方经济增长，扩大城市、景区、景点知名度的重要载体和平台。

2. 装备制造型滑雪旅游小镇

装备制造型滑雪旅游小镇是指以滑雪体育用品或设备的生产制造为基础，纵向延伸发展研发、设计等产业融合而形成的滑雪装备制造业聚集区。具有一定基础且有优势的体育项目作为小镇的支柱产业，利用现代高度发达的信息技术，探索新兴产业，在保持传统产业的基础上，创新发展，满足人们追求时尚、现代、参与性的需求，使小镇时刻保持勃勃生机，吸引人们循环消费。装备制造型滑雪旅游小镇多位于毗邻大城市的地方，接近人力资本低的地方，面积广阔，资源丰富，主导产业与地区环境相符，运输系统便利，交通便利。

装备制造型滑雪旅游小镇更加注重滑雪装备产品的生产、制造，不断吸

引其他产业相融,产品技术专业化程度高,与现代化互联网紧密相连,逐步升级产业运营。这种类型的小镇,其主要功能是完整产业链以及加工制造,辅助功能是休闲娱乐。一方面将产业链向上游产业扩展,开展设计产业、科研产业和物流产业等,另一方面把体育产业和互联网产业、文化产业等进行联合,形成完整的产业链条,最后成为同时拥有第二产业和第三产业的发展区域。

装备制造型滑雪旅游小镇生活环境配套齐全,能满足各类人群的需求,产业发展历史悠久,与气候地形等环境相适宜、与冰雪文化相符的运动产品种类多,在产品的设计上,风土气息浓厚。

蒙特贝卢纳镇位于意大利北部,有着悠久的手工制鞋历史,20世纪70年代这里便成为世界著名的与冰雪运动有关的运动鞋生产基地,目前,全球约75%的滑雪靴和65%的冰刀鞋等运动鞋产自此镇。蒙特贝卢纳镇已经形成了一个庞大的运动鞋生产集群,围绕着运动鞋生产企业,聚集了大量研发、设计、配件生产、模具制作、制鞋机器及塑胶等产前配套生产企业,还有商业协会、中介、媒体、营销和配送等产后相关服务产业。小镇除了顶尖的运动鞋制造产业,还有丰富的酒店服务、旅游观光、休闲服务和美食服务等城市服务休闲类产业。大量生产企业的聚集,促进了商业、居住及公共服务等城市功能的配套完善,形成了"运动鞋生产集群+城市服务功能"的小镇发展架构。

3. 文化型滑雪旅游小镇

文化型滑雪旅游小镇是指以当地文化旅游资源和特色环境因素为依托,进行滑雪旅游开发,集特色文化展示与滑雪、休闲娱乐旅游于一体的旅游目的地,旅游活动以文化展示、文化体验、互动交流、游览体验为主。

城镇的形成其实就是文化不断积淀的过程,城镇就像容器一样容纳了各式各样的文化。文化型滑雪旅游小镇的核心是文化特色,即小镇文化具有差异性、独有性、原生性、稀缺性和不可复制性等特征。文化型滑雪旅游小镇的发展侧重点在于将小镇的特色文化元素融入产业发展中,为其他商品或行业提供文化附加值。

芬兰的罗瓦涅米因圣诞老人闻名于世,每年都举办丰富多彩的圣诞老人主题活动,如寄明信片、跨越北极圈、与圣诞老人合影等,每年有40多万游客拜访，一年四季游客不断，圣诞节前后更是游人爆满。罗瓦涅米注重推动区域体育产业发展，小镇不仅是圣诞老人之乡，还是冰雪旅游胜地，滑雪、乘坐哈士奇雪橇和驯鹿雪橇，或者在活动中心参加各种冰雪活动等旅游项目吸引着世界各地的游客。

4. 会展型滑雪旅游小镇

在经济全球化趋势加快、国际交往日益频繁的今天，会展活动作为一种促进经济交流、贸易往来的重要途径已日益受到世界各国的广泛重视。会展旅游是指通过举办各种类型的会议、展览会、博览会、交易会、招商会、文化体育、科技交流等活动，吸引游客前来洽谈贸易、观光旅游和文化交流，并带动交通、旅游、商贸等多项相关产业发展的一种旅游活动。会展型滑雪旅游小镇以会展为核心产业，带动滑雪服务、休闲旅游等产业共同发展。作为一种聚集效应和辐射效应都很强的综合经济，会展经济对交通、餐饮、住宿、旅游、商业等相关产业的直接带动效应可达 1∶9，有助于降低会展举办城市的旅游季节性。会展型滑雪旅游小镇往往距离大都市圈 100 公里左右，交通便利，有一定的商业基础，旅游资源丰富，地方特色文化浓郁。

达沃斯是瑞士知名的温泉度假、会议、冬季运动度假胜地，世界经济论坛的年会每年 1 月底至 2 月初在瑞士的达沃斯小镇召开。达沃斯是欧洲最大的高山滑雪场，冬天可开展滑雪、雪地滑板、坐雪橇等多种体育运动。

5. 康养型滑雪旅游小镇

康养型滑雪旅游小镇通常以滑雪运动为切入点，提供良好的滑雪基础设施、配套完善的服务设施等，并通过与旅游相结合，形成极具体验性的滑雪运动聚集地，考虑不同年龄段的人群需求，构建面向大众的滑雪旅游小镇。滑雪场地、休闲度假、康体养生、滑雪主题体验、滑雪运动延伸产品开发等一起构成了此类滑雪旅游小镇的业态，通常拥有温泉、高尔夫、太极拳、瑜伽等品种多样的康养项目。

康养型滑雪旅游小镇不仅是环境优美的旅游胜地，更拥有深厚的人文环境，具有一定的历史积淀和文化内涵。游客在小镇中不仅能够参与体育运动，还能够感受悠闲自在的慢节奏生活并静心享受。小镇以特色资源为吸引点，围绕休闲主题来开展数个参与感强烈的体育活动，满足不同年龄消费群体的体育需要，建造体育、文化、娱乐等多个特色的活动聚集区。小镇在基础设

施、区域承载量和设施健全度方面都有着较高的标准。

6. 综合型滑雪旅游小镇

借助优质的自然人文环境,以参与性、多样性、体验性四季体育项目为特色,提供休闲、健身、娱乐、养生、赛事等一体化服务。综合型滑雪旅游小镇在区域性政策支持下呈现四季运营的模式,旅游者可开展滑雪、山地自行车、徒步登山、定向越野、山地骑马、露营、钓鱼、保龄球、网球、羽毛球、游泳、溜冰、户外探险、攀岩、滑翔、跳伞、卡丁车等相关的体育活动。

(四)滑雪旅游小镇的业态

滑雪旅游小镇紧密连接和服务于滑雪场地,充分利用自身地理环境,挖掘地域资源特色,形成独具特色的标志符号。滑雪旅游小镇业态产品见表6-4。

表6-4 滑雪旅游小镇业态产品

业态	产品	项目
滑雪旅游	滑雪场	日常滑雪、雪上项目赛事
	滑雪配套产品	滑雪学校,滑雪培训课程
	其他冰雪体验产品	野雪滑行、直升机观光、雪地公园、登山滑雪、越野滑雪、冬季徒步、踏雪板徒步、雪橇滑道、冰屋、雪乡、冰上运动、压雪体验、夜间雪场等
运动休闲	山地户外产品、运动培训产品	户外运动基地、攀岩、高山滑草、山地自行车、山地越野跑、丛林穿越、山地徒步、真人CS、滑翔伞、飞碟射击、高尔夫等
观光度假	自然人文观光产品、家庭亲子产品	自然风景、历史与民俗文化、摄影基地、生态农场、艺术广场、主题乐园等
服务配套	酒店餐饮、交通组织、功能社区	酒店集群、购物商店、酒吧、内部交通、外部交通等
	医疗康养产品	温泉、自然休闲养生功能、专业的运动医疗修复保障体系

(五)我国滑雪旅游小镇发展现状

我国滑雪旅游小镇主要分布于华北、东北、西部地区,最具代表性的有北大壶滑雪小镇、亚布力滑雪旅游小镇等。由于我国的冰雪产业尚处在初级阶段，因此滑雪旅游小镇主要依赖政府的政策倾斜及开发商的资金投入，面临数量少、基础薄弱、发展不平衡、各自独立缺乏统筹等问题。

我国滑雪旅游小镇主要依赖大事件的带动及大型滑雪旅游度假区的投资建设，如北京延庆区、河北张家口市崇礼区，黑龙江哈尔滨市亚布力镇分别是冬奥会及亚冬会的举办地，而吉林延边州二道白河镇、吉林白山市松江河镇则是分别依赖长白山天池雪大型滑雪度假区、万科松花湖大型滑雪度假区发展的小镇。

随着北京冬奥会的临近，在多个发展体育产业和运动休闲特色小镇利好政策的推动下，我国冰雪特色小镇建设速度和规模不断提升，冰雪特色小镇生态圈初现雏形。《2018年中国冰雪产业白皮书》的数据显示，2016年我国冰雪小镇的经济规模达到220亿元，占冰雪旅游市场规模的55%，融合冰雪、旅游、文化、健康等多元素于一体的冰雪特色小镇逐渐显示出巨大的发展潜力。

四、滑雪旅游目的地的其他分类

（一）冰雪旅游带

2015年7月北京市政府发布《北京市人民政府关于加快发展体育产业促进体育消费的实施意见》，提出了"京张冰雪体育休闲旅游带"：北京市要联合河北省、天津市建设特色鲜明的体育休闲旅游基地，打造京张冰雪体育休闲旅游带，建立2~3个生态体育公园。2016年3月出台的《北京市人民政府关于加快冰雪运动发展的意见（2016—2022年）》提出重点任务包括：积极促进冰雪体育消费，深入落实京津冀协同发展战略，与河北省共同建设京张冰雪体育休闲旅游带。2016年7月河北省政府下发了《河北省体育发展"十三五"规划》，提出要支持张家口创建冰雪产业聚集区，建设京张体育文化旅游带。2017年2月北京市体育局与北京市发改委联合发布的《北京市"十三五"时期体育发展规划》中提道：依托本市东北部、北部、西北部山区滑雪场，打造集冰雪运动、旅游、养生、度假于一体的特色区域，与河北省共同建设京张冰雪体育休闲旅游带。

通过梳理近几年的政府文件可以得知，从国家体育总局到地方政府已经达成了建设京张冰雪体育休闲旅游带的共识。"带"指的是北京市、张家口市整个区域，它由线连成，每条线由县（区）、乡（镇）及若干体育休闲旅游点连成。京张冰雪体育休闲旅游带是以北京和张家口两市的冰雪资源、旅游资源、交通区位为依托，协同规划布局、合理配置资源、优化产业分工，从而形成的以传播冰雪文化、发展区域休闲旅游、促进群众冬季运动、助力区域体育产业为目的的冰雪旅游产业集聚区。

赵心炜等（2019）提出，要促进"丝绸之路经济带"上我国冰雪运动休闲特色小镇的发展，提高"丝绸之路经济带"沿线地区之间冰雪旅游发展联动，在各地区政府、企业、社会组织之间建立起有效的整合机制，实现资源共享、文化共享、赛事共享；将"丝绸之路经济带"沿线上的冰雪运动休闲特色小镇串联成带，共建冰雪旅游圈、冰雪赛事圈、冰雪文化圈。

综合京张冰雪体育休闲旅游带和丝绸之路经济带沿线地区之间冰雪旅游发展联动的相关政策和研究，可以总结出冰雪旅游带的概念，即以冰雪资源、旅游资源和交通枢纽为依托，通过各地区政府、企业、社会组织之间联动合作来实现沿线资源共享、文化共享、产业分工，集冰雪运动、旅游、度假于一体的区域。

（二）冰雪产业小城镇群

和云娟（2018）提出冰雪产业小城镇群，并对其空间结构开展研究。滑雪产业包括：直接为滑雪主体提供滑雪场所、滑雪产品租赁及生产、交通支撑系统，以及住宿、餐饮、购物、娱乐的配套服务产业，如滑雪场、雪具生产企业、酒店、餐厅等；围绕滑雪主体展开的旅游、体育、文化、养老、农业、地产等衍生产业，如滑雪旅行社、国际大型赛事、滑雪学校、滑雪场周边地产等；通过信息化技术为滑雪主体提供的非物质服务支持，如滑雪网站、滑雪宣传出版单位、滑雪研究机构、滑雪金融产品等。冰雪产业小城镇群是以发展冬季运动为主体产业的小城镇集群，例如，阿尔卑斯山区沿线小城镇基于本体自然基底，发展以冬季运动为核心的主体产业，以社区生长的方式相互协调，并通过数次冬奥会、世界滑雪锦标赛等大事件的刺激与整合，形成了沿山脉的冰雪产业小城镇群。

(三) 滑雪旅游集聚区

滑雪旅游集聚区是基于滑雪旅游发展起来的数量众多的小城镇，各小镇之间连接紧密，统一协调，形成了沿山脉的滑雪旅游集聚区。形成滑雪旅游集聚区需要具备三个基础条件：①气候条件。受海洋影响深刻，冬季较为温暖湿润，降雪量大，能够形成松软、具有一定厚度的积雪层。②地形条件。有高大的山体、起伏的地势从而为滑雪场的建设提供天然的山地落差。③地理位置好，靠近人口众多、消费能力强的中心城市，或形成了公路、铁路、航空等完整的交通网络，交通的可达性加强了滑雪旅游消费市场与山区滑雪小镇的联系，带动了旅游业的发展。

第三节 滑雪旅游目的地产品和服务

一、滑雪旅游目的地产品

(一) 滑雪旅游目的地产品的概念

滑雪旅游目的地产品是目的地服务提供商对滑雪旅游需求者提供的连续的、不同质量和数量的服务的过程，是滑雪旅游者进行旅游活动时所需多种吸引物、设施和服务的组合。其单体旅游产品包括：①滑雪相关产品，如拖牵系统、滑雪活动、滑雪学校、滑雪导游、滑雪相关设备的租赁及维修服务等；②住宿和餐饮等相关产品，如住宿设施和饭店等；③旅游接待环境产品，如滑雪后的娱乐活动及设施、节事活动、购物商店等；④滑雪旅游目的地的公共服务产品，如银行、电信、邮政、交通、医疗、治安与信息服务等。

(二) 滑雪旅游目的地产品的类型

1. 运动体验

提供滑雪运动体验是滑雪旅游度假区最核心的产品，滑雪服务包括给顾客提供有形产品服务和无形产品服务，有形产品服务如滑雪场提供的各种赛道和滑雪板、滑雪鞋、头盔、缆车等滑雪设备，无形产品服务如滑雪私教课

第六章 滑雪旅游目的地

程、各类滑雪活动等。为初级滑雪者提供初级雪道和魔毯,为中高级滑雪者提供富有挑战性的中高级雪道、速度较快的拖牵和缆车,除了通过不同等级的雪道来满足不同滑雪运动技术水平的滑雪者的消费需求之外,还建设越野滑雪和地形公园等场地,并提供雪地摩托、冰上自行车、雪橇、雪圈等冰雪娱乐项目。

2. 休闲度假

滑雪旅游目的地的休闲度假产品是指,在滑雪旅游活动中,目的地的经营者们凭借一定的资源、休闲设施和必要的劳动资料,为了满足旅游者在滑雪活动之余休闲、游憩、度假等需要而提供的各种旅游产品。滑雪旅游目的地提供的休闲度假产品按功能分为住宿产品、餐饮产品、休闲度假产品三大类型,其中住宿产品和餐饮产品属于基础产品,可以满足度假者睡眠、用餐等基本的生理性需求。

滑雪运动初学者和以家庭为单位出游的游客更注重滑雪旅游目的地提供的休闲度假产品,他们对滑雪场的规模、条件要求不高,但对住宿、餐饮、配套娱乐设施要求较高,对观看、游览优美的度假环境较为偏爱。

滑雪旅游目的地休闲度假设施包括温泉、酒吧、足疗、水疗等室内休闲设施,还有咖啡吧、酒吧、阅览室、电影院等公共休闲区,可以丰富游客的休闲度假体验。对于度假者而言,购物场所是必不可少的,滑雪目的地附近的商业街开设有各大品牌的雪具店、户外运动商店、当地特色商品商店等,如图6-6所示。度假旅游是离开住所、在异地进行数天的娱乐活动,因此,为满足旅游者在度假期间的生活需求,滑雪旅游目的地附近还需要配有银行、电信、邮政、交通、医疗点、治安等生活保障服务。

3. 观光

观光旅游产品能够使游客通过观赏自然风光、名胜古迹、社会风情等获得美的享受、开阔眼界和增长知识。滑雪旅游目的地的观光旅游产品分为以自然资源为基础的观光产品和以人文资源为基础的观光产品。自然观光产品能够令旅游者在欣赏大自然的美景时情操得到陶冶、身心得到放松。滑雪旅游目的地依托自身的冰雪旅游资源和山地旅游资源,能够提供独特的观光产品,如吉林雾凇、川藏雪山日出、阿勒泰可可托海雪山峡谷、伊春冰雪温泉、延庆玉渡山冰瀑等。滑雪旅游目的地人文观光产品具有冰雪文化特色,如哈尔滨冰雕、龙庆峡冰灯等。

图 6-6　松花湖度假区商业街

4. 文娱活动

有冰雪资源环境和冰雪人文环境的地区一般会形成当地的冰雪文化，滑雪旅游度假的目的除了体验滑雪运动，还包括体验旅游目的地和客源地之间的文化差异，欣赏目的地的冰雪文化与本地特色文化相结合的产品。滑雪旅游目的地的文娱活动是基于冰雪文化发展而来的，冰雪文化包括冰雪民俗文化（饮食、服饰、曲艺、舞蹈、图腾等）、冰雪文学艺术（诗词、书画、影视、摄影等）、冰雪景观艺术（冰/雪雕、冰灯艺术）、冰雪运动（戏雪、滑雪、竞技）、建筑（冰雪建筑材料、雪屋）、冰雪交通（雪橇、狗拉爬犁）、宗教信仰，以及围绕这些文化所举办的诸类冰雪旅游节、文化节等节庆活动，冰雪文化一定程度上影响着滑雪者出游动机、参与程度，其差别化的区域冰雪文化可提升滑雪文化内涵和品位。

文娱活动产品主要分为节庆类产品和民俗类产品。节庆类冰雪旅游产品如日本札幌雪节、加拿大魁北克冬季狂欢节和渥太华冬乐节等，我国比较有影响力的冰雪节庆活动包括哈尔滨国际冰雪节、中国黑龙江国际冰雪节、中国长白山冰雪节、呼伦贝尔中国冰雪节、北京延庆冰雪旅游节、中国崇礼国际冰雪节、中国新疆阿勒泰国际冰雪艺术旅游节、乌鲁木齐丝绸之路冰雪风情节、中国南国冰雪节等。民俗类冰雪旅游产品具有地域性、民族性、历史性的特点，体现了当地人的生活习惯、宗教信仰、民风民俗，如国家级非物质文化遗产——查干湖冬捕、铁锅炖、二人转、芬兰木屋等。

5. 商务会展

基于商业目的、政务需要和个人职业发展需求的旅行者也有很多，滑雪旅游度假区内会提供会议室、大型会展厅等场所，来承接区域性或全国性的会议活动，如亚布力中国企业家论坛，如图6-7所示。还可举办大型国际会议展览和交易会，如长白山国际度假区举办的中国超级滑雪俱乐部新雪季开板大会。

图6-7 亚布力阳光度假区会议室

二、滑雪旅游目的地服务

旅游目的地服务是指旅游目的地提供的满足旅游者需要的服务内容，广义的旅游服务包括了旅游的饮食、住宿、交通、游览、购物和娱乐各个环节，旅游服务的提供者包括企业、社会和政府。滑雪旅游目的地服务包括旅游接待服务、出行服务、娱乐服务、基础设施服务和公共服务。

（一）旅游接待服务

旅游接待服务一般包括为游客提供的长期或短期的住宿服务和餐饮服务，

服务提供商通过食物、饮品和住宿服务为客人提供安全、心理和生理上的舒适体验。滑雪运动一般时长约为 3 小时，滑雪场选址多在距离城市较远的山区，滑雪场应能够给滑雪者提供一定的餐饮和住宿服务，满足长时间滑雪者的就餐及住宿需求。滑雪旅游目的地的住宿类型丰富多样，有豪华高档的星级酒店、温馨舒适的酒店式公寓、经济实惠的旅社，以及富有特色的民宿等，能够满足不同类型滑雪游客的住宿需求。餐饮服务与住宿服务密切相关，酒店和其他餐饮服务商为来自世界各地的游客提供不同风味和档次的餐厅、酒吧，不仅能满足他们多样化的餐饮需求，还能使滑雪旅游者为美食而流连忘返，丰富他们的旅游体验。

（二）出行服务

出行服务旨在解决游客在客源地与目的地之间的往返、从一个目的地前往另一个目的地以及在旅游目的地内部的不同区域之间往来的问题，包括旅游目的地内部通行服务和外部出行服务。滑雪旅游者采用的主要出行方式有汽车旅行、铁路旅行和航空旅行。汽车旅行适合中短程的旅游，包括自驾游，搭乘旅行大巴、城际公共汽车，与其他出行方式相比具有自由、便利、灵活等优点，能够根据游客的意愿随时停留，机动地安排行止时间。铁路旅行依托于一系列的铁路设施与服务，具有运输量大、费用低、连续性强、准点率高和受季节气候等自然条件制约小等优点，但相比于汽车和飞机，铁路旅行的灵活性较差，受地理条件的限制比较大，游客前往目的地的最后几公里还得借助于公路运输。航空旅行具有速度快、舒适度高的优点，适合中长途旅游，航空旅行也存在一些局限性，不在航空运输范围之内的旅游目的地不具有可进入性，因此，大型滑雪旅游目的地往往距离机场较近，一些新规划建设的滑雪旅游目的地也会考虑附近是否有机场。

（三）娱乐服务

冰雪旅游娱乐项目主要包括观光娱乐和体验娱乐。观光娱乐项目主要指冰雕、冰灯、雪雕和冰上表演等，体验娱乐项目主要包括滑雪、滑冰和雪地摩托等。冰雪旅游娱乐服务是开展滑雪旅游的决定性因素，随着大众体验消费时代的到来，冰雪旅游已从以冰雪观光为主转向以滑雪运动为主，具有冬

第六章 滑雪旅游目的地

季特色的娱乐项目成为滑雪爱好者的首选。

(四) 基础设施服务

滑雪旅游目的地必备的基础设施主要包括厕所、服务中心、卫生站、停车场等,这些基础设施直接影响到游客的旅游质量。综合服务大厅则主要为滑雪者提供滑雪前的准备工作、滑雪过程中的保护工作、滑雪后的休憩服务,包括雪具租赁、更衣存储、医疗救护、广播监控、餐饮休闲等功能区。综合服务大厅是保障滑雪者安全舒适进行滑雪运动的必要服务设施,在综合服务大厅内提供滑雪服、滑雪板、滑雪鞋、滑雪手套、滑雪头盔及滑雪镜等滑雪装备的出租、出售和修理养护,以及滑雪卡的办理、提供更换滑雪装备的场地等服务。停车场是滑雪场运营的必要服务设施之一,滑雪场选址一般位于远离城市中心的山区,滑雪场的选址区位直接决定了汽车成为其主要交通工具,大多数滑雪者会选择自驾作为滑雪旅游的出行方式,因此滑雪场必须配备足够的停车空间,满足城市公共汽车及自驾滑雪者的停车需求。

(五) 公共服务

旅游公共服务是为了适应滑雪旅游者的公共需求以及为推动旅游业又好又快发展,由政府主导,可由其他社会组织共同提供的,不以营利为目的的公共产品和服务。旅游公共服务设施的服务对象不仅包括旅游者,还包括本地居民,具有公有性和服务性的特点,旅游公共服务设施的用途和目的是保障旅游者及本地居民安全、信息畅通、交通便捷、旅游及生活的便利。具体来说,滑雪旅游公共服务供给主要包括五种:一是行政管理服务,如旅游投诉处理、制定有关政策、游客权益维护等;二是交通运输服务,包括市政道路建设、提供公共交通服务等;三是安全保卫服务,如旅游安全排查、治安巡逻等;四是惠民便民服务,如配备旅游集散点的游憩设施;五是旅游公共信息服务,如完善旅游公共标识、建设旅游信息服务网站为公众提供免费服务和咨询等。

本章小结

本章介绍了滑雪旅游目的地的相关理论知识，即滑雪旅游目的地的概念、形象和生命周期，以及影响目的地竞争力的三类因素，之后划分了滑雪旅游目的地的类型，使读者更加深入、全面地认识和了解滑雪旅游目的地。同时，本章对滑雪旅游目的地的产品和服务进行了分析梳理，介绍了它们的概念、特点和种类等相关内容。

复习思考题

一、简答题

1. 简述滑雪旅游目的地的概念和内涵。
2. 简述旅游目的地生命周期理论。
3. 滑雪旅游目的地产品有哪些？

二、讨论

1. 如何对滑雪旅游目的地进行分类？
2. 如何做好滑雪旅游目的地的服务？

参考文献

[1] 陈曲骏骊. 我国滑雪旅游度假区发展现状及趋势研究 [D]. 哈尔滨：哈尔滨体育学院，2016.

[2] 付艳慧. 滑雪旅游目的地旅游竞争力及其开发评价研究 [D]. 青岛：中国海洋大学，2009.

[3] 和云娟. 基于冰雪产业发展的小城镇群及重点镇空间发展策略研究 [D]. 北京：清华大学，2018.

[4] 侯猛，董芹芹. 欧洲冰雪小镇建设经验及对中国的启示 [J]. 四川体育科学，2019，38（6）：102-108.

[5] 李娜，秦伟，李兆进. 我国休闲型体育特色小镇发展驱动机制研究：

以太舞滑雪小镇为例[J]. 南京体育学院学报, 2020, 19 (8): 16-22.

[6] 孙慧杰, 张津京. 欧洲滑雪小镇发展实践与启示: 以法国、瑞士、挪威小镇为例[J]. 城市发展研究, 2019 (5): 1-3.

[7] 魏小安. 旅游目的地发展实证研究[M]. 北京: 中国旅游出版社, 2002.

[8] 吴必虎. 旅游学概论[M]. 3版. 北京: 中国人民大学出版社, 2019.

[9] 张凌双. 我国体育特色小镇发展模式探究[D]. 北京: 首都体育学院, 2018.

[10] 张言雪. 游客体验视角下哈尔滨冰雪旅游产品开发策略研究[D]. 哈尔滨: 哈尔滨师范大学, 2020.

[11] 赵心炜, 邢金明, 杨晓光, 等. "丝绸之路经济带" 倡议下我国冰雪运动休闲特色小镇发展路径研究[J]. 运动, 2019 (3): 8-10.

[12] 郑峻峰. 滑雪在中国[M]. 北京: 北京体育大学出版社, 2016.

[13] COOPER C, HALL C M. Contemporary tourism [M]. London: Routledge, 2007.

[14] PEARCE D G. An integrative framework for urban tourism research [J]. Annals of tourism research, 2001, 28 (4): 926-946.

第七章　滑雪旅游电子商务

- 本章提要

1. 介绍滑雪旅游电子商务的相关理论知识，包括概述、特点及分类。

2. 介绍电子商务对于滑雪旅游的经营管理、旅游者、营销管理方面的影响。

3. 从三个角度对滑雪旅游电子商务进行进一步分析，包括滑雪旅游服务的电子商务、滑雪旅游者的电子商务、滑雪旅游与未来科技的融合。

第七章　滑雪旅游电子商务

第一节　滑雪旅游电子商务概述

一、滑雪旅游电子商务概述

滑雪旅游电子商务是以信息技术为载体，与滑雪旅游相关的商务活动。从电子商务服务的起始到终端来分，可分为滑雪旅游经营、滑雪旅游服务、滑雪旅游者。本节主要对滑雪产业电子商务、滑雪供应商电子商务、滑雪旅游企业电子商务进行概述。

（一）滑雪产业电子商务

滑雪产业电子商务是以滑雪经济活动为核心，根据滑雪旅游者的个性化需求，集合餐饮、住宿、原材料、交通、通信等多个行业，向其提供综合性、多样性的滑雪产品和服务，促进滑雪产业链的协同发展。滑雪产业电子商务涵盖滑雪器材、服饰、雪场设备设施的生产与维修等。滑雪产业的关联产业数量很多，与多个行业都有十分紧密的联系，不过最为突出的是滑雪器材、设备和相关产品，这些行业的电子商务分属不同的专业领域，本书不做详细介绍。

（二）滑雪供应商电子商务

滑雪供应商是指向滑雪场企业供应各种所需滑雪资源的企业和个人，包括提供原材料、滑雪场设备、滑雪装备用具等。一般滑雪供应商的电子商务模式都是B2B，也就是企业与企业之间进行电子商务贸易活动。例如，科技公司可以为滑雪旅游企业搭建电子商务网站来获取利润，滑雪设备公司可以通过供应商网站或者其他方式向滑雪场销售其设备。本书重点介绍为滑雪场提供电子商务平台的第三方企业解决方案。

（三）滑雪旅游企业电子商务

滑雪旅游企业按照从事滑雪旅游产品经营的产业链来划分，可分为三类，分别是直接滑雪旅游企业、辅助滑雪旅游企业、开发性滑雪旅游组织。这些企业利用现代信息技术所产生的电子商务贸易活动就称为滑雪旅游企业电子商务。

直接滑雪旅游企业是在滑雪旅游体验中旅游者所享受到的旅游产品和服务的直接供给方，他们提供的服务活动包括旅行社的滑雪旅游跟团游在线预订、餐饮住宿服务、旅游商店、交通服务、滑雪场服务、娱乐活动等。

辅助滑雪旅游企业是辅助滑雪旅游体验顺利进行的其他企业，包括影视公司、清洁公司、通信设施等生活服务部门，保障水电的供应和其他基础设施的建设，以及对旅游目的地的开发与宣传。

开发性滑雪旅游组织是除上述两个滑雪旅游企业之外的其他组织，例如河北涞源国家高山跳台滑雪训练科研基地或者滑雪旅游学校等。

二、滑雪旅游电子商务特点

（一）改变传统的经营模式

传统的滑雪旅游业经营模式容易受到时间与空间这两大不可控因素的影响，形成支付方式单一的固定消费模式，而且大部分都是线下经营，容易受到多方因素的影响。中国旅游研究院与马蜂窝旅游共同发布的《2020年第四季度在线旅游资产指数（TPI）报告》中，在2020年的第四季度，不仅以冰雪资源为优势的北方滑雪目的地TPI指数逆势上涨，而且受气候影响的南方地区的滑雪场和冰雪旅游项目也是滑雪旅游者的热门选择，可见电子商务的介入在一定程度上突破了空间的限制。

自从电子商务进入滑雪旅游市场后，改变了其经营模式，利用现代电子科技手段把生产经营模式由线下转变为线上、线下相结合，让旅游目的地与旅游者之间的交流通道更加顺畅，滑雪场也能更好地整合滑雪资源、监控流量与市场需求、把控门票价格，通过多种支付手段和高质量且多样化的活动与服务，满足滑雪旅游者日益变化的个性化需求，从而提升旅游质量，提高服务水平，扩大滑雪旅游收入。

（二）改变滑雪旅游业的消费结构与形式

电子商务按照交易对象不同（即消费活动的过程）有多种分类，例如，

C2C 模式，消费者和消费者的交易模式；B2C 模式，企业和消费者的交易模式；B2B 模式，企业和企业的交易模式；B2G 模式，企业和政府的交易模式；B2B2C 模式，电子商务企业通过完整的"供应商—经销商—消费者"供应链关系，构建物流供应链系统，便于企业进行产品和服务的销售。

电子商务的产生，使滑雪旅游业的消费结构和形式产生了巨大的变化，不仅提高了消费结构的多样性，其重点更在于增加了供应商、旅游者、经销商、政府等供应链环节的信息交流途径，也增强了信息交流的完整度和商务活动的供应。直接面对旅游者的消费模式，有助于滑雪场快速捕捉到旅游的需求，做到有针对性地提供相关旅游服务和产品，从粗略的产品经营转变为精细的需求经营，也是滑雪旅游电子商务经营进步的一个重要体现。

(三) 扩大滑雪旅游市场

在生活中，人们只需要通过移动设备或者个人电脑就可以随时随地地获取其他地区的具体情况，包括旅游目的地的旅游服务设施、天气情况、客流量、交通情况或者其他具体情况，这种形式一般称为网络营销。网络营销在一定程度上提供了更广阔的信息窗口，让滑雪旅游者掌握更多的滑雪信息和攻略，让更多消费者了解滑雪旅游，从而产生旅游体验的渴望，进而满足滑雪旅游需求，扩大滑雪旅游市场，把潜在的旅游者变成真正的滑雪旅游者。

(四) 为滑雪旅游者提供便利

各类滑雪旅游电子商务平台可以提供多种服务，包括门票预订、酒店预订、交通服务和信息查询等，既节省了旅游者的时间和费用，也把最全面的服务和产品放到旅游者的面前，让旅游者能够足不出户地进行旅游选择或者调整，为旅游者提供了极大的便利。

三、滑雪旅游电子商务分类

(一) 滑雪旅游解决方案供应商电子商务

1. "河姆渡"滑雪场一卡通系统

滑雪场一卡通系统能够实现滑雪场门禁系统、员工考勤、游客消费等功能，提高雪场安保管理、人事管理及财务管理效率，节约人力投入、提高游客满意度，更体现出滑雪场的智能化、人性化的特点。

滑雪场一卡通系统包含六大子系统，分别是综合布线系统、视频监控系统、入侵报警系统、公共广播系统、信息发布系统、一卡通消费/会员系统，实现全方位智能化、高效率的管理，其工作流程如图7-1所示。

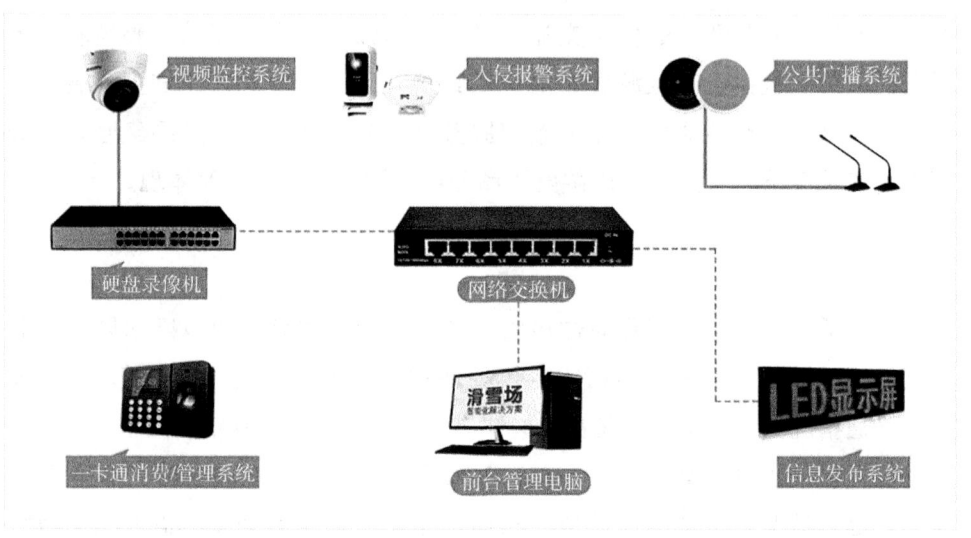

图 7-1　一卡通系统工作流程

（1）综合布线系统。该系统为滑雪场提供一个良好的、舒适的、高效的办公环境，提供一个网络化、智能化、通信化的滑雪场办公平台。

（2）视频监控系统。视频监控可维护滑雪场公共安全，如防入侵、防被盗、防破坏、防火、防暴等安全事项。

（3）入侵报警系统。入侵报警系统防范不法分子想利用人为管理漏洞实施偷窃的企图，最大程度杜绝盗窃案件的发生。

（4）公共广播系统。公共广播系统除了提供可靠优质的服务性、业务性广播外，还在发生火灾等紧急情况时与消防进行系统联动。

（5）信息发布系统。信息发布系统播放滑雪场的最新消息、公益宣传、优惠活动、新闻等整合至信息公告平台，也可整合播放国内外新闻资讯。

（6）一卡通消费/会员系统。一卡通消费/会员系统用一卡多身份的方式

实现强大的商务促销功能,如打折、优惠、分段优惠及现场滑雪计时等功能,其在滑雪场管理中使用的场景如图 7-2 所示。

图 7-2 一卡通系统使用场景——滑雪场管理

滑雪场一卡通系统适用场景:约计 1 000 平方米,滑雪场由室内功能区和室外滑雪场地组成,其中室内功能区含售票处、雪具大厅、存包处、餐厅等。

2. "智付游"滑雪场票务系统解决方案

随着售票系统越来越先进,"智付游"设计了滑雪场票务系统解决方案,从人工操作进化为系统管理,给游客提供了极大的便利。该方案可以实现以下功能:

(1)滑雪场地管理系统。系统整体是以模块化设计,以滑雪管理为主模块,实现多公司管理经营模式,预留开放接口,将客房、餐饮、商场等管理模块设为子模块,从而形成一个涵盖整个娱乐区的综合管理系统,既适合目前滑雪场的实际管理需求,又能适应雪场的发展,向风景旅游度假村模式发展的管理要求。

(2)项目终端管理。分布于雪场所的各活动项目处,全部为客户持卡消费,不需要考虑对现金和支票的管理。各子系统由 1 台消费 POS 终端和一组智能读写卡器构成。

(3)会员管理。会员管理模块有会员拍照、会员打折、会员积分、会员挂失、会员锁定、会员消费加密等功能。支持磁卡、IC 卡、ID 卡等刷卡,软件更安全更方便,系统的会员卡管理独具特色,提供固定折扣卡、储值卡、次数卡、年卡、月卡、季卡、小时卡等不同类别的卡型等,同时还可以根据需要自行设置卡型,功能包括对会员卡(积分卡、充值卡、代金券、优惠卡、主副卡等)的管理。

（4）门票销售管理。通过刷手环直接售票，可达到每分钟售出 50 张票的高速。

（5）支持微信、支付宝付款。通过窗口或自主售取票设备，游客可出示付款码扫一扫，即可快速完成支付。

（6）闸机智能验证进场。游客在进入滑雪场时，只需持门票印有二维码的门票，在闸机上扫一下，即可自动开闸通过，闸机自动识别客人信息，并反馈到系统服务器后台。

（7）交班管理。当班者交班之时，只要打印交班报表，即马上统计本班现金收入、会员存款、会员刷卡、商品销售总金额。

（8）商品进销存管理。包括商品消费管理、外卖管理、库存管理、往来账务管理，各雪场商品存货数量管理、资金管理、商品买卖明细管理，以及各仓库商品存货数量、资金管理。

3. "华夏逸众"滑雪场管理系统解决方案

"华夏逸众"滑雪场管理系统，包括滑雪场票务管理系统、滑雪场一卡通系统、滑雪场计费收银软件、计时计次消费结算系统、POS 收银系统、滑雪设备租赁管理系统等。游客可通过一卡通完成所有消费项目，能够提高游客在各个环节的办理速度，减少游客等待时间。雪具租赁管理系统杜绝或尽量防范雪具的丢失、不正常使用，增加了雪场应有的收入。工作人员可以设置商品种类，客户可以使用雪场一卡通刷卡消费，方便购买商品。财务系统全电脑化，减轻财务、收银人员的劳动强度，财务报表及时准确，提高了财务的准确率和效率。

（1）系统设计。滑雪门票系统由管理中心、售票设备、出入口处检票闸机和独立的售票点设备组成。

管理中心：安装系统的核心设备，包括门票系统数据服务器、系统维护终端、数据查询统计终端、数据网络设备等。

园区各点售票设备：在各区设置相对集中的售票点，出售本雪场或联网雪场的电子门票，以最大限度满足游客对售票环节便利的需要。

租借处、场内检票设备：在租借点入口处，安装若干台检票闸机设备，实现游客持系统有效滑雪卡自助检票入园，如图 7-3 所示。检票设备能自动给出声光提示，以方便督票员监督游客持有滑雪卡的类别和有效性，杜绝废卡、过期卡、已用卡等无效卡混入园区现象发生。

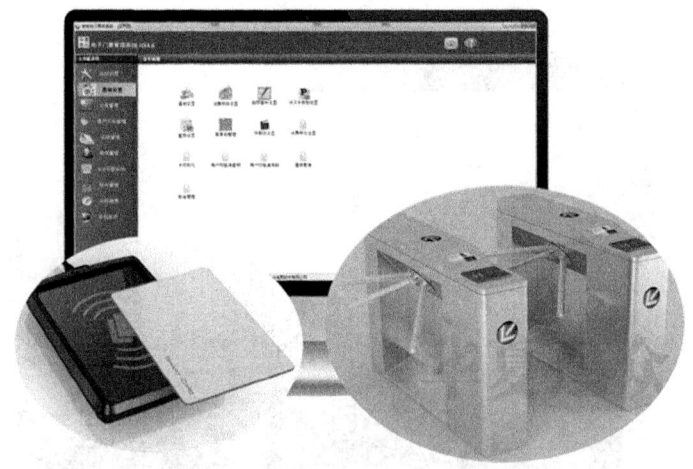

图 7-3　一卡通使用场景——闸机检票系统

（2）雪具租赁管理（如图 7-4 所示）。支持多种器具、物品的租赁管理；可设定不同组合类型的租赁方式；支持租赁物品分区管理，不同的租赁物区域只能看到本区域内的租赁物品信息及状态；可定义押金金额价格；可将租赁物绑定在不同门票中；可查询物品租借时间的明细及租借详单；可进行未还物品查询；可进行物品赔偿查询；租赁物与押金进行绑定，租赁物需要完全归还后方可退押金；可聘请教练按时长计费；可自定义租赁物赔偿及超时的计费方式；可根据节日、工作日、周末设定时段价格；可按照天、小时计租。

（3）一卡通系统。系统支持消费卡、结算卡、计次卡、季卡、年卡等多种卡类型，可满足客户多种消费场景需求。一卡通正面一般印有滑雪场企业 LOGO、编号及卡片类型，背面一般印有告知性内容及使用条款，如图 7-5 所示。消费卡客户预先充值，卡内余额作为押金，可在场内租借雪具、消费商品、聘请教练，滑雪完成后退雪具，最后结账还卡退押金。结算卡可绑定多张消费卡，用于团队使用，用来结算团体费用。客户购买计次卡后可在有效时间范围内多次使用。季卡可在当季不限次数使用。卡片采用 IC 卡，识别率更高，特有加密技术无法复制，能有效防止不法分子伪制，保障园区的利益。

也可直接绑定身份证出卡，将身份证作为票的唯一标识，游客通过实名制购票，利用身份证完成整个滑雪的流程，从通道验证通行。

图7-4　一卡通使用场景——滑雪器具租赁前台

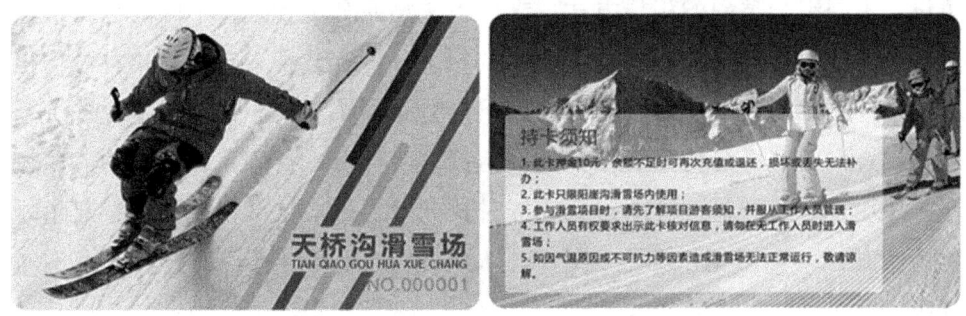

图7-5　一卡通正反面

（4）收银管理。支持单人、团队售票；可定义租借项目，按项目销售门票；可充值发会员卡；俱乐部旅行社自定义折扣；可设置客户类别，按客户类别定义价格；一键结算退卡。

（5）财务管理。精细化的后台管理，多种混合结付方式对一项交易进行结付；现金库操作清单表实时查询，按结付方式显示面值及数目；顾客来源统计；产品销售统计；可导出统计数据进行二次编辑；详细的预订统计功能；入口客流统计；历史数据报表；销售时段统计信息；折扣统计信息；出票综

第七章　滑雪旅游电子商务

合报表；营业收入明细；充值退卡明细；结算汇总；教练业绩汇总；报表场景化和可视化。

（二）滑雪旅游企业电子商务

滑雪旅游企业主要是为滑雪场提供滑雪旅游服务的企业，其电子商务类型可大致分为两大类——滑雪场自建平台和第三方平台。

1. 滑雪场自建平台

基于滑雪旅游产品及服务的销售要求，滑雪场一般都会有自建平台，包括官方网站、微信公众号、预订小程序等。在这些平台上，滑雪旅游者可以在滑雪旅游体验的三个环节中与滑雪场进行交流，包括滑雪资讯查询、问题反馈、票务预订、住宿餐饮预订、交通情况、滑雪器材的购买与租赁等电子商务行为。这不单是滑雪场自身技术硬实力的体现，更是滑雪旅游电子商务为滑雪旅游者提供信息化、快捷化、个性化的产品及服务的体现，真正做到企业以"滑雪运动"为核心，以"游客需求"为本，促进滑雪旅游企业的经营与管理。

2. 第三方平台

第三方平台一般分为两类，即提供滑雪旅游资讯查询的综合性网站和提供滑雪旅游服务的平台。综合性网站包罗万象，涉及各个行业各个方面的内容，主要是通过搜索滑雪相关的关键字来获取信息，如搜狐、新浪等，这类网站流量大但广告也很多，信息来源庞杂，需要查询者对信息的真实性进行理性思考，从而做出相关滑雪旅游体验的决定。提供服务的平台一般是OTA平台或者O2O网站，这类网站会提供滑雪场各类门票的在线预订、酒店餐饮预订、滑雪旅游服务定制以及其他滑雪旅游服务预订，既包括了传统旅行社的半包价、全包价服务，也对滑雪旅游产品服务进行了创新，如滑雪场各景点门票的票务组合、租赁服务等。这类网站的特点是旅游信息多、产品丰富、服务齐全、用户群广，但增值服务的上升空间小、网站提供的服务质量有时难以保障。

（三）滑雪旅游营销电子商务

滑雪旅游营销电子商务的存在就是为了更好地为滑雪旅游企业进行网络

· 211 ·

营销，通过多种渠道对滑雪旅游产品和服务进行分销。

尤其是在疫情阴霾笼罩之下的 2020 年，短视频平台的营销迅速占据了大家的视野，如抖音、快手、bilibili 等，消费者获取生活娱乐、工作学习资讯的途径正在逐步转移到线上。这不是短期的流量爆发，而是大家的生活、消费习惯正在逐步改变的过程，视频化内容表达形式更容易让大家了解与接受。比如，之前在某短视频平台上有一个很火的滑雪照片打卡活动，吸引了旅游者的注意力，从而引发大家纷纷进行滑雪旅游体验并参与打卡活动，这也促进了滑雪旅游的瞬时发展。一般的滑雪场会有相应的短视频账号，同时有专员进行新媒体运营，通过发送滑雪场日常照片与滑雪技巧等信息来与旅游者进行交流，构建更亲密的企业与消费者的关系，扩大滑雪品牌影响力。

又如滑呗、滑雪族、GOSKI 等虚拟社区，它们属于提供滑雪旅游专项信息的电子商务平台。在这些软件或者网站上，滑雪者可以进行虚拟社区活动并分享日常，可以购买相关滑雪设备器材，可以搜索滑雪教程进行学习，还可以通过这些平台参与线下俱乐部的活动，通过科技手段把每一次滑雪体验记录下来，从而吸引更多旅游者爱上滑雪旅游，促进滑雪旅游产业的发展。滑雪场在这些社区里会有相应的板块，滑雪爱好者可以在其中发表自己的滑雪体验点评，也可以查看其他滑雪者的帖子并进行交流，还可以找到该滑雪场的雪票情况、举办的相关活动与参与途径。这类虚拟社区板块的存在增加了滑雪旅游者的黏性，为滑雪场的经营管理提供与滑雪消费者的交流窗口，提高滑雪场的收入。

第二节 电子商务对滑雪旅游的影响

电子商务的发展对滑雪旅游产生了巨大的影响，本节从滑雪旅游者、滑雪旅游经营管理、滑雪旅游市场营销、滑雪旅游目的地这四个方面来探讨电子商务对滑雪旅游行业发展的作用。

一、电子商务对滑雪旅游者的影响

滑雪旅游者是滑雪旅游经营的最终受众，是享受滑雪旅游产品和服务的

人。滑雪旅游者是滑雪旅游电子商务的最终服务对象，满足他们的旅游需求是电子商务存在的根本原因。在旅行前，滑雪旅游电子商务可以利用网站、论坛等发布滑雪旅游目的地的相关信息，同时游客也可以在网上预订滑雪服务和其他娱乐活动；在旅行中，游客可以通过滑雪旅游电子商务平台来了解雪场的当前信息，包括滑雪设备、人流量等情况，从而对旅游方案进行个性化的调整；结束旅行后，可以借助论坛、App等方式进行游客满意度调查，这为滑雪旅游电子商务提供了更多的反馈信息，方便旅游企业更好地进行系统的改善和旅游信息的定向提供。

在现代信息社会，电子商务能够给滑雪旅游者带来诸多便利，从旅游计划开始到购票等预订服务，滑雪旅游电子商务的发展给旅游产业创造了更大的内在动力。从餐饮、滑雪器材的购买与租赁、交通设施服务、多彩娱乐活动、游客咨询中心的构建等，到虚拟滑雪社区的运营，电子商务在一定程度上承载了滑雪旅游者的期待，可以实现以游客需求为中心，为游客提供更多的便利。

二、电子商务对滑雪旅游经营管理的影响

滑雪旅游经营电子商务通常是在财务、市场营销、技术管理、物资管理、设备管理等方面用信息技术手段代替人工劳动的形式，形成完整的企业管理流程，实现高效、流畅的管理，方便旅游企业生产经营活动的顺利开展。电子商务对滑雪旅游经营管理的影响主要有以下三个方面。

（一）经营管理方面

信息时代，各类旅游电子商务平台之间的竞争越来越激烈，如何为旅游者提供更为优质的服务成为重点。利用新型管理理念，能够有效整合各类资源，做到资源利用最大化。旅游企业通过构建电商平台，节省了线下实体店的各项成本，并且还不受地域的限制；滑雪场本身可以通过对人员流量的监控来进行决策与调整，并且能够把经营、服务、财务、营销和管理等各个环节联合起来，对旅游企业整体的经营进行把控，从而提高旅游企业整体的经济效益。

(二) 企业营销方面

新的旅游电子商务模式就是把企业营销的重点从营销"有什么样的旅游产品或服务"转化为营销"旅游者需要什么样的产品或服务"以及"如何满足旅游者日益增长的旅游需求"。可以通过客户管理系统（CRM）来进行企业营销与管理。在这个系统中有一个独特的板块——客户分析系统，它通过CRM系统中的客户信息管理，通过网络、通信、计算机等信息技术对客户进行识别与分析，包括客户服务、产品质量、服务水平、售后问题等方面，使企业实现不同职能部门的合作与协调，提高客户满意度，树立旅游企业的良好形象，能够精确找到和保持有价值的客户，也便于发掘潜在客户，实现企业营销目标。

三、电子商务对滑雪旅游市场营销的影响

滑雪旅游市场营销管理是对战略、策略、价格策略、分销渠道策略、促销策略这几个方面的过程管理，通过研究旅游者的需求和需求量，实现滑雪旅游企业生产和销售旅游产品及服务的目的。电子商务是一种改进后的创新营销模式，打破传统营销受地域、时间限制的不足，利用互联网等现代信息技术，让滑雪旅游企业之间、滑雪旅游企业与游客、企业与供应商等滑雪旅游产业链上各个环节之间的联系更为密切，把以"产品为中心"的传统营销观念转换为"以游客需求为中心"，并发展出相应的"4C"营销理论，挖掘更多潜在客户并实现各利益方共赢的目标。

可以说，电子商务利用网络的快捷与便利，协调滑雪旅游市场的供需平衡，创造更多社会财富，坚持以游客满意度来实现较高盈利的现代营销观念，达到高效快捷的市场营销目的，从而提高滑雪旅游企业的核心竞争力，创造更多财富。

四、电子商务对滑雪旅游目的地营销的影响

1. 改变传统滑雪旅游目的地的发展模式

电子商务让各个滑雪旅游目的地从单独发展向产业集合发展，从而改变旅游目的地的营销策略，在一定程度上既是对滑雪资源的再整合，也是协同

发展观念的体现,最终实现共赢。例如,多乐美地是典型的社区发展模式,吸引当地社区和企业的参与,并鼓励同区域内独立的公司之间进行良性的服务竞争,实现了同一区域内滑雪旅游产业的稳定发展和企业间的共同盈利。多乐美地还引进了大量著名冬季户外体育品牌企业的加工基地,通过建设集滑雪科研、设备生产、业务咨询、营销策划于一体的滑雪旅游产业聚集地,加速滑雪旅游产业链的全面发展,从而增强了对当地经济的带动作用,推动了整个多乐美地区域内滑雪旅游产业的整体协调发展。

2. 滑雪旅游目的地产品和服务组合预订

通过探索滑雪旅游者所需旅游产品和服务,对旅游活动所需的多种吸引物、设施和服务进行组合,包括滑雪相关产品的租赁及维修服务、住宿和餐饮相关产品的营销、滑雪后的娱乐活动及商店设施等,旅游目的地可以提供预订服务业务,为游客提供了极大的便利。

3. 搭建游客信息系统

旅游目的地基于现代信息技术,通过收集信息,搭建信息齐全的游客信息系统,向滑雪旅游者提供目的地最完整、最实时的滑雪旅游信息,借此吸引更多的游客。滑雪旅游者也可以通过该系统进行预订、信息查询、与旅游目的地互动等活动。这既是滑雪旅游目的地的核心竞争力,也打开了目的地与外界交流的窗口。

第三节 滑雪旅游服务的电子商务

滑雪旅游服务是指在进行滑雪旅游体验的过程中,旅游者应该享受到的各种服务,如票务服务、租赁服务、交通服务、住宿餐饮服务和其他服务。这些服务在一定程度上为游客提供了便利,也是满足游客个性化需求的体现形式。根据旅游六要素"吃、住、行、游、购、娱",还可以衍生出其他电子商务来满足滑雪旅游者的消费需求,提供其他的服务来增加滑雪旅游景区的吸引力,从而让游客停留时间更久,产生更大收益,例如,提供票务服务、租赁服务、交通服务和其他休闲娱乐服务。

一、票务服务

大部分滑雪旅游景区最直接且主要的收入是门票、缆车票等票务收入，电子票让旅游者可以通过各种不同的途径买票，根据人数、游玩时间或者其他活动票价对比来进行组合选票。在一些特别的滑雪区，可以根据游客自身需要的服务和活动进行票价定制，既为游客提供了便利、节省了时间，也对景区提供的服务进行了升级，真正做到了满足个性化需求。

（一）购票途径

早期景区的购票服务一般由景区本身提供，后来随着科学技术的发展，景区经营方与其他平台合作，旅游者可通过旅行社、OTA 平台和 O2O 平台等多种途径购票。旅游者可以通过景区的官网购票，也可以选择信誉较好的 OTA 平台来购票，如携程。在近几年，美团等 O2O 平台也开始思考"吃、住、行、游、购、娱"这些旅游因素，提供相应的服务。购票途径的多样化，是滑雪旅游产业升级的表现，也是与其他产业相融合的必然结果。携程跟团游和自由行 2018 年的数据显示，大部分旅游者会选择线上预订的形式来预订冰雪旅游产品，其占比达到了 69%，但值得关注的是，通过线下门店购买冰雪旅游产品的占比也达到了 31%，这比之前有了大幅度提高。

（二）票类组合

在各种平台提供的票价服务中，有多种类型的组合。比如，滑雪套餐票通常包括整个景区的主要项目，含魔毯、租赁、缆车等费用。有的票价按人群区分，一般会有成人票、学生票等，还有按停留时间来划分的，一般有半天、一天、一天半、两天等，价位各不相同。还有一些比较特别的票价类型，比如，哈尔滨亚布力阳光度假村滑雪场会提供优待票，对象为黑龙江市民。

（三）私人化定制服务

私人化定制服务，一般是线上或者线下旅行社根据当地不同景点，从而设计出旅游线路，旅游者在平台上选择心仪的旅游线路，然后再查看相关旅游产品的具体情况。这对旅游者来说耗费的精力是比较少的，因为平台会为

他们做好攻略，包括购票、住宿、餐饮等服务，一步到位，为旅游者提供更加个性化的服务。

 案例

鼎游信息滑雪场票务系统

1. 系统设计

滑雪门票系统由管理中心、园区各景点的售票设备、各景点入口处检票设备和独立的联网售票点设备组成。

管理中心：安装系统的核心设备，包括门票系统数据服务器、系统维护终端、数据查询统计终端、数据网络设备等，系统数据库采用 oracle 数据库。

园区各景点售票设备：在各景区设置相对集中的售票点，出售本雪场或联网雪场的电子门票，以最大限度满足游客对售票环节便利的需要。同时系统可在市内等需要的地方，设置联网售票点，以满足不同游客的需要。

各景点入口处检票设备：在各景点入口处，安装若干台检票闸机设备，实现游客持系统有效滑雪卡自助检票入园。检票设备能自动给出声光提示，以方便督票员监督游客持有滑雪卡的类别和有效性，杜绝废卡、过期卡、已用卡等无效卡混入园区现象发生。

2. 滑雪卡选型

滑雪场因涉及出票后装备租赁及其他另消费的一系列操作，一般选用非接触式 IC 卡。非接触式 IC 卡价格相对较高（制卡成本在 1.8 元/张左右），但 IC 卡识别率更高，特有加密技术无法复制能有效防止不法分子伪制，保障园区的利益。也可直接绑定身份证出卡，将身份证作为票的唯一标识，游客通过实名制购票，利用身份证完成整个滑雪的流程，从通道验证通行。

IC 卡门票就是以带有存储 IC 芯片的智能卡片作为门票，门票的数据信息存储在 IC 芯片当中，IC 卡门票按读卡方式可分为接触式和感应式（非接触）两类，接触式由于操作麻烦、设备故障高而基本不被采用，所以 IC 卡门票基本以感应卡为主，其售票方式与磁卡的方式相仿，但其存储容量大，防伪性能好。

3. 滑雪产品销售

滑雪卡采用先特殊加密方式加密，之后在出卡时直接将实时产生的数据写到卡里，游客在消费其他的产品时通过售卡点或租赁点能实时查看卡内的信息，做到了安全、方便，游客能及时了解在雪场消费的详情，如图7-6所示。

图7-6 滑雪卡界面

4. 系统应急方案

● 客流高峰时

针对客流高峰期的状况，可采用以下方案予以解决：采取明确窗口办理业务，分工明确，提高给客人办卡的效率；及时沟通，建议游客网上预订之后现场出票，免掉现场收费多花的时间。

● 网络故障应对方案

系统已经采用了网络链路冗余技术，网络完全瘫痪的可能性很小。即使验票机与服务器发生网络故障，系统也会立即起用加密算法进行本地验票。可读写的感应卡作为门票，可以实现完全的离线验票，将门票状态等信息，

第七章 滑雪旅游电子商务

全部写在卡上进行判断。因此，在网络故障的情况下，系统确保游客购买的门票能顺利使用。一旦网络正常后，所有的验票数据将自动上传到数据中心。

- 断电应急预案

园区的突然断电会带来系统工作的中断、主机硬件损坏、数据的不可恢复性损坏，因此必须提供稳定的、在线式的不间断电源（UPS），续航能力至少为2小时左右，这样园区在突然断电的情况下，就能保障系统的正常运营，也不必担心因断电而产生的数据丢失、设备损坏了。

鼎游在应用软件中也充分考虑了特殊情况下的保证措施，在采取应急预案的情况下，如果使用纯手工的方式操作，只要将该期间的各类数据手工统计好并做好完整的记录，在系统恢复使用后，利用软件中补录的功能，即可将应急处理的数据补录到系统当中，确保整个系统的数据的完整性。补录的数据相当于将售票、验票的数据在系统中一次性录入，从而在完全不影响系统正常工作、不留任何漏洞的前提下，保证数据完整。

- 特殊使用环境应对方案

鼎游信息自1995年实施首个电子门票系统后，至今已有连续为各类景区服务十几年的经验。其实施的电子门票系统，已经遍及中国27个省、自治区、直辖市，有两百余个景区的成功案例；所提供的设备经过一系列严密的工艺处理，可防静电、防水防潮、耐低温、耐高温、抗撞击；已经在众多恶劣环境下经过了实际考验，零下38℃的哈尔滨，零上60℃的新疆吐鲁番，潮湿的江苏、浙江、广东等地，都有鼎游的系统在正常稳定运行。

5. 智能售票窗口操作

- 前台收银系统由售票工作站和出卡设备组成。它主要执行滑雪账务管理、售票、退购、充值等功能。售票工作站分为散客、团体、补票窗口，需连接数据库服务器。
- 该系统具备严格的权限管理要求。
- 系统根据客户对门票性质的归类，自行设计门票的售票规则，系统能管理多种不同类型的门票和会员，可以实现窗口售票、网上订单出票、滑雪退购、滑雪延时、结算、查询、打印等功能，如图7-7所示。

电子售票系统可以实时查询电子商务的订单信息，根据导游或者散客的身份证+密码验证通过后出票。

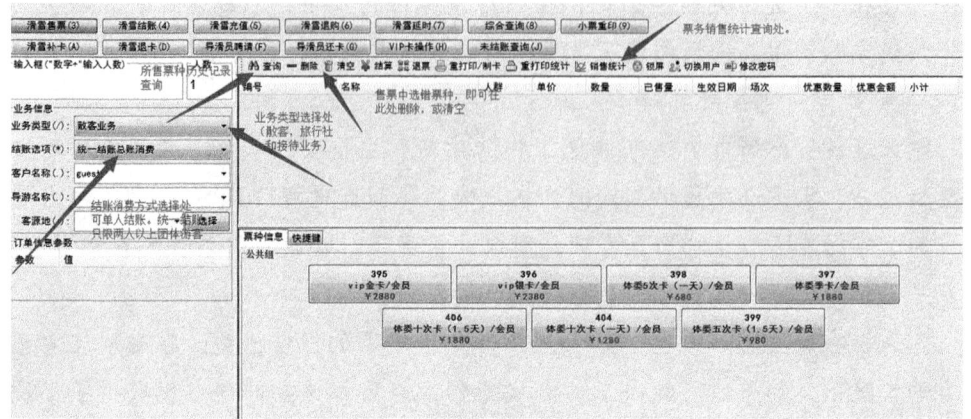

图7-7 售票终端界面

二、住宿餐饮服务

住宿服务是为了满足旅游者的过夜需求，而餐饮收入一般是滑雪旅游景区的第二大收入来源，住宿餐饮可以说是除了滑雪运动门票收入之外的主营业务收入的重要组成部分。

（一）住宿

由于滑雪景区地理位置不在城市中心，至少需要一天时间往返，因此越来越多的人选择周末游或者花费几天时间来享受滑雪体验。经营者可以通过信息化手段来提升住宿设施的生产效率和管理效率，为景区创造或提高经济效益。通过建立客房预订网络系统，住宿设施的住房风格、床位数量与档次都可以通过计算机或者移动设备直接访问，并能立即接受预订与确认。

案例

万龙度假天堂的住宿服务

万龙度假天堂为滑雪旅游者独家打造各种类型的主题酒店，有豪华大床，也有童趣可爱的儿童主题房，根据旅游者的旅游需求提供不同的住宿服务。

第七章 滑雪旅游电子商务

万龙度假天堂共提供七大类型的酒店，分别是龙宫酒店、万龙国际公寓酒店、儿童主题公寓酒店、双龙酒店、跃龙酒店、帐篷、星空房车，其特点表7-1。

表7-1 万龙度假天堂住宿服务类型　　　　　　　　　单位：元

酒店名称	价　格	房　型	特　点
龙宫酒店	1 559~2 219	景观大床、景观标间、山景标间、景观套房	奢华酒店，高贵气质，高品质服务，与现代化智能结合
万龙国际公寓酒店	761~1 001	尊享景观套房、亲子家庭套房、雪景榻榻米、至尊景观套房、雅致家庭套房、温馨家庭套房、山景休闲居大床、山景休闲居榻榻米、豪华景观套房	休闲娱乐功能齐全的公寓式酒店，温馨舒适的环境，打造家庭亲子游的最佳住宿地
儿童主题公寓酒店	1 001~2 441	丛林40、丛林两室、丛林跃层、漫威英雄1、小仙子9人间、汽车大床间、龙猫、淑女屋、KT、米奇	童真有趣，专门为儿童打造亲子乐园，在童话故事中享受精致服务
双龙酒店	881~1 001	银龙套房山景床、金龙套房、银龙套房（阴面榻榻米）、银龙套房（阳面榻榻米）、玉龙居	以雪道为名，满足游客个性化需求
跃龙酒店	339~459	悦龙标准间	简约、经济型，价格较为实惠，通过标准间给游客更快捷的服务
帐篷	238~268	双人帐、三人帐	特色住宿体验，体验自由，亲近自然
星空房车	3 688	房车	自营房车酒店，感受星空，夏季避暑，开门即雪道，充分体验滑雪运动

（二）餐饮

《2019年全球旅游消费报告》显示，45%的游客认为可以接受的单次人均用餐费用在100~200元之间。滑雪是一项刺激的、消耗能量的户外运动，因此提供餐饮服务可以让旅游者在景区停留的时间变长，增加滑雪景区的旅游收入。

在滑雪景区里,经营者会关注餐厅种类、环境、占地面积、价格、菜品、完善网上预订或者移动端预订系统,增加多种支付形式,给旅游者提供舒适、愉悦的餐饮体验。值得注意的是,餐饮设施有时会依附于住宿业,即有些酒店在旅游者预订之后会有备注餐饮的情况,但有时候餐饮是独立出来的,需要旅游者去自主选择消费。

三、租赁服务

在滑雪旅游中,除了直接租赁滑雪装备和器材之外,还有其他的租赁服务,如专业人员的聘请、其他设备的租赁等。一般都会先预付定金,不同的设备所需定金数额也不一致,例如,滑雪服租赁可能需要租金150元,但押金会达到500元,在归还租赁器材时,租赁中心会把押金退还给旅游者。

(一) 专业人员的聘请

由于滑雪运动本身的特点,滑雪旅游景区往往成为安全问题的高发地,因此在进行滑雪旅游体验的时候,滑雪场往往会提供专业人员的聘请服务,如滑雪教练员。滑雪教练员对滑雪旅游来说是十分重要的,他们掌握必要的滑雪技巧和相应的急救知识,可以提高滑雪旅游者的滑雪体验,减少时间成本,最重要的是,可以降低滑雪运动给旅游者带来的风险。同时,滑雪教练员一般都是户外运动的爱好者,他们充满精力,有庞大的朋友圈,在一定程度上会为滑雪景区带来一定的客源和拓展景区的知名度。

 案例

亚布力阳光滑雪学校的教学服务

阳光滑雪学校提供最好的培训和专业的双板、单板滑雪指导。阳光滑雪学校沿用国际顶级的滑雪教学方式,学生和老师的人数比例不高于5∶1,以确保练习和教学的专注性、连贯性和乐趣性。无论是对初学者,还是有经验的滑雪者,这里的滑雪课对提高滑雪水平会有非常有价值的帮助。对于第一

次滑雪的游客，滑雪学校提供的课程会使他们能够学会滑雪。滑雪学校还专门开设了冬令营活动，在专业儿童滑雪教练的精心呵护引导下，孩子能够体验到在雪地上成功滑行带来的快感和欢乐，以及给自己带来的自豪和骄傲。亚布力阳光度假村滑雪学校有一支专业素质过硬、精神面貌良好的优秀教练员团队，在教学大纲中，针对不同进度的滑雪者，特设初、中、高级教学课程，并与地中海法国滑雪学校 ESF 一起全程参与雪上技能培训与急救培训，在确保滑雪者安全的前提下，学会滑雪，学好滑雪。

（二）设备器材的租赁

在滑雪场里，除了滑雪，针对游客类型不同而产生的各种雪场活动也逐渐丰富起来，这些活动深受游客喜爱。滑雪运动属于高消费运动的一个原因就是它需要的装备器材较多，这也是为了更好地保护滑雪运动者。为了满足旅游者的活动需求，滑雪场会提供活动所需设备的租赁服务。例如，运动强度相对较平和的平地雪橇租赁，飞驰于冰雪世界的雪上摩托、雪上飞碟租赁，还有帮助旅游者尽快到达目的地的雪区观赏车的租赁等，滑雪旅游景区对这些活动的安排满足差异化的游客需求，也为景区的经营提供了新的途径，缓解了因滑雪旅游者过多而带给雪道的压力。

四、交通服务

基本的交通设施服务是帮助旅游者用较短时间完成空间上的转移，要做到"科学、适当、高效、环保"。根据空间不同可分为两种交通服务：一是外部交通，即客源地与旅游目的地之间的交通；二是内部交通，即滑雪景区内部提供的公众交通服务。

（一）外部交通

对于外部交通服务来说，由于空间距离较远，一般是较难控制的。为了促进滑雪景区与客源地的密切联系，景区一般都会在网站首页提供旅游目的地的详细地址及交通情况，包括主航班、船舶、汽车路线、途经地铁线等，有的甚至还提供了专线交通服务或者专车接送服务，给滑雪旅游者提供最大的便利。

案例

京张高铁

2019年12月30日,世界首条时速350千米的智能化高铁——京张高铁正式开通运行。高铁时代的来临,让滑雪旅游变得"说走就走",乘高铁从北京到崇礼的时间缩短到1小时内。从北京北站到太子城站,高铁仅需1小时。

为了给滑雪旅游者提供更多便利,崇礼各大滑雪场还会根据高铁列车时刻,免费提供接驳服务,出站根据路牌指引到达"巴士候车区",寻找自己的滑雪场目的地指示牌。张家口宁远机场自2020年10月25日至2021年3月27日全面实行冬航季航班。在新航季中,张家口宁远机场与5家航空公司合作,开通航线9条,通航城市11个,覆盖东北、华北、华东、华南、西南、西北区域。

（二）内部交通

滑雪旅游景区内部景点游览的交通更加多样化,如缆车、索道、雪橇、马车等交通方式,满足了旅游者差异化的出行需求,也为旅游活动的开展提供了便利。除此之外,停车场的存在对于滑雪景区来说也是十分必要的,可以有效解决滑雪场道路的拥堵问题,减少滑雪场内行人、车辆和滑雪者之间冲突的产生,保障景区环境质量和美观度,提升景区的交通服务水平；但停车场的数量与面积应该根据客运量和游客的到达方式来决定。

五、其他服务

对于参与滑雪运动的游客来说,滑雪是他们的主要活动,但面对日益差异化的旅游需求,滑雪旅游景区也推出了其他活动或服务,设计出更加符合市场规律且优质的活动或者服务。

（一）娱乐活动

1. 其他娱乐活动

因为滑雪旅游景区地域的性质,很多山地景区的娱乐活动也可以在滑雪

第七章 滑雪旅游电子商务

景区内进行。一般来说，滑雪场的经营收入很大程度上来自冬季滑雪活动，因此在非滑雪季的娱乐活动安排就可以为滑雪景区打开新的市场，争取更多的利润，提升景区的吸引力，确保滑雪景区的经营顺利进行。可安排的娱乐活动有山地越野、采摘园、攀岩登山、缆车赏景、温泉水疗等。

2. 赛事节日

哈尔滨国际冰雪节目前已经举办了33届，旅游品牌形象已深入人心。旅游节、冰雪节、国际滑雪比赛等为滑雪景区打开了通向全世界旅游者的大门，提高了滑雪旅游的魅力，吸引更多的游人前往举办地观看赛事，进行滑雪旅游体验，而且赛事一般会有体育频道、地方电视台和视频网站进行转播与宣传，因此冰雪赛事是提升区域知名度的一个有效手段。

 案例

哈尔滨国际冰雪节

哈尔滨国际冰雪节是世界上节庆时间最长的冰雪节，它只有开幕式——每年的1月5日，没有闭幕式，最初规定为期一个月，但事实上在前一年年底节庆活动便已开始，一直持续到次年2月底冰雪活动结束为止，其间包含了新年、春节、元宵节、滑雪节四个重要的节庆活动。

在松花江上修建的冰雪迪士尼乐园——哈尔滨冰雪大世界，在斯大林公园展出的大型冰雕，在太阳岛举办的雪雕游园会，在兆麟公园举办的规模盛大的冰灯游园会等，皆为冰雪节的活动内容。冰雪节期间还举办冬泳比赛、冰球赛、雪地足球赛、高山滑雪邀请赛、冰雕比赛、国际冰雕比赛、冰上速滑赛、冰雪节诗会、冰雪摄影展、图书展、冰雪电影艺术节、冰上婚礼等。

坚冰厚雪为哈尔滨提供了冬季体育运动场所。冰雪节期间，在国际性冰雪体育比赛方面，主办方组织举办国际女子冰球邀请赛、国际冰壶邀请赛、国际太极拳邀请赛、国际冬泳邀请赛及冬泳表演等活动。在具有地方特色的体育活动方面，有"万人上冰、万人健身"、中小学生上冰雪等系列活动，其中包括冰舞表演、速滑比赛、冰球比赛等项目，还会举办雪地足球赛、全国台球邀请赛、保龄球邀请赛、"冰灯杯"篮球邀请赛、"希望杯"棋类比赛、

"育苗杯"乒乓球邀请赛及表演活动。

伴随哈尔滨国际冰雪节而生的"冰洽会"是一个大流通、大经贸、上档次、上规模的集会。2008年冰雪节展会举办地点为黑龙江省冰上运动基地，设立十个专展，是上一届专展的两倍；展位设置800个，是上一届展位数量的两倍以上。"冰洽会"在发展冰雪文化、促进冰雪旅游的同时，通过经贸交流、技术合作，推动区域经济蓬勃发展。

3. 售后服务

售后服务一般是在旅游者进行购买、租赁等电子商务活动之后所提供的额外服务，可以提高旅游者的满意度，树立景区良好的品牌形象。例如，旅游者在租赁器材、设备的时候出现了问题，可以及时调整、更换；旅游者在购买了滑雪设备并进行滑雪体验之后，可选择设备的寄送服务等。滑雪旅游景区可以对滑雪旅游者进行满意度调查，形成游客服务体系，并针对相关意见进行整改与维修等。

（二）销售服务

1. 设备器材的购买

一般来说，滑雪体验所需要的设备设施都可以在雪具大厅找到，现代滑雪场的雪具大厅基本上都配置了先进的电子收费管理系统，满足旅游者进行电子商务活动，这里特指销售服务。除了服装设备的销售之外，还有滑雪器材的销售服务。在雪具大厅里，滑雪旅游者可以根据售卖人员或者专业教练的专业意见购买适合自己的器材，无论新手还是老手，儿童或者成人，都有适合该旅游者的器材进行售卖。

2. 零售店

商品零售店也是景区必不可少的一个部分，当旅游者进行体力消耗的滑雪运动或者雪上摩托等运动之后，希望找一些能快速食用的商品，可以既不浪费游玩时间又能够保持充沛的体力来进行接下来的滑雪体验，定点零售店成了他们的首要选择。定点商店可以销售日用商品，包括吃的、喝的、用的，也可以销售景区的旅游纪念品以及相关的滑雪旅游产品等。

第七章 滑雪旅游电子商务

 案例

万龙滑雪场与多点 Dmall 签约合作

2020年1月，万龙滑雪场与多点 Dmall 签约合作，多点 Dmall 是一家生鲜快消数字零售平台，已与近80家"中国连锁零售百强企业"达成合作，覆盖近一万家线下门店和过百个城市。目前，多点万龙店内的运营系统尚处于试验阶段，等到后台数据积累到一定数量后，多点 Mini OS 操作系统将会依据万龙景区内滑雪人群的需求提供相应的商品和服务，给滑雪旅游者带来更好的购物体验。

据了解，多点 Dmall 数字化体验店·万龙店由多点 Dmall 提供数字化技术支持，它的具体运营过程是：旅游者可以使用智能收银设备自助结账，通过室内悬挂的屏幕可以了解到该门店的实时运营数据。甚至旅游者通过多点 App 还能在线下单，店员送货上门，不出酒店房门就能享受便利和体会优质服务，这也是科技进步带来的便利。

六、保障服务

(一) 服务保障

服务的质量水平决定了游客的满意程度，因此如何保障服务水平成为滑雪景区的管理难点之一。首先，景区的管理层人员要做到统筹规划，协调好景区各部门的资源。其次，直接面对游客的各种类型的工作人员素质水平的高低、专业技能的掌控在一定程度上代表了滑雪旅游景区的形象。因此，人员培训制度是保障服务水平的一个重要因素，定期进行专业员工培训、服务水平调查等是十分有必要的。

(二) 设备保障

滑雪景区设备的正常使用需要制定相应的设备维护制度，做到实时监控、定期检查、按时维修、除旧换新，这些工作需要大量的人员投入，同时也要求这些工作人员具备良好的道德素质、掌握专业维修检查技能，做到规范化和制度化，严防因设备故障而导致安全事故。

第四节 滑雪旅游者的电子商务

服务对象为滑雪旅游者的电子商务有多种方式来实现，比如，景区或者电子商务平台会在网络上发布旅游产品和服务的相关信息，或者提供客服服务和个性化定制服务，为旅游者及时发送最新的旅游信息，满足他们的旅游信息需求。旅游者则可以根据自己的旅游兴趣与需求在网上参阅或预订旅游产品和服务，这类电子商务是专门为滑雪旅游者而设计的，构建了旅游企业与旅游者沟通的桥梁，体现了网络技术互动性的特点。针对滑雪旅游者的电子商务有以下三种形式。

一、滑雪培训

旅游者在进行滑雪旅游前一般会先做好攻略，有条件的会加入一些滑雪培训班，掌握专业滑雪知识和一些安全急救知识，在确保自身安全及获得愉悦、刺激的滑雪旅游体验的同时，减少运动损伤。

（一）专业知识

专业知识包括滑雪装备和器材的选择、对滑雪运动的了解程度与技巧。在器材的选择方面可以上网查阅相关滑雪资讯，并在教练的帮助下选择相关器材和装备。现在有很多滑雪学校会提供滑雪培训课程，对不同水平的游客都会设置相应的课程，来提高游客对滑雪运动的掌握程度，让新手变老手、让老手保持滑雪热情，从而扩大滑雪爱好者队伍，让滑雪运动更加深入人心。

（二）安全急救知识

滑雪旅游者需要了解的安全急救知识主要是一些基本的医学知识和急救常识，如受伤时的处理、骨折后应采取的措施等，还要学习当别的游客发生安全事故后如何进行科学救助等。

第七章 滑雪旅游电子商务

二、新媒体运营

（一）短视频平台

在新冠肺炎疫情阴霾笼罩之下的 2020 年，短视频平台的营销迅速吸引了大家的眼球，如抖音、快手、bilibili 等，消费者获取生活娱乐、工作学习资讯的途径正在逐步转移到线上。这不是时效短的流量爆发，而是大家的生活、消费习惯正在逐步改变的过程，视频化内容表达形式更容易让大家了解与接受，可以说经过疫情的洗礼后，用户对短视频的依赖度加深。比如之前在某短视频平台上有一个很火的滑雪照片打卡活动，吸引了旅游者的注意力，从而引发大家纷纷进行滑雪旅游体验并参与打卡活动，这也促进了滑雪旅游的瞬时发展。

（二）名人效应

追星文化盛行，很多年轻的女性消费者更加会受到名人效应的影响，从而购买相应的活动服务或者产品，就像《向往的生活》的拍摄地一样，以蘑菇屋里明星们的生活来作为宣传手段，在节目播出后，游客们会产生兴趣从而去拍摄地一探究竟，这就是明星效应。在冬奥背景下，很多明星滑雪体验式综艺节目也在陆续播出，如《冬梦之约》《冬日滑雪屋》等。《冬日滑雪屋》节目邀请几位明星一起进入梦幻纯洁的白色冰雪世界，入住"冬日滑雪屋"，他们一起参与刺激的滑雪旅游体验。这类节目的播出，势必会带动部分人的消费，既推广了冬奥文化，也达到了治愈心灵的作用。

案例

首档冬奥综艺——《冬梦之约》

2021 年 2 月 4 日，在北京 2022 年冬奥会与冬残奥会倒计时一周年之际，由北京冬奥组委主办，北京冬奥组委文化活动部、北京广播电视台承办的首档冬奥主题综艺节目——冬奥场馆大型实景音乐秀《冬梦之约》在北京卫视和爱奇艺正式播出。冬奥文化推广使者伊丽媛、郎朗演唱《叫醒冬天》，在首钢大跳台、崇礼雪如意中，以环绕的雪景为背景，配合天籁之音，唱响雪顶，用来自空中的音乐展示场馆之高耸、运动项目之惊险。

活动由冬奥文化推广使者成龙、伊丽媛、郎朗、王一博、杨扬联合发起2022冬奥唱响邀请，将与世界级音乐大师、专业运动员和舞台秀大师在国家速滑馆、水立方、国家体育馆、首都体育馆、首钢大跳台、延庆国家雪车雪橇中心、张家口云顶滑雪公园七大冬奥场馆打造七场顶级音乐大秀。

节目通过对场馆全方位的介绍，凸显场馆建设的"绿色、科技、人文"三大理念，以大型季播真人秀的方式首次全方位、多视角地探访、揭秘冬奥场馆的独特魅力。将文化与体育相结合，用独特的节目形态和时尚的表达方式来进行冬奥场馆的宣传推广，助力实现"带动三亿人参与冰雪运动"的目标，同时结合不同冬奥场馆的故事与特点，创排出高质量舞台精品，以"真人秀+音乐"的形式呈现出一场场精彩纷呈的冬奥场馆音乐秀。

（三）网络广告

相对于传统纸媒来说，网络广告是目前网络信息化产品后形成新的广告趋势，其格式多种多样，有图片、动画flash、文字、视频等。滑雪网络广告的投放是需要花费大量时间与金钱的，但它达到的效果是潜移默化的。根据网络广告的受众特点，做到定时、定区投放广告，这样一来覆盖面广且宣传效果强。特别是在固定地点投放，可以通过制作滑雪小视频来介绍滑雪技巧、附近较热门的滑雪场、滑雪小镇等，然后在地铁里或者商场大屏上进行视频投放，它可以推广品牌，提升品牌的知名度，改变市场上的品牌格局，甚至影响旅游者的消费习惯、消费意识、消费模式和消费渠道，从而对游客选择旅游目的地产生一定的影响。

三、虚拟社区

滑雪社区是指拥有共同滑雪爱好的人们参与共同活动并进行社会密切交往的大集体，有线上、线下两种模式。滑雪爱好者在虚拟社区中聚集到一起，进行实时交流与互动，这也是针对滑雪旅游者产生的电子商务形式。在滑雪虚拟社区里面，旅游者可以查阅各类滑雪活动，也可以询问滑雪中遇到的种

第七章 滑雪旅游电子商务

种问题,其他参与社区的人会帮他们解决疑惑,最重要的是,旅游者可以在上面分享滑雪体验,交到更多朋友。

(一) GOSKI

GOSKI 是一个滑雪运动社交平台,从雪友社交切入,提供雪票、滑雪线路、在线视频教程、训练营、雪场精准天气预报等服务,通过美文内容、滑雪人专属的朋友圈、淘二手装备等提供全方位服务。在注册会员时,平台会询问用户使用的滑雪板种,然后再根据用户的滑雪水平及其感兴趣的滑雪形式,在软件首页推送相关滑雪资讯,包括视频教学、照片购买、装备介绍、攻略、时讯、滑雪专题介绍,以及各种滑雪活动和比赛的介绍。

在大部分热门滑雪场,如万龙滑雪场、太舞滑雪小镇、富龙滑雪场、北大壶滑雪场等,都有"时光摄影机"活动,通过在手机上定位摄影师的实时位置,摄影师会捕捉用户在雪道上的身影,然后用户可以通过软件照片的筛选,对图片进行购买。

在 GOSKI 软件上,用户还可以选择购买保险,有单日保险,也有全年保险,并且它也会提供保险在线顾问,从游客人身安全的角度保障他们的利益。

在 GOSKI 上有一个"圈子"板块,它是用户间进行沟通交流的主要板块,用户可以在上面分享滑雪旅程,也可以关注更多用户,交到朋友。目前 GOSKI 是我国滑雪运动社交平台的典范,利用社交的热度,让滑雪话题不断,不再局限于季节和空间,其用户活跃度是非常高的。

(二) 滑呗

滑呗是一款基于地理位置信息为滑雪爱好者提供雪场交友和滑雪影像服务的应用,其定位为滑雪影像服务平台和滑雪垂直领域移动社交服务商。滑呗是中国领先的滑雪领域移动社交、滑雪轨迹记录和滑雪影像服务平台。在滑呗 App 中,用户可以和雪友分享滑雪动态,学习提高滑雪技能,购买优惠滑雪装备、行程和雪票,也会有专业摄影师在各热门滑雪场为滑雪者拍滑雪美照。

滑呗的板块有轨迹记录、滑雪社区、照片墙、线上赛事、教学、俱乐部、摄影师、商城、雪场、保险等。它可以通过智能算法,同步全球一千多个雪场的精确数据和详细记录。在滑雪社区里，用户可以与百万滑呗雪友一同分享滑雪的快乐；点进滑雪场板块，会有相关滑雪产品和服务的介绍，也会有其他滑呗雪友在该滑雪场的记录轨迹；在滑呗商城里，销售各种类型的滑雪配件、滑雪板等，还设置有商品分类方便用户购买。更值得注意的是，滑呗有单独设置的保险服务，是户外运动意外险和运动赛事意外险的保险定制服务。

但滑呗属于弱分享社区，其用户分享奖励积分机制并不完善，导致用户的分享激励较为单一，也没有完整的积分兑换体系，这样一来用户的活跃度就会大大降低，虚拟社区的属性就不能体现出来。

（三）滑雪族

滑雪族（HIGHSNOW）是雪族科技旗下品牌之一，也是我国最早的垂直冰雪媒体服务平台。在这里，滑雪者可以：通过长文、图片或者短视频方式把自己有趣的滑雪体验记录下来，然后与雪友们相互分享；在滑雪族上了解相关滑雪品牌的故事，通过参与分享活动获得特别的品牌周边礼物；通过滑雪族的公众号平台了解奥运城市的故事，感受滑雪给城市带来的文化魅力；通过商城来满足购物的需求，分享、玩游戏、签到等都可以获得相应的积分奖励；参与滑雪族的全球试滑师活动，前往世界各地体验最原始的雪山滑雪。总的来说，滑雪族依托自身强大的平台渠道和社群资源，打造了"内容+场景+意见领袖+用户社交"的体验式营销闭环。

（四）水木社区-滑雪

水木社区是水木清华 BBS 站原站务组创办的 BBS 论坛，而水木社区-滑雪是水木社区下的一个游戏运动板块，论坛会员可以在上面发帖，与其他论坛成员进行交流，包括滑雪场的气候、设备器材的购买意见等。由于这个社区本身源于清华学生群体，因此里面涉及的滑雪场基本是华北地区，所以它的受众群体不算很多，知名度一般，但它的用户活跃度还是较高的。

第七章　滑雪旅游电子商务

第五节　未来科技与滑雪旅游的融合

科技决定未来，科技也可以为滑雪旅游产业提供新的发展动力，为旅游者创造更多增值服务。5G 时代的到来可以为滑雪旅游电子商务创造新的发展契机，为滑雪旅游业乃至其他各行各业的发展提供新的实现形式。为传统行业赋能的关键底层技术包括 5G、人工智能、大数据、云计算、物联网、区块链、AR/VR、芯片、量子技术等，每一项技术都具备改变世界的能量。

一、科技在滑雪运动及滑雪旅游中的应用场景

在景区活动赛事的高清直播方面，直播的清晰度不再受到带宽、网速、观看人数的限制，更加顺畅的直播让未能亲身体验的人拥有更加自然、生动的观看体验。

虚拟现实（VR）技术综合了计算机图形技术、计算机仿真技术、传感器技术、显示技术等多种科技，在多维信息空间创建一个虚拟信息环境，能使用户具有身临其境的沉浸感，具有与环境完善的交互能力，并有助于启发构思。

例如，RideOn 护目镜内置的增强现实（AR）设备能让滑雪者增强滑雪运动的体验感，增加护目镜的清晰度，通过人机交流与互动技术，使用者不用通过其他设备，只需要眼球活动就能完成各种操作。游客还可以通过虚拟现实体验滑雪运动，如图 7-8 所示，根据计算机视觉，在室内利用相关设备就可以进行滑雪旅游虚拟现实体验，从而感受其中的趣味性与刺激性，在增强参与者的沉浸感的同时，又保障了他们的安全。

智能舞台的形式可以增强滑雪旅游景区的吸引力，通过快速协调舞台设施的声、光、电操作，既能够节省人力、避免器械资源方面的浪费，又能使得演出舞台更加精美。

通过一系列传感器和 5G 网络的配合，可以精密地感知酒店每一处设施的实时信息，帮助维护器材，同时，使不同种类设施潜在危险的预警及公共场所人流的管理产生革命性的变化——安全高效，全面提升滑雪场精细化管理水平。

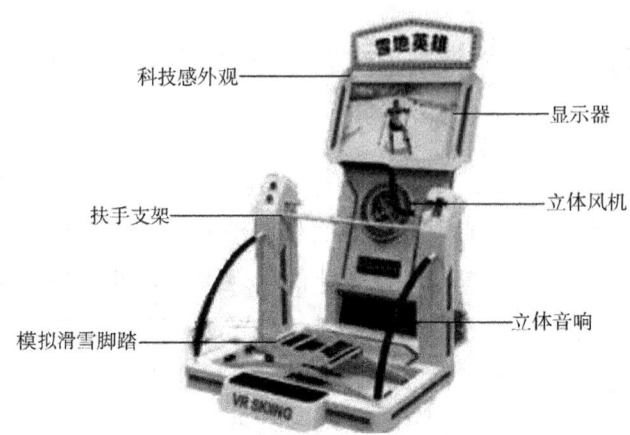

图 7-8　室内 VR 模拟运动滑雪体验设备

滑雪场闸机在 AI 技术的帮助下提高了抓取流量数据的能力，确保了数据的准确性和实时性，旅游数据的监测和预警是基于 5G 的滑雪场客流量监控，能够提高景区的应急管理能力。

在 2021 年 2 月 27 日的全国首次"滑雪机器人大赛"上，滑雪机器人的精彩表现也说明了科技与滑雪融合的成果，滑雪机器人运用各种滑雪技巧为观看者展示了滑雪运动的趣味性，既宣传了滑雪文化，也对科技在滑雪运动中的应用形式进行了创新，满足了大家趣味观赏比赛的需求。

二、智慧雪场概念及构成要素

（一）智慧雪场的概念

智慧雪场是滑雪场运用互联网、物联网技术、云计算技术、移动通信技术和人工智能技术，实现滑雪场管理、滑雪场营销和游客服务的智能化。将智慧雪场看作一个系统，用全局的视角分析雪场、智慧雪场的构成要素、滑雪场外部环境，优化建设智慧雪场。

（二）智慧雪场的构成要素

智慧雪场一般由信息基础设施、数据中心、信息管理平台、综合决策平

台构成。其中信息基础设施运用各种传感设备将滑雪场各处的监控纳入雪场物联网系统中。数据中心是雪场信息数据库的存储中心、管理服务中心和数据交换中心。各类互联网技术紧密联系起来，共同组成雪场的核心部分，为滑雪者、雪场、滑雪企业提供旅游信息，整合信息资源，提高雪场的有效管理。

本章小结

本章通过对滑雪旅游电子商务发展现状的研究，从融合现代管理理念的旅游企业的管理工具入手，分析了滑雪旅游电子商务所提供的与时俱进的旅游产品与服务。专门为滑雪旅游者提供的电子商务服务，提升了滑雪场旅游产品和服务的质量水平，促进了滑雪旅游产业链的发展，使得旅游企业与旅游者的关系变得密切起来，让滑雪文化在冬奥背景下得到更好的发展，更为滑雪旅游的发展提供了强大的动力。本章也对智慧滑雪场的概念做了介绍。

复习思考题

一、简答题

1. 什么是滑雪旅游电子商务？其发展特点是什么？
2. 简要阐述滑雪旅游产业电子商务的分类。
3. 简要阐述滑雪旅游者电子商务的内容。

二、讨论题

1. 结合现代社会科技发展的背景及相关案例，分析科技如何给滑雪旅游者带来更多增值服务，以及如何为企业创造更大的利润。
2. 试举例说明你所体验过的滑雪场，其智能化服务体现在哪些方面。

参考文献

［1］曹继宏．滑雪旅游管理［M］．哈尔滨：黑龙江大学出版社，2017.

［2］胡萍．"互联网+"时代滑雪旅游产业发展策略研究［J］．冰雪运

动, 2017, 39 (5): 76-79.

[3] 姜一海, 姚建设, 段光辉, 等. 旅游滑雪场管理 [M]. 哈尔滨: 黑龙江大学出版社, 2017.

[4] 李井霞, 杜凤魁. 北京冬奥会背景下我国区域滑雪产业优化策略研究 [J]. 黑河学院学报, 2020, 11 (11): 54-55, 78.

[5] 李松梅, 杜唯. "智能+" 滑雪旅游发展的环境与路径 [J]. 学术交流, 2020 (12): 130-137.

[6] 李松梅. 国外滑雪产业发展现状与主要经验分析 [J]. 哈尔滨体育学院学报, 2012, 30 (4): 6-9.

[7] 赵立群, 贾静, 叶一粟, 等. 旅游电子商务 [M]. 2版. 北京: 清华大学出版社, 2018.

第八章　滑雪旅游案例

● **本章提要**

　　1. 为使读者更加深入地理解滑雪旅游相关理论知识的内涵，本章结合前面章节的内容介绍相关案例，包括滑雪旅游市场开发案例、滑雪旅游目的地形象案例、滑雪旅游度假区案例，以及滑雪旅游小镇案例。

　　2. 滑雪旅游集团主导了滑雪旅游目的地的建设，本章介绍滑雪旅游集团相关的基础理论和案例分析，以便读者理解滑雪旅游集团的定义、形态与机制。

第一节 滑雪旅游市场开发案例

一、滑雪旅游市场开发的定义及模式

滑雪旅游市场开发是指对滑雪旅游客源和滑雪旅游产品的开发，为扩大滑雪旅游产品销售，实现滑雪旅游产品的价值、扩大市场占比而进行的一系列活动。

滑雪旅游市场的开发程度直接影响着滑雪旅游产业的健康持续发展，滑雪旅游市场开发能够有效促进冰雪旅游经济发展，带动相关产业共同发展。滑雪旅游市场开发有利于滑雪文化的保护和推广，树立良好的目的地形象。

开发国内城市及周边国家的客源市场，培育青少年滑雪客源市场，根据滑雪旅游目的地的自身条件，寻求差异化市场定位，满足不同区域、不同类型、不同档次的游客需求，提出有针对性的宣传诉求，挖掘滑雪旅游的潜力市场，对于中国这个新兴滑雪旅游目的地来讲尤为重要。

繁荣滑雪旅游市场，最重要的是开发多产业复合型滑雪旅游产品，满足旅游度假、商业购物、运动康养等不同层面的需求。根据滑雪旅游目的地的自身条件，可开发增设滑草、滑沙、滑翔伞、攀岩、温泉等项目，增加四季项目场所等配套设施，并开展比赛。以下是四种典型的滑雪旅游市场开发模式。

1. 滑雪度假模式

滑雪度假模式开发如图 8-1 所示，依托独特的滑雪资源和气候环境，结合当地民俗文化，开发滑雪观光和滑雪运动，是集休闲、观光、运动、娱乐、度假于一体的综合开发模式，以大型度假区、室外滑雪场为主要形式，吸引游客，带动周边旅游、贸易、设备制造等相关产业。

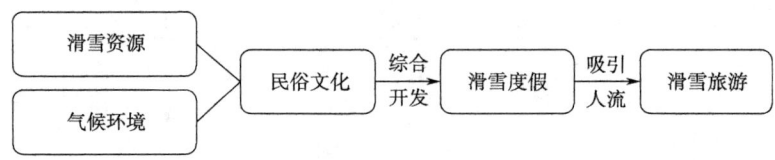

图 8-1 滑雪度假模式开发示意图

2. 滑雪主题模式

滑雪主题模式开发如图 8-2 所示，依托著名旅游区、景区或城市、区域中心的客源市场，将滑雪主题与商业项目相融合，提高项目的吸引力。

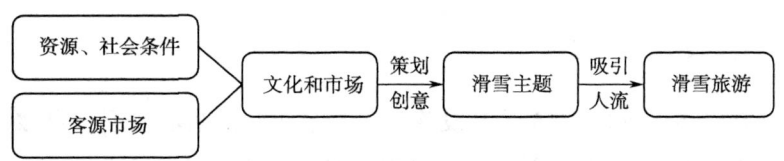

图 8-2　滑雪主题模式开发示意图

3. 滑雪赛事模式

滑雪赛事模式开发如图 8-3 所示，借助各项滑雪赛事积极宣传，吸引人们前往举办地观看、体验各种赛事活动。

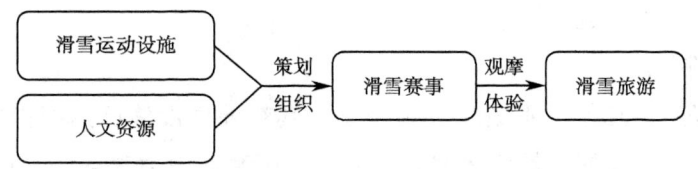

图 8-3　滑雪赛事模式开发示意图

4. 滑雪节庆模式

滑雪节庆模式开发如图 8-4 所示，通过举办节庆，包括滑雪节、体育节、地方民俗节等，完善基础设施，提高区域知名度，拓宽客源市场。

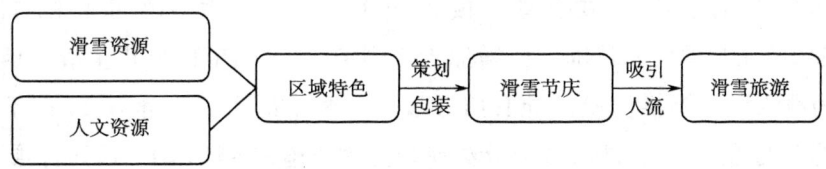

图 8-4　滑雪节庆模式开发示意图

综合利用传统方法和现代科技，媒体宣传与节庆及赛事活动相结合，形成多重宣传效应。针对不同的滑雪群体需求，设置会员制、联票等多元的售票方式。联手各区域旅游部门及企业，或者利用展会、网络综艺、新媒体平台进行宣传。

二、滑雪旅游市场开发案例

（一）万龙度假天堂

万龙滑雪场于2003年5月开发建设，经过十年的潜心发展，自2015年北京—张家口2022年冬奥会申办成功以来，万龙作为崇礼三家承办奥运赛事的场地之一，迎来了高速发展时期。万龙逐渐打造成为我国第一座国际滑雪度假区，以四季旅游度假为主，同时开展滑雪旅游、山地观光休闲旅游和森林旅游，于2007年被国家旅游局评为国内以滑雪为特色的国家4A级旅游景区。万龙于2015年率先在国内雪场重金打造室内滑雪体验区。万龙还有600平方米的旱雪区，针对不同年龄、不同滑雪水平的小朋友开展不同的教学内容，培养孩子的滑雪兴趣。

1. 硬件设施

万龙经过十几年的不断发展和完善，其软硬件设施已达国内领先水平。万龙除了地形坡度的自然优势之外，在硬件配套方面力求最好，积极引进奥地利SUFAG粉雪造雪炮和德国鲍尔压雪车，为游客提供雪质优良的雪道。配套全新的厢式缆车，游客可由聚龙殿前的一号索出发，到达万龙滑雪场最高点——红花梁。在滑雪器具方面，2016~2017年雪季，万龙在原有1 000多套高级雪板的基础上，又斥资购买FISCHER（菲舍尔）、NORDICA（诺迪卡）、HEAD（海德）、ELAN（伊兰）、DYNASTAR（丹拿）、SALOMON（所罗门）六个国际知名品牌的顶级滑雪板各100套。儿童雪具在原有的170副SALOMON儿童雪板的基础上，增加150副DYNASTAR顶级儿童滑雪板，致力于为滑雪游客提供优质的配套服务设施。整个滑雪场共计有24条不同坡度、地形的雪道，从海拔2 110米处延伸至垂直落差554米下的基地，野雪雪域和树林面积达2 000万平方米，能够满足不同级别雪友的滑雪需求。与此同时，万龙获得国际雪联（FIS）的雪道认证，能够承办各种大型国际赛事，如国际雪联"远东杯"积分赛等。高标准规划设计的滑雪道成为哈萨克斯坦滑雪队、俄罗斯滑雪队、中国国家滑雪队、中国所罗门国家青年队以及日韩等

国家专业滑雪队指定训练基地。

2. 配套设施

万龙滑雪场的雪具大厅内设有免费存放雪具的柜台和多个租售窗口，可减少游客排队等候时长，提升体验感。在住宿方面，万龙建设了滑进滑出、私属缆车的雪场公寓和酒店。其中，双龙酒店是中国最早的一家大型雪场酒店，四星标准，环境优越；万龙国际公寓则采用管家式物业服务，直接拎包入住，同样可滑进滑出，优享室内停车场。在饮食方面，万龙滑雪场内拥有东北味、川人川味、龙火锅、自助西餐厅、雪场快餐厅五家餐厅，满足游客的多重需求。另外，万龙还注重丰富旅游服务业态，除餐饮美食之外，咖啡厅、KTV、温泉洗浴等一应俱全，保证游客尽享游乐。

（二）亚布力阳光度假村

亚布力由一个运动员训练基地开发成为中国大众滑雪的发源地，在20多年的发展时间里曾两次易主，有成功有失败，在这个过程中尝试了多种经营模式和市场开发。

1. 开发初建阶段

1994年，以黑龙江省举办第三届亚洲冬季运动会为契机，中国国际期货经纪有限公司应国家体委和黑龙江省政府邀请，在亚布力投资开发三锅盔地区旅游滑雪资源，兴建中国第一个以大众滑雪为主的滑雪场。1996年1月，欧陆风情的现代化滑雪场——风车山庄的建成，标志着中国大众滑雪产业的诞生，并在同年成功接待了第三届亚冬会主要官员及运动员。

2. 整合发展阶段

亚冬会热度消退后，长年的高投资低收益导致亚布力风车山庄迅速面临经营困境。当时全国滑雪人口稀缺，主要滑雪人群是滑雪运动员，市场性滑雪消费者有限。连续经营收益不理想，导致集团内部产生多元化与多股东的改革要求，因此滑雪场重新引入战略投资者，准备在加拿大和中国香港上市，由滑雪经营向滑雪资本市场过渡。

3. 项目充实阶段

2001年1月10日，首届中国企业家论坛在风车山庄举办。2010年，亚布力阳光度假村被确认为中国企业家论坛永久会址，亚布力也因此被誉为中国的"达沃斯",开创了中国在滑雪目的地召开财经类年会的先例。

4. 扩张发展阶段

2007年5月10日,新濠中国度假村有限公司(MCR)接手管理亚布力风车山庄并将风车山庄更名为新濠亚布力度假村。MCR聘请国际管理团队及国际顶尖设计机构,对原风车山庄重新进行了整体规划建设。

MCR另外收购了吉林北大壶和北京莲花山滑雪场,成为全国最大的滑雪联合体。2008年5月28日,MCR在加拿大多伦多股票交易市场创业板上市,成为中国首家海外上市的度假村。新濠有三大理念:一是做度假村,不只是雪场;二是度假村加地产,以地产养度假村;三是全国布局形成联合体。

2009年2月18~28日,黑龙江省承办第24届世界大学生冬季运动会,新濠亚布力度假村成为运动员村和训练基地。亚布力度假村拥有当时国内最好的雪道和雪场设施,滑雪面积约100公顷,8人高速吊厢缆车和6人高速吊椅缆车各一条,配备5台重型压雪机、65台造雪机、5 000副全新滑雪板,已建成两幢五星级酒店和山顶五星精品酒店,总建筑面积6万平方米,客房308间。

5. 战略融资阶段

亚布力度假村的建造成本高昂,总体规划由加拿大著名的Ecosign公司提供。加拿大管理团队的高额运营成本给度假村造成了巨额亏损。2010年,在度假村建成仅一年后,亚洲金融危机蔓延,新濠股票大幅波动。恰逢中国开始调控地产,旅游地产销售困难。2010年2月,亚布力再次易主,中诚信集团控股投资3亿元成为亚布力阳光度假村控股股东,为度假村带来了全新的经营管理理念,并将其正式更名为亚布力阳光度假村。

6. 多元经营阶段

2010年11月27日,地中海俱乐部(CLUBMED)亚布力度假村开业,亚布力阳光度假村成为地中海俱乐部在中国的第一所度假村。地中海俱乐部的进驻,标志着亚布力成为国际性滑雪度假村,以优势品牌和优质服务吸引了数量可观的高质量游客。

7. "三山联网"阶段

2014年12月24日,亚布力阳光度假村与黑龙江省体育局滑雪场"三山联网、雪道相通"首滑仪式圆满成功。"三山联网、雪道相通",实现游客一

卡在手、滑遍三山,亚布力滑雪旅游度假区初、中、高级雪道有机结合,产品多样性和便利性得到了很大的提升和丰富。"三山联网"为重振亚布力冰雪旅游雄风,全面提升竞争力奠定了基础。

8. 建设升级阶段

近年来,中国滑雪产业快速发展,亚布力滑雪旅游度假区因为开发较早,所以基础配套设施服务相对落后,需要全面升级建设。雪场设施简单、雪具陈旧、环境卫生服务条件差,并缺乏完善的商业产业,无法满足游客的消费需求。其经营项目单一,滑雪产品多为统一档次规格,缺乏多样性的产品,无法满足多层次滑雪旅游者的需求,也缺乏有助于游客恢复体力的休闲性消费产品。

(三)日本白马五龙滑雪场

关于小型滑雪场的滑雪旅游市场开发,日本白马五龙滑雪场案例较为典型。白马五龙滑雪场(以下简称"白马")位于长野县白马村,相对于长野冬奥会赛场之一的白马八方尾根滑雪场而言,其知名度、经营规模、住宿配套设施等方面都稍逊一筹。自2005年始,白马五龙滑雪场秉承全新的经营理念,采取相应的措施扩大客源。

1. 更新滑雪学校课程体系

为满足不同层次顾客的需求,白马制定了经济型家庭课程、儿童与青少年打包课程等不同类型产品。其中,经济型家庭课程以至多6个家庭为一组进行授课,滑雪场为参与课程的家庭成员提供专用的午餐场所和停车场,按照小组内各家庭情况进行课程的微调设计,致力于让游客体会无微不至的服务。儿童与青少年课程则专门为孩子们进行量身定制,先从堆雪人、打雪仗等娱乐性课程入手,让孩子们融入冰雪环境中,再循序渐进地进行滑雪技术的教授,保障整个课程的安全性。滑雪学校会将相应的滑雪课程安排提前告知家长,便于陪同孩子的父母制定出行计划,高效衔接。

2. 增设服务设施

在滑雪场附近新建一处滑雪中心,内设超市、雪具租赁店和宾馆。其中,宾馆24小时营业,主要为半夜或凌晨到达滑雪场的游客提供服务,内设休息室和浴场。休息室根据需求划分为小憩型和睡眠型,前者适合仅需要房间作临时修整的顾客，后者屋内布置有简易床、毛毯和枕头等物品，可满足游客基本睡眠要求。超市销售的物品齐全，可满足游客基本饮食需求，营业时间在 15 小时左右，基本满足不同时间段游客的临时购物需求。

3. 联合促销活动

通过联合促销活动，挖掘地区市场潜力，打造区域品牌。长野县观光协会自 2005 年开始销售长野县内所有滑雪场通用缆车季票，白马与御岳、车山高原等七家滑雪场共同参与了所加盟的雪上飞俱乐部面向会员顾客的特价季票售卖。

4. 开发与利用非雪季旅游资源

白马深度挖掘滑雪场资源，开展夏季旅游景观和游玩项目，摆脱冬季滑雪的单一经营模式，向四季经营的综合服务转型，扩大市场，吸引游客，提高创收能力。其中，占地 3 万平方米的高山植物园，每年夏天都会吸引大批游客打卡，约 150 种、30 万株鲜花为游客带来全新的视觉盛宴。

第二节　滑雪旅游目的地形象案例

滑雪旅游目的地形象是影响游客旅游决策的重要因素。在对目的地形象的塑造过程中，需要进行科学的、客观的研究设计，采取相应的策略，达到增强竞争力并吸引旅游者的目的。下面列举两个滑雪旅游目的地案例，分析其形象打造方式。

一、奥地利蒂罗尔州

蒂罗尔州（Tyrol）作为奥地利冬季旅游的重要区域，被誉为"阿尔卑斯山之心"，是世界著名的滑雪旅游胜地之一，以国际滑雪场及避暑胜地著称，被滑雪者称为"朝圣之地"。

蒂罗尔州设立专门的宣传部门，通过多种方式进行渗透营销，全方位树立滑雪旅游目的地形象。

（一）宣传媒体

对滑雪旅游度假产品进行全面包装，针对性制定推广计划和宣传。线上通过互联网社交平台开拓宣传影响，线下在城市地铁、广告牌投放宣传片，树立滑雪旅游目的地的高端形象。

（二）活动策划

蒂罗尔州策划世界级重大活动和打造世界级冰雪赛事，联合全球顶级户外品牌作为赞助商，吸引世界各地滑雪爱好者。成立蒂罗尔电影合作部，成为电影取景地，依托电影的全球性宣传能力扩大滑雪旅游目的地的影响力。

（三）公共关系

积极维护和国家政府部门的关系，通过国家层面对外宣传，并联合世界级滑雪权威运动组织争取赛事主办权，从而提高滑雪旅游目的地的全球知名度。

二、美国阿斯本雪堆山滑雪村

阿斯本滑雪公司在美国科罗拉多州阿斯本雪堆山地区四个主要山脉经营滑雪场，包括雪堆山（Snowmass）、阿斯本山（Aspen Mountain）、阿斯本高地（Aspen Highlands）和奶油山（Buttermilk）。美国阿斯本雪堆山滑雪村（Aspen Snowmass）是一个由四座山组成的高山度假村，位于美国科罗拉多州中部的瑞尔福克山谷（Roaring Fork Valley）。

作为世界知名的滑雪度假胜地，在滑雪旅游目的地形象的树立方面，阿斯本雪堆山滑雪村主要通过举办大型国际体育赛事和创意户外主题活动，扩大影响力和媒体热度来提升知名度。

（一）活动策划

阿斯本不仅策划举办世界级冰雪比赛，还承办其他赛事和举办大型主题活动。打造专属的主题艺术节、山地自行车赛、啤酒节和万圣节等具有影响力的户外主题活动。在赛事传播力度上，与流量明星合作，给赛事带来热点话题以吸引游客，并邀请国内知名电视台、直播平台宣传报道赛事。

（二）活动品牌塑造

为了推广当地特色文化，形成了系列活动品牌，如主题艺术节、苏格兰场游戏、山地自行车赛、啤酒节和万圣节等创意主题活动。通过承办赛事和举办大型主题活动，形成了全球范围内具有影响力的户外主题活动，打造出阿斯本的特色赛事和活动专属标签。

第三节 滑雪旅游度假区案例

一、长白山旅游度假区

2015年，长白山旅游度假区入选首批17家国家级旅游度假区，是目前吉林省唯一一家国家级旅游度假区。长白山旅游度假区位于国家5A级风景区长白山内，是集滑雪、娱雪、山地运动度假、高端酒店群、度假小镇、温泉、水乐园等于一体，购物、休闲、餐饮、娱乐、文化等功能齐全，满足大众和家庭度假需求的综合度假区。长白山旅游度假区主要有五个功能区，即滑雪场、高尔夫、高端度假酒店群、旅游小镇和森林别墅，形成"一环、三轴、六区、一村"的空间结构形态。

（一）雪场概况

滑雪场由曾设计过5届冬奥会比赛场地的加拿大Ecosign公司担纲设计，滑雪场占地7平方千米，雪道有43条，包含20条初级雪道、14条中级雪道以及9条满足冬奥会比赛标准的高级雪道。雪道总长度约30千米，总面积93.5万平方米，落差438米，可同时容纳8 000位滑雪者。滑雪场提供多种级别和地形的滑道，从魔毯体验区到野雪高级道，从灯光夜晚滑雪到国际标准的单板U形池、Mogul场地和单板奇趣公园，满足不同水平滑雪爱好者的需求。滑雪场有2条八人拖挂式暖厢索道、3条六人拖挂式吊椅索道、2条四人固定式吊椅索道、10条电动地毯和2条拖牵。两条索道全程覆盖WiFi信号，成为国内首家索道覆盖WiFi的滑雪场。服务设施配套齐全，雪具店、雪具维

修、儿童滑雪设施及场所一应俱全,提供雪具租赁、滑雪视频、摄影等服务。度假区提供丰富的戏雪活动,可近距离与长白山的林海雪原亲密接触,如冰世界、雪世界、狗拉雪橇、驯鹿爬犁、雪地小火车、时光隧道等。

(二) 四季项目

夏季,度假区拥有22℃的专属清凉,是避暑度假的理想地。长白山自然资源丰富,度假区打造山地度假项目——山地世界,分为山地大本营、山顶观景台、征西度假农场三大主题,共计30余个娱乐项目。长白山旅游度假区打造的"万达水乐园"总建筑面积2万平方米,将长白山风情与北欧风情结合,是集戏水、SPA、高空水滑道、养生、餐饮、主题商品于一体的室内大型水上乐园,室温、水温全年恒定,不受天气变化影响,深受度假家庭喜爱。度假区还建有18洞和36洞的高尔夫球场,是国内不可多得的原始山地森林风格球场,白桦球场由"金熊"杰克·尼克劳斯设计,松谷球场由殿堂级大师小罗伯特·琼斯设计。

(三) 度假助理

度假助理是长白山旅游度假区独创的专业度假服务团队。整合了传统的滑雪教练、高尔夫球童、销售、接待服务等人员功能,是由各大高校毕业的几百名优秀毕业生,经过严格培训,打造出的一支拥有权威技术、服务心态的度假助理队伍,为游客全程预订和办理相关事宜。从行程确定开始,为客人提供专业度假服务,包括提前发送天气预报及穿衣指数、前往机场接机、协助办理入住、预订行程与餐厅、全程陪同、运动技术分享、解决一切度假问题。

二、美国阿斯本雪堆山滑雪村

阿斯本雪堆山滑雪村位于美国中西部科罗拉多州,绝佳的地势适合所有级别的滑雪者,是名人、富豪滑雪度假的必选之地。阿斯本山、奶油山、阿斯本高地和雪堆山四座各具特色的滑雪山地相连,实现四座大山一票联滑。

(一) 雪场概况

四座山中奶油山（Buttermilk）和雪堆山（Snowmass）最适合初学者。奶油山较小，垂直落差488米，只有蓝道和绿道。雪堆山是最大的，有2平方千米，垂直落差1 200多米；巨大蓝道占55%，据说3天都滑不完整座山。最有挑战性且最有名的是阿斯本高地（Aspen Highlands），垂直落差1 108米，世界顶级酒店丽思卡尔顿（Ritz-Carlton）在这里建了一座旅馆式公寓；阿斯本高地都是双黑道，高地雪谷（Highland Bowl）大名鼎鼎，仅限专业滑雪者，最高点海拔3 777米。

(二) 文化特色

阿斯本是由19世纪采矿镇演化而来，是美国西部大开发时期的产物，当地建筑大部分是在美国史上最著名的科罗拉多州银矿兴盛时期所建，而今原本风貌保持良好。1893年美国实施了谢尔曼购银法案，导致银价崩盘，群众远迁，独留市内一片建筑。阿斯本（Aspen）本意是杨树，因滑雪度假开发得较早，逐渐高档化，成为名人富豪聚集地。阿斯本从一座历经兴盛而后荒废的老矿城，转型成为全球最豪华高档的滑雪度假区。

阿斯本被誉为"美国滑雪文化之都"，拥有一系列山区和滑雪文化、丰富的自然资源和独特的历史人文。这里还孕育了许多艺术珍品和动人的乡村音乐，其中最著名的就是美国乡村民谣歌手约翰·丹佛的《高高落基山》（Rocky Mountain High），这首歌曲还成为1972年日本札幌冬季奥运会的主题音乐。

(三) 完善配套

阿斯本的滑雪场交通便利快捷，四座山和大多数市中心间都有免费的往返汽车，酒店基本都提供免费接送机服务。配套商业风情化、娱乐化，以国际元素餐饮美食和夜间娱乐为特色，拥有一定数量的温泉、酒吧、俱乐部、餐馆和咖啡厅，餐馆里面的食品也很丰富，拥有多国特色菜品和多种多样的海产品，可满足世界各地人的口味。

第八章　滑雪旅游案例

三、加拿大班夫国家公园

班夫国家公园（Banff National Park）位于加拿大，是落基山脉的门户，拥有谷地高山、冰原河流、森林草地等丰富的自然资源。整个国家公园的面积达 6641 平方千米，包括班夫和路易斯湖两座小镇，拥有总占地面积为 31 平方千米的三个世界级滑雪场，分别是阳光村滑雪场、路易斯湖滑雪场、诺奎山滑雪场。来到班夫国家公园，游客可以体验到多种多样的户外探险活动：高山滑雪、滑冰、狗拉雪橇、山地高尔夫、登山远足、垂钓、划船、洞穴探险。这里还有丰富的室内娱乐：泡天然温泉、购物、品尝当地美食、博物馆文化之旅等。

（一）雪场概况

阳光村滑雪场距离班夫镇约 8 千米，是加拿大海拔最高的度假胜地，以拥有最高的林地而闻名，拥有得天独厚的自然条件和天然雪地条件，也是加拿大雪季最长的全天然滑雪场。阳光村滑雪场是世界级的粉雪雪场，拥有令人叹为观止的"香槟粉雪"风景。

路易斯湖滑雪场拥有 4 座山峰，共 139 条滑道，42 平方千米旷阔的滑雪区域，是北美最大的滑雪区之一。这里有迷人的自然风光与纯正的旷野气息，各类雪道与多变的地形，独特的布局可满足家庭和团队度假滑雪的需求，初级水平的滑雪者可以尽情享受这里旷阔以及多变的绿道和红道，高级水平的人可以体验落基山山涧野雪的快乐。这里的初级、中级、高级雪道比例分别为 25%、50%、25%，最长雪道 8 千米。

诺奎山滑雪场距离班夫镇仅 10 分钟车程，滑雪面积相对较小，但是在三个滑雪场中是最适合家庭滑雪的场地，有专门为儿童设计的雪圈滑道等娱乐场地。

（二）自然资源

公园中部的路易斯湖源自维多利亚冰川，湖水碧绿清澈，像一颗镶嵌在山脉上的翡翠，故又称翡翠湖。每年 11 月至次年 6 月，湖面结冰，成为一个自然风景优美的滑冰场。沿落基山脉，还有多处这类冰川湖泊。园内植被主要有山地针叶林、亚高山针叶林、花旗松和白云杉等，还有多种花卉植物。动物有棕熊、美洲黑熊、鹿、驼鹿、野羊、山狮、大霍恩山绵羊、豪猪、猞猁等。弓河瀑布（Bow Falls）位于班夫温泉酒店下方，是著名影星玛丽莲·梦露（Marilyn Monroe）主演的电影《大江东去》（River of No Return）的外景地。

（三）服务资源

这座于 1984 年被联合国教科文组织列入世界自然与文化遗产的国家公园，提供划船、徒步、滑雪、露营、观光等旅游项目。在班夫镇有商店、餐厅等服务设施，提供观光所需的旅游咨询、生活用品、纪念品等。加拿大联邦政府拥有这里所有的土地，严格限制建筑，只有雇员能够在此定居，为整个景区服务。因墙体由大小不同的石块砌垒而成为标志性建筑的班夫城堡酒店（Banff Springs Hotel）是北美最大的度假娱乐酒店之一，自 19 世纪以来，这里吸引了无数国家元首、王公贵族以及电影明星等来此住宿。

四、日本北海道二世谷

二世谷滑雪场（Niseko United）的雪道最高点为 1 156 米，最低点是 256 米，落差可达 900 米，总滑雪面积多达 3.9 平方千米。

（一）基本情况

二世谷地处北海道的西部，北面背靠海拔 1 308 米的安努普力（Annupuri）主峰，东面与羊蹄山相邻，其形酷似富士山，拥有四季变化的独特景观。二世谷雪量大、雪质好，拥有世界级的大颗粒粉雪，令全世界滑雪者纷至沓来。另外，二世谷一座山拥有四个度假村，同样吸引着世界各地旅游者的目光，使得人口不到 5 000 人的二世谷每年接待滑雪者与旅游者多达 150 万人次。

二世谷滑雪度假区由二世谷安努普力（Niseko Annupuri）、二世谷村（NisekoVillage）、二世谷大比罗夫山（Mr. Resort Grand Hirafu）和二世谷花园度假区（Niseko Hanazono Resort）四个滑雪度假村构成。其中，大比罗夫山滑雪场以其 900 米最大雪道落差吸引了很多滑雪者，整个滑雪场热闹非凡。另

第八章 滑雪旅游案例

外三个雪场则更偏向于返璞归真的大自然静谧景色的打造,为游客带来不同的游览感受。四个度假区虽然分开独立经营,但游客可以尽享一票通滑的畅快。四个区域共计雪道71条,可供行运的吊椅25条,吊厢5条,并且缆车之间是互通的,为滑雪游客提供便利。夜晚,游客如果购买全天全山通票,不仅可以免费乘坐二世谷滑雪区的穿梭巴士,而且可以在体力允许的情况下连滑夜场。

雪场拓展营运业态,除了安努普力以外的三家度假区都设置了适合3岁以上儿童的滑雪公园和戏雪项目以及室内的儿童游戏房间,多样化旅游项目的设置非常适合家庭游。

(二)住宿餐饮

二世谷住宿的特色是酒店式公寓,主要坐落在生活气息浓郁的比罗夫村。其中,拥有六层建筑的地标风景(Landmark View)公寓酒店是比罗夫村最容易识别的建筑,其以两居室和三居室公寓为主,距离比罗夫缆车站仅两分钟路程,度假区的穿梭巴士途经酒店门口,便利的交通深受游客的欢迎。2014年建成开业的慕斯(Muse)公寓酒店位于比罗夫村主街,整体建筑风格独特,融入当地"安努人"文化元素和自然元素,给人以耳目一新的视觉冲击。酒店大堂和酒店内部的装修高档奢华,家具全部采用日本和欧洲的高品质品牌,自开业以来就以高档、奢华受到游客的追捧喜爱。同时期开业的还有阿雅(AYA)公寓,有一居室、两居室、三居室,满足游客的不同住宿需求,公寓内设有瑜伽室、健身房、温泉、画廊和儿童俱乐部,为游客提供全新的一站式酒店服务,完全的滑进滑出服务和便利的滑雪体验使其成为二世谷最高端的住宅之一。

第四节 滑雪旅游小镇案例

法国夏蒙尼、瑞士圣莫里茨、美国丹佛、意大利巴多内基亚、奥地利因斯布鲁克、挪威利勒哈默尔、加拿大惠斯勒、日本长野等均有悠久的滑雪历史、一流的雪场条件和完备的服务设施,也都举办过冬奥会,并发展成为具

· 251 ·

有世界知名度的滑雪旅游目的地。下面我们对标部分冬奥会举办地，对滑雪度假小镇进行案例介绍。

一、张家口崇礼

张家口崇礼是2022年冬奥会雪上项目主赛场，有着丰富的冰雪资源。一年中，崇礼有长达5个月的时间被白雪覆盖，冬季平均气温在零下12℃左右。崇礼区滑雪旅游被纳入全省规划范围，营造"大旅游、大产业、大发展"的良好氛围。目前的崇礼拥有以万龙、云顶、太舞、富龙、多乐美地、银河、长城岭为主的七大滑雪场。

（一）现有资源

万龙度假天堂于2003年开业，位于河北省张家口市崇礼区红花梁，距北京约220千米，为国内首家开放式滑雪场，是中国唯一的北向滑雪场，这里雪道专业、设施先进、服务完善，于2007年被国家旅游局评为国内唯一滑雪特色的国家级4A级旅游景区。

云顶滑雪公园被指定为2022年冬奥会自由式滑雪和单板滑雪比赛场地，6个比赛项目在这里将产生18块金牌，为此云顶新建了奥运会规格的U形池以及空中技巧跳台，让雪友们提前体验奥运级别的比赛设施。

太舞滑雪小镇（太舞滑雪及山地度假村）是一家独具北美风情的四季全运营的滑雪度假小镇，属国家4A级旅游景区，是我国目前规模最大的综合滑雪度假区。

富龙四季小镇，位于张家口市崇礼城区东侧，紧邻张承高速和万龙路，是集冰雪运动、亲子教育、休闲商业、国际赛事、音乐文化、休闲购物、康养度假等于一体的全家庭四季度假生活综合体。

多乐美地山地运动度假区位于崇礼区四台嘴乡喜鹊梁，距北京226千米，距崇礼城区18千米，是2022年冬奥会申办地中心区域。

长城岭滑雪场是运动员高原训练基地，由国家体育总局和河北省体育局投资，是高标准、综合配套的河北高原训练基地和大型滑雪场。

第八章 滑雪旅游案例

(二) 崇礼太子城冰雪小镇

崇礼太子城冰雪小镇位于河北省张家口市崇礼区，毗邻太子城高铁站，总占地面积2.89平方千米，总建设规模达到134万平方米，涵盖了冬奥颁奖广场、国际会议中心、国际度假酒店群、冰雪特色配套区等开发建设内容。建成之后将形成核心区组团发展布局，高标准实现2022年冬奥会核心区配套保障基本功能，打造充满活力的、国际化的四季度假小镇。还有无人驾驶、人脸识别智能向导、大数据等技术，都将应用于小镇的交通组织、会务服务与互动体验。未来这里将汇聚世界领先科技创新技术，以智能科技打造世界级智慧小镇。小镇在太子城奥运村和高铁站附近，连接张家口赛区云顶和古杨树两个竞赛场馆群，建成后将承担赛时核心区配套保障功能，提供冬奥颁奖、贵宾接待、交通换乘、休闲娱乐等服务。冬奥会后将秉承可持续发展理念，与全球各类合作伙伴共同搭建生态平台，建设国际化四季度假小镇。

(三) 未来发展

以滑雪为支点的冰雪旅游特色小镇，正在打造集文化体验、体育运动、观光游览、休闲度假于一体的一站式森林游养目的地，崇礼的滑雪旅游产业正在向规模化和产业化方向发展，随着京津冀协同发展纲要的实施，高速铁路的加速建设使崇礼快速融入北京1小时生活圈，"中国雪都"崇礼正在一步步成为东方的"达沃斯"。

二、加拿大惠斯勒

惠斯勒（Whistler）是2010年温哥华冬奥会举办地。惠斯勒小镇为实现其发展目标，申办冬奥会，自开发建设以来不断升级完善城区基础设施、提升雪场硬件设施和服务水平。依托优秀的执政团队及高素质管理人员，政府与企业开展多项合作，惠斯勒从一个依赖矿产与伐木的山镇变成全球顶级的滑雪度假小镇。

(一) 小镇概况

惠斯勒通过区域内雪场竞争与惠斯勒-黑梳山联合运营，将小镇打造为北美最大的滑雪度假区。这里拥有超过 200 条高品质滑雪道，有海拔 2 182 米、垂直落差 1 530 米的惠斯勒山（Whistler Mountain），以及海拔 2 284 米、垂直落差 1 609 米的黑梳山（Black-comb Mountain）。黑梳山开放和多变的地形，除了满足滑雪发烧友，还给各种水平滑雪者和度假家庭、儿童和初学者提供了足够的滑雪区域。黑梳山在夏季还开展跨山峰缆车览景、360 度全景山顶餐厅、冰川徒步、观赏野生熊、山地自行车公园、山谷高尔夫等多种冒险和娱乐项目。惠斯勒为旅游者提供了充裕的住宿选择，有多达 150 家酒店，外加其他住宅型住宿，包括联排别墅、公寓、民宿和雪场木屋。顶级豪华套房、山间小木屋、时尚公寓、全服务一居室等可满足各种住宿需求，并提供滑雪板寄存服务。惠斯勒娱乐生活丰富，拥有多家餐馆、酒吧、商店、电影院、活动中心和咖啡厅。

（二）资源利用

客源结构以中产阶级家庭为主，以专业爱好、高端度假及商务会议为补充。惠斯勒小镇有效利用高尔夫球场、山地自行车赛场和滑雪场举办国际级专业竞技比赛，逐渐形成名气；利用持续不断的节庆保持社会关注和人气，针对季节不同开展节庆主题特色旅游；针对核心客户群开发投资小的家庭系列户外活动，并注重运营宣传。配套商业，具备国际元素，如餐饮美食、夜间娱乐、温泉养生、购物和家庭旅馆等。向家庭游客提供特色针对性游览服务，减少外出旅行顾虑。丰富便捷的交通线路组织串联旅游资源，促进体验兴趣。

（三）空间布局

完善强引导性的交通和标识，同时设置多个节点及增强游客体验性和交流的空间。核心项目及停车区域位于商业建筑和家庭酒店背后，在小镇边界构建让游客产生向往的小镇风情标志物，拥有亲切、尺度宜人的街道、建筑、绿化等空间。

（四）冬奥效应

为申办 2010 年温哥华冬奥会，雪场运营商与管委会、加拿大政府共同合

作,惠斯勒小镇不断完善城区基础设施建设、创新管委会管理模式并合理规划滑雪小镇布局,健全小镇各项服务职能。后奥运时期,惠斯勒小镇进入巩固发展全季旅游阶段,在保护自然资源的前提下,打造健康人文、运动休闲环境,寻求可持续发展。

三、瑞士圣莫里茨

瑞士举办了1928年和1948年的两届冬奥会,均在圣莫里茨(St. Moritz)。圣莫里茨是瑞士东南部的小镇,四周被阿尔卑斯山环绕,得天独厚的气候条件造就了这里丰富多样的四季景观,并且雪季漫长,滑雪、徒步、雪橇等各种各样的冬季活动每年都吸引无数的运动爱好者来到这里。

(一)雪道概况

圣莫里茨周围有4个大型滑雪区和5个规模较小的雪道。因为曾成功举办过两届冬奥会和一届滑雪锦标赛,所以滑雪设施的水平极高。这里除了拥有88条总长350千米的雪道(垂直落差1 600米)、57套高山缆车及34家带有宽敞阳光露台的餐厅外,还设有滑板滑雪学校、雪板出租服务和半管形滑道,还拥有纯美景色和阿尔卑斯山区最佳的粉末雪。

(二)香槟气候

圣莫里茨一年中拥有320天的充足日照,每逢气候适宜的季节,干燥的空气和闪耀的阳光交相呼应,空气会似香槟气泡般闪闪发亮,当地人称这种气候为"香槟气候"。

(三)酒店住宿

圣莫里茨是全球著名的度假胜地,是世界上密度最大的五星级酒店聚集地,拥有8家五星级酒店。其中,最昂贵的巴德鲁特皇宫酒店(Badrutt's Palace)数年来接待了大量世界各国的皇室、政客、富豪和名流。另外还有24家四星级酒店、40家三星级酒店和接近100家非星级酒店,拥有世界顶级奢侈品商店的商业街及高端奢华公寓房产。

(四）赛事活动

圣莫里茨多次举办国际滑雪联合会阿尔卑斯世界滑雪锦标赛。已有多年历史的圣莫里茨美食节在每年1月末举办，吸引着世界各地的厨师和食客参与。世界最著名和顶级的雪上马球赛事圣莫里茨雪地马球世界杯（St. Moritz Polo World Cup on Snow）每年1、2月也会定期上演。源于1907年的圣莫里茨冰湖赛马（White Turf）在每年2月左右举行，这项顶级赛事包含了赛马、美食、音乐和各种创意展览。除此之外，还有英国老爷车大赏、恩嘎丁音乐节、圣莫里茨美食节等各项特色活动。

（五）其他项目

圣莫里茨附近有四大滑雪区，建设有滑板滑雪学校，不仅滑雪设施非常完备，而且冬季项目也很齐全，如冬季远足、平底雪橇、观光飞行、马车、越野滑雪、大雪橇、冰壶、冰球、雪鞋漫步、风筝滑雪、双人翼伞滑翔、攀冰等。在其他季节，小镇同样有多种运动项目，如漫步、自行车、高尔夫、帆船、骑马等。

四、日本长野

长野（Nagano）是1998年第十八届冬奥会的主办城市，冬奥场馆选址在长野县及县内的白马村、山内町、轻井泽镇和野泽温泉村。1998年冬奥会的场馆布局，除冰壶场馆是新建在长野县的轻井泽镇之外，所有冰上场馆和开闭幕式场馆均集中散布在长野的城市区域中，而雪上项目场馆则是依托于城市区域周边的白马村和志贺高原上已有的雪上项目设施进行新场馆的建设。凭借城市的人口量和滑雪胜地巨大的游客数量，至今这里的场馆依然被很好地使用着。

（一）政府支持

在日本政府对冬季体育资源开发的重视和支持下，制定了对应的优先发展策略，鼓励地方企业、组织等进入滑雪产业开发，滑雪产业得到了跨越式发展。为了更好地承办冬奥会，长野不仅充分地将自然人文资源加入日本对

第八章 滑雪旅游案例

冬季体育资源和市场的开发当中,还积极改善城市交通,新修场馆公路、新干线子弹头列车、上信越高速路和新修志贺线路,缓解赛场交通压力,更加便利。

(二)资源利用

被称为"日本的瑞士"的长野拥有独特的自然优势和观光资源,地处著名的本州岛中部多火山地区。长野成功举办了冬奥会,促进了地方经济,也使周边城市经济快速增长。为了纪念1998年长野成功举办冬奥会而创办了长野马拉松,全名为"长野奥林匹克纪念长野马拉松大会",是每年举办的一项高水准国际级赛事,是目前全世界唯一拥有奥林匹克之名的马拉松赛事。

长野在冬季资源开发中利用高质量雪质、旅游+温泉的滑雪旅游模式优势,充分利用冬季自然资源优势,将冬奥赛事与城市观光相结合,在交通、住宿、服务等方面做好配套,大力发展全季旅游观光。小镇建筑风格别具一格,具有古色古香传统日本风情,并配备得天独厚的温泉资源。夏季主要运营亲子旅游、滑雪博物馆、休闲垂钓、徒步登山等户外休闲、特色娱乐文化产品,为游客创造四季度假体验项目。

(三)志贺高原

承办过1998年冬季奥运会的长野志贺高原(Shigakogen),被称为日本屋脊,被联合国教科文组织评为罕见的生态公园。志贺高原占地100多平方千米,拥有19家滑雪场,雪道总长度79千米,滑雪区域海拔落差超过1 000米,大部分滑雪场海拔在1 500米以上,有6家在2 000米以上。志贺高原拥有十分丰富的冰雪资源,细干粉雪量丰富、雪质纯净优良、高海拔、大规模、多雪道、长雪季,每年举办各种级别的滑雪赛事。多样的滑雪区满足不同类型的游客,不仅适合家庭滑雪旅游,也有适合滑雪高手变化多端的高难度雪道区域。另外,针对中国游客,志贺高原国际滑雪学校内设置有中文教练和专业导滑,并设计了中文版雪道地图。除了舒适而又丰富的滑雪环境,精致的日本料理、天然的优质温泉吸引了各国游客。野泽温泉小镇建筑风格具有传统日本风情,古色古香,别具一格。

第五节　滑雪旅游集团

一、滑雪旅游集团概述

从广义上来说，滑雪旅游集团是由若干具有独立法人地位的企业在统一管理基础上组成的滑雪旅游经济联合体，是一组通过股权交织、业务合作等关系形成的商业性组织机构或滑雪旅游企业群体。

从管理主导方面，滑雪旅游集团可以分为政府主导型和国际化引资主导型两大类，其中政府主导型又可细分为大企业主导型和小企业集合型。

（一）政府主导型

1. 大企业主导型

以政府为主导，通过资源整合，以现有的大型滑雪企业为龙头，组建多个跨地区、超大型滑雪企业发展管理集团，利用政府服务性职能和大型滑雪旅游集团管理营销的优势，在不同的地区打造具有地方特色的冰雪文化、冰雪旅游和不同形式的冰雪体育产品。

2. 小企业集合型

小企业集合型集团由政府主导，对区域内的冬季滑雪旅游资源重新进行统一规划统筹，对现有的冰雪资源进行优化整合，对规模小、评级不达标、经营管理不规范的小滑雪企业实行停运、合并或转让，进行管理体制改革，投入资金组建地区性滑雪企业发展管理集团。或者通过对中、大型滑雪企业的资源整合，构建、形成一套完整的冰雪企业培育、管理、运营体系，提高企业的自身竞争力，逐步使其成为大型的滑雪集团。

（二）国际化引资主导型

国际化引资主导型集团是与国际超级集团合作，利用国际化的先进滑雪设备和管理经验，国外资金、技术和运营理念等，促进与保障滑雪集团向着国际化、市场化的方向实现可持续发展。

二、滑雪旅游集团的结构与机制

滑雪旅游集团大多是集冰雪体育、旅游景点、酒店餐饮、商业购物、娱乐休闲于一体的旅游企业集团。滑雪旅游集团的结构如图 8-5 所示。

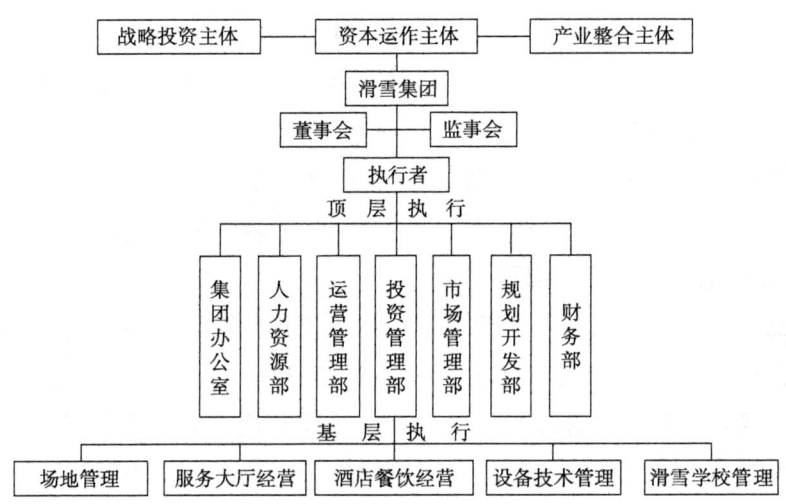

图 8-5 滑雪旅游集团结构

滑雪旅游集团的机制有综合协调机制、资源共享机制、联动调控机制、协同发展机制等。

综合协调机制是指将滑雪景区、商业、酒店、房地产、建设等计划统一纳入联动项目的综合计划体系，规范计划管控，做到有序协调、积极管控，保障各项节点顺利推进。

资源共享机制是指滑雪旅游集团的组成成员之间相互协调行动，对集团核心资源以及滑雪场地、设备等一般资源的优化配置及共享。

联动调控机制是指由控股集团层协同滑雪景区、商业、酒店、房地产、建设产业集团等单位，联动调控各方资源，抓住有利时机，有效地为集团获取优质的联动项目。

协同发展机制是指以滑雪体育运动、滑雪旅游、商业、酒店、休闲、餐饮娱乐等为切入点，通过滑雪场、房地产、商业、酒店等的协同带动周边产业发展。

三、国内外滑雪旅游集团案例

(一) 密苑(张家口)旅游胜地有限公司

密苑云顶乐园由马来西亚卓越集团(VXL Group)主席拿督林致华(Datuk Lim Chee Wah)和马来西亚云顶集团(Genting Group)主席丹斯里林国泰(Tan Sri Lim Kok Thay)共同创立,由规划亚布力阳光度假村和万达长白山国际度假区的冬奥会级山地规划专家——加拿大的Ecosign进行总体规划。云顶酒店、云顶公园、云顶置业、云顶夏(冬)令营和云顶滑雪学校构成了滑道面积80余万平方米、雪道总长度70千米、拥有世界顶级提升设备的滑雪旅游目的地密苑云顶乐园。

1965年,外商独资的马来西亚云顶集团成立,密苑云顶乐园是云顶集团旗下的品牌。2009年,在中国成立密苑(张家口)旅游胜地有限公司,对密苑云顶乐园进行开发和管理。2012年云顶乐园开业,丰富的雪道、崇礼第一家五星级酒店、优异的地理位置、优惠的季卡以及来自马来西亚云顶集团的显赫背景,吸引了众多滑雪发烧友和初学者。密苑云顶乐园的品牌结构可分为三个部分,详见表8-1。

表8-1 密苑云顶乐园的品牌结构分级

级别	集团				
一级品牌	云顶集团			卓越集团	
二级品牌	密苑云顶乐园				
三级品牌	云顶酒店	云顶公园	云顶置业	云顶夏令营	云顶滑雪学校

(二) 长白山国际旅游度假区开发有限公司

长白山旅游度假区是由万达集团领衔投资230亿元打造的中国唯一高端山地度假体验地,是中国目前投资额最大的旅游项目之一。长白山国际旅游度假区开发有限公司由万达集团管理,是由万达、泛海、一方、亿利、联想、用友六家集团共同注册的公司。

长白山旅游度假区开发有限公司通过对地理气候、山地资源、经济交通

条件、城市发展、产业策划、地方文化等综合决策因素的具体分析,突出体育休闲与长白山森林风光的特色,与长白山风景名胜区旅游事业联动发展,建设以冰雪运动为品牌,以体育休闲、度假疗养、商务会议和自然观光为主导,重点开展滑雪、高尔夫等旅游度假项目。

(三) 法国阿尔卑斯集团

法国阿尔卑斯集团(Compagnie des Alpes,CDA)是全球最大的滑雪度假村运营商,其核心业务主要位于法国阿尔卑斯山地区。

CDA 在 1989 年成立,是一家在欧洲运营许多滑雪胜地的公司。自 2001 年以来,CDA 业务范围已扩展到包括瓦利比公园在内的主题公园。CDA 为加速开发综合性滑雪度假分销渠道,提高酒店入住率,收购了旅行工厂(Travelfactory)的股权,通过 Travelski 网站等多个品牌提供度假屋租赁和团体滑雪旅行等服务。创立于 2000 年的旅行工厂旗下拥有三大主要品牌:滑雪度假旅游网站 Travelski、旅行社 Locatour 和 Golden Voyages。同时还经营其他线上旅游运营商、滑雪设备出租品牌。针对中国市场,CDA 与中国复星国际有限公司进行合作,开拓中国本土滑雪旅游市场。

本章小结

本章主要介绍了滑雪旅游的相关案例,对滑雪旅游市场开发案例、滑雪旅游目的地形象案例、滑雪旅游度假区案例以及滑雪旅游小镇案例的剖析,使读者更加深入地理解前面章节阐述的理论知识内涵。对滑雪旅游集团相关基础理论的介绍和案例分析,使读者充分认识滑雪旅游集团的定义、形态与机制。

复习思考题

一、简答题

1. 什么是滑雪旅游目的地形象?主要组成元素是什么?
2. 试通过现实中的滑雪旅游目的地实例,对其市场开发方式进行分析。

二、讨论题

查找并登录一些知名滑雪旅游目的地的官网，或者通过手机客户端搜索滑雪旅游目的地、滑雪旅游度假区以及滑雪旅游小镇等关键词，通过各网站提供的文字、图片及视频资料，了解滑雪旅游现状，思考滑雪旅游未来的发展趋势。

参考文献

［1］杜雨玮．密苑云顶乐园滑雪度假区品牌竞争力的研究［D］．北京：北京体育大学，2019．

［2］付铁山，杨传鑫．日本乡村滑雪场市场开发模式及其启示［J］．体育文化导刊，2014（3）：130-133．

［3］韩大勇．黑龙江省滑雪企业集团化成长模式选择［J］．冰雪运动，2013，35（6）：87-89．

［4］郝添，邓晓丹．浅析企业集团的型态及其影响因素［J］．商业时代，2013（31）：71-72．

［5］李伟．亚布力阳光滑雪度假村市场营销问题与对策研究［D］．哈尔滨：哈尔滨工业大学，2017．

［6］郑峻峰．滑雪在中国［M］．北京：北京体育大学出版社，2016．